跬步集

不積跬步，無以致千里

歷史學博士 朱振宏 著

古民族與史學研析
歷史的發展與真相

年，漢高祖劉邦過世，
于上書呂后求親的「嫚書之辱」，
匈奴人想要輕侮呂后之舉？玄武門事變後，
李世民為何會對李淵做出「跪而吮上乳」之舉……？
在中國的中古時代，這些來自北方的游牧民族，
到底在歷史上占有怎樣的地位？
又如何影響歷史的演進？

推薦序

桃之夭夭，灼灼其華

林冠群教授

《詩》云：「桃之夭夭，灼灼其華……桃之夭夭，其蕡其實……桃之夭夭，其葉蓁蓁……。」近日觀朱振宏教授的《跬步集——從中古民族與史學研析洞悉歷史的發展與真相》一書所蒐錄的論文，確實有著上述詩文意境的感受。特別是閱讀了《跬步集》中有關突厥方面的諸篇論文，心中頗有感觸，一吐為快。

筆者於民國六十二年進入政治大學東語系土耳其文組就讀，在馬明道、劉恩霖、吳興東、黃啟輝、陳慶隆等諸位恩師的教導下，土耳其文至今仍能琅琅上口，不敢或忘。至民國六十九年就讀政治大學邊政研究所，在劉義棠老師教導下，領會了維吾爾語文之美，與大學時代所學的土耳其文，所謂東西突厥語相互輝映，本人也得以昂首進入了突厥學的堂奧。同時也親炙於林恩顯老師，學習了突厥史的來龍去脈。猶記得當時馬明道老師得知筆者考進母校碩士班，特地在新店府邸以回族家常菜款待筆者，並從書房中取出一疊書籍，包括《可蘭經》、《穆聖言行錄》、《伊斯蘭法》及其著作《明朝皇室信仰考初稿》、《伊斯蘭對中華文化之影響》等，贈送給筆者，並語重心長地期許筆者從事中國回族的研究，可以從突厥史開始著手，因為已經具備了從事突厥史研究所需的語文條件。

為了不負恩師的期望，筆者於邊政所期間，留意國內有關突厥學研究情況。綜觀當時國內的突厥學研究情況，矗立在筆者面前有三座雄偉的高山。第一座高山是劉義棠老師，義棠師精通維吾爾文，亦觸及土耳其文，其以語文為基石，擅用突厥語言學、語音學，解讀漢文獻中的突厥、維吾爾文語詞，找出原義，考釋其內涵，例如考證「祁連天山」一詞，原來「祁連」語源竟是匈奴語 tengri（天），再轉成鮮卑語，漢語載為「赫連」等，令筆者豁然開朗。義棠師代表作為《維吾爾研究》一書，曾榮獲中山學術著作獎。第二座高山為林恩顯老師，恩顯師以第一志願考入政大邊政系，師從胡耐安、阿不都拉等名師，對維吾爾語亦多所接觸。畢業後，赴日深造，曾於東京大學修習榎一雄、江上波夫、護雅夫等北、中亞史名家所開設之課程，後考入日本中央大學，追隨嶋崎昌、鈴木俊、島田襄平等名師學習人類學及北、中亞史等，特別深受護雅夫在突厥史，以及嶋崎昌在新疆史研究方面的認真精細、資料運用等理論與方法的影響，加上自身邊政學的學養，研究碩果纍纍，包括：《突厥研究》、《清朝在新疆的漢回隔離政策》、《中國古代和親研究》、《新疆論叢》等代表作，其中《突厥研究》更成為學界研究突厥史的必備參考書。第三座高山是陳慶隆老師，慶隆師自政大東語系土耳其文組畢業後，留學土耳其安卡拉大學，接受最典型的突厥學教育，且深受德國柏林突厥學派的影響。學成回國後為中央研究院史語所網羅，專研突厥學，成績斐然，不數年，即由助理研究員一路升任為研究員。慶隆師受突厥學的故鄉土耳其學界的薰陶，擅用突厥語的專長，旁徵博引歐洲突厥學界的研究成果，於《中研院史語所集刊》發表了多篇突厥學方面重要論文，諸如〈和卓考釋〉（四十本、下，一九六八）、〈從借字看突厥、回紇的漢化〉（四十七本三分，一九七六），以及〈突厥族的農耕〉、〈突厥系族的兵器〉、〈論張騫鑿空〉、〈突厥語族之數字、顏色與方位觀等〉、〈從詞匯看匈奴的族屬問題〉、〈論西方古文獻的匈奴詞匯〉等，展現出其以突厥語治突厥學的特長。揆諸當時國內真正從事突厥學研究者，無出其右。

筆者仰望上述三座高山，自忖難以超越，知難而退，只好半路轉行，轉到了唐代吐蕃史、藏族史領域，辜負了明道師殷殷期盼。於今想來，仍心有戚戚焉。

然而，正當筆者慨嘆國內突厥史研究後繼乏人之際，峰迴路轉，所謂「有心栽花花不開，無心插柳柳成蔭」，筆者曾於民國八十六至九十三年承乏中正大學歷史系，曾開設了「中國民族史」、「中國少數民族——概論」、「大陸少數民族史專題研究」等課程，當時來旁聽或修習者有振宏君。振宏君不但於課堂中認真聽講，且有疑必問，對於任何蛛絲馬跡都不放過，於此留給筆者極為深刻的印象，遂邀請其擔任筆者國科會研究計畫的助理，長達六年之久。於此期間，振宏君與筆者互切互磋，對於振宏君敏銳的思考，且長於蒐集國內外相關的資料，相當佩服。振宏君曾明白表示對北亞游牧民族史研究高度的興趣。筆者依著諸位恩師對筆者的耳提面命，建議振宏君必須先能掌握突厥語文的能力，作為進入突厥學的首要條件，應前往政大土耳其文系修習土耳其文。沒想到振宏君竟排除萬難做到了，令筆者大為嘆服。經過多年的淬鍊，於今振宏君亦陸續出版有：《大唐世界與「皇帝．天可汗」之研究》、《隋唐政治、制度與對外關係》、《西突厥與隋朝關係史研究（五八一－六一七）》等專書，另有多達四十四篇的期刊論文，其中部分精品彙集於《跬步集》。從其於民國九十五年受聘為助理教授迄今已有十三年，其研究成果不論在質與量上，都令筆者自嘆弗如，特別是有關突厥史方面的研究成果，突出了其個人的特色，包括：其一，針對大量的隋唐時期突厥人的墓誌銘，運用其豐富的文史知識加以箋證，再利用墓誌銘的載記，考釋與其相關的史事。此方面不但得到學界的肯定，連續四年獲得國科會研究計畫的獎助，且其將研究計畫成果撰寫成擲地有聲的論文，刊登於海峽兩岸的核心期刊，諸如〈史大奈生平事蹟研究〉（《臺灣師大歷史學報》五十四期）、〈阿史那自奴（哲）墓誌箋證考釋〉（《成大歷史學報》第四十四號）、〈阿史那摸末墓誌箋證考釋〉（《唐史論叢》第十五輯）、〈唐阿史那伽那墓誌研究〉（《唐研究》第二十卷）等。尤有進者，振宏君於大陸宣讀〈熾俟思敬墓誌研究〉一文時，筆者親耳聽到榮新江教授對其論文讚譽有加，殊屬難得。其二，振宏君能巧妙地將學有所成的北方游牧社會文化知識，用於解釋漢史籍及碑銘所載之史事，解決了不少問題，諸如解釋冒頓單于修書向呂后求婚的原因，乃在於冒頓基於匈奴收繼婚俗，向身為兄嫂或弟妹的呂后提議，並非蓄意羞辱；而於解釋史籍所載李世民「跪而吮上乳」之行為意涵，以為可能是與鮮卑、突厥族中崇敬母族的文化意識有關，李世民藉由吮父乳之實際行動，表達視李淵如母，不可能加以傷害，藉此安父親之心。以上均屬思人所未思，言人所未言的顯例。觀此《跬步集》所呈現者，確實有若「桃之夭夭，灼灼其華」的境界。

於今，筆者慶幸國內突厥史研究領域後繼有人，且振宏君年華正盛，於各方面修為更臻於成熟之際，寄望振宏君百尺竿頭更進一步，賡繼劉義棠、林恩顯、陳慶隆諸師之後，矗立起突厥史研究的第四座高山，繼續將國內突厥史研究傳遞下去，並予以發揚光大。是為序。

於華岡研究室

己亥年，五月三日

推薦序

讀其書當知其人之義

戴晉新教授

朱振宏教授將其十篇論文集結成書，取名《跬步集——從中古民族與史學研析洞悉歷史的發展與真相》，索序於我。略加思量，便欣然同意。

我認識振宏教授已有二十二個年頭，一九九七年他還是個大學生，從哲學系轉到歷史系來，上了我教授的「史學方法」，這門課偏重作業實習，與學生個別交談討論的機會很多，班上每位學生我都認識，振宏自不例外。他雖是轉系生，但功課毫不馬虎，很快就進入狀況，獲得很好的成績。畢業後他順利考上中正大學歷史研究所，由碩士而博士；獲聘教職後憑自己的努力很快便升任為正教授，並將於今年秋天新學期接掌系主任一職，誠可謂年輕有為，成績斐然。

振宏為人謙謙君子，待人有禮；大學畢業後仍與我偶有聯繫，除了禮貌性的問候，並常寄新作抽印本請我指教。術業有專攻，振宏所攻唐史與北亞民族史皆非我能置喙，何況青勝於藍，弟子不必不如師；話雖如此，收到昔日學生的作品，心中還是高興的，一喜其有成，二感其念舊，上世紀九〇年代師生論學場景又浮現眼前。這種不具學位論文指導與職場利害關係而能持之以恆的師生之誼，很純、很真，在今天的社會中誠屬難能可貴。

作序不是導讀，也不便學陳寅恪為陳垣作〈元西域人華化考序〉那般藉題發揮，朱著的學術價值與成就請讀者自行評判，我只是本諸讀其書當知其人之義，略言作者為人，謹供讀者參考，並誌一段佳誼。書名「跬步」，雖是作者自謙之詞，但也蘊含作者更高的自我期許，振宏教授正值盛年，這完全是可以期待的。

二〇一九端午前夕

導讀

海島上的北亞史學

游逸飛（中興大學歷史系助理教授）

《跬步集》一書為作者朱振宏先生近年論文的結集，其副標題揭示本書的兩大主題：「民族史」與「史學史」。進而玩味內容，作者研究的民族實集中於匈奴、突厥等北亞族群，而本書的史學史論文又多半與北亞族群的文獻有關。我們若將《跬步集》一書置於臺灣史學界的北亞史領域下觀察，應可別有一番體會。

近年日本的內亞史著作在臺灣的翻譯出版頗引人注目，如杉山正明《遊牧民的世界史》、《忽必烈的挑戰》、《顛覆世界史的蒙古》、《疾馳的草原征服者》以及岡田英弘《世界史的誕生》、《從蒙古到大清》。加上歐立德等美國學者吹響號角的新清史熱潮，宋代以後的中國歷史彷彿出現了與此前截然不同的嶄新面貌，令讀者見獵心喜。

相較之下，被引進的唐代以前內亞史日文著作似乎僅見森安孝夫《絲路、遊牧民與唐帝國》、林俊雄《草原王權的誕生》二書，落差不可謂小，而且容易給當代讀者一種暗示：唐以前的中國歷史與內亞關連較不緊密。

實則未必，自民初陳寅恪提出著名的「外族盛衰連環性」學說後，臺灣史學界便對唐以前中國與北亞的關係有所措意。早在五十年前（一九七二），蒙元史名家蕭啟慶先生那篇極具影響力的文章〈北亞遊牧民族南侵各種原因的檢討〉，從宏觀的角度為唐以前中國與北亞的關係打開思路。此後深受人類學影響的歷史學者王明珂先生更以《華夏邊緣》與《游牧者的抉擇》二書，奠定了海島臺灣在內亞大陸史的重要地位。他系統而深入地論述了北亞自身的複雜性，進而指出「華夏」得以形塑，實賴於「邊緣」的確立，北亞實為形塑華夏不可或缺的重要邊緣。要想拋開北亞，孤立地理解華夏是不可能的。

由於唐以前的北亞族群與政權多半沒有留下自己的文獻，其歷史往往仰賴他者（漢人）的紀錄。若想超脫「他者的歷史」的侷限，北亞考古所發現的自身物質遺存無疑是重要憑藉。臺灣的中國上古史兩位巨擘，如杜正勝先生的〈歐亞草原動物文飾與中國古代北方民族之考察〉、邢義田先生的〈古代中國及歐亞文獻、圖象與考古資料中的「胡人」外貌〉、〈漢代畫像胡漢戰爭圖的構成、類型與意義〉、〈「猴與馬」造型母題：一個草原與中原藝術交流的古代見證〉、〈再論「中原製造」——歐亞草原古代金屬動物紋飾品的產銷與仿製〉，均在不同的物質文化領域上有重要建樹，既呈現了北亞族群的複雜性，又揭示了北亞與中國互動過程之複雜。中生代學者如陳健文先生則以〈漢代「長鼻」胡人圖像初探〉、〈從文面圖像看內亞高加索種游牧民與華夏民族的早期接觸〉、〈漢代胡人的文面圖樣及其與內陸歐亞之關係〉諸文繼踵其後。隨著出土文物的增加，物質文化的研究取徑應是未來唐以前北亞史的主流。

然而傳世文獻對北亞與中國關係的書寫仍不可輕忽，邢義田先生的〈漢武帝在馬邑之役中的角色〉

辨析傳世文獻的空白，推測漢武帝可能曾御駕親征匈奴。這樣的研究取徑正是《跬步集》一書作者努力的方向。而朱振宏先生不僅關注傳世文獻的北亞史內容，更注重這些文獻本身性質的辨析。作者的研究取徑不僅受到臺灣的中國史學史學術傳統影響，更與當代史學的「歷史書寫」潮流相合，無疑是值得繼續發展的研究方向。

綜上所述，《跬步集》一書揉合了「北亞」與「歷史書寫」的研究方向，在臺灣歷史學界獨樹一幟，值得關注。讓我們期待更多這樣的作品出現！

目次

史學篇

民族篇

漢高帝「白登之圍」匈奴退兵芻議

一

漢高帝七年（前二〇〇年）十月，劉邦因率兵征討韓王信而被匈奴冒頓單于圍困於代地平城白登山長達七日之久，史稱「白登之圍」。[1]高帝的「白登之圍」與呂后的「嫚書之辱」被漢代君臣視為兩大國恥，[2]漢武帝開拓西域，積極征伐匈奴即是為了雪恥高帝的平城被圍和呂后的嫚書之辱。[3]以往探討「白登之圍」主要著眼於陳平「奇計」（祕計）解圍之內容，以及劉邦白登解圍之後，漢、匈和親關係之建立。[4]有關匈奴圍困劉邦七天之後「解圍之一角」，引退罷兵的原因，唐人蕭瑀認為北蕃夷俗可

1 孫鐵剛，〈漢高帝如何從白登之圍脫困的?〉，劉翠溶主編，《中國歷史的再思考》（臺北：聯經出版事業股份有限公司，二〇一五年），指出《史記》中的〈高祖本紀〉、〈陳丞相世家〉、〈滕公列傳〉，以及《漢書．高帝紀》皆說是高帝受圍於平城。但是《史記》中的〈韓信列傳〉、〈劉敬列傳〉、〈匈奴列傳〉都說高帝在白登受圍。「平城之圍」與「白登之圍」哪一種說法較妥當?從《史記．韓信盧綰列傳》記載高帝解圍後，「徐行出圍，入平城」。因此用「白登之圍」比較妥當（第一九一頁）。

2 西漢．司馬遷撰，宋．裴駰集解，唐．司馬貞索隱，唐．張守節正義，《史記》（北京：中華書局，點校本二十四史修訂精裝本，二〇一四年）卷一一〇〈匈奴列傳〉記載：「漢既誅大宛，威震外國。天子意欲遂困胡，乃下詔曰：『高皇帝遺朕平城之憂，高后時單于書絕悖逆。昔齊襄公復九世之讎，《春秋》大之。』是歲太初四年也。」（第三五〇一頁）；南朝宋．范曄撰，唐．李賢注，《後漢書》（北京：中華書局，一九六五年）卷四三〈何敞傳〉記載：「臣聞匈奴之為桀逆久矣。平城之圍，嫚書之恥，此二辱者，臣子所為捐軀而必死。……。」（第一四八四頁）；東漢．蔡邕，〈難夏育請伐鮮卑議〉，清．嚴可均輯，《全上古三代秦漢三國六朝文》（上海：古籍出版社，二〇〇二年）卷七三〈全後漢文〉記載：「昔者高祖乃忍平城之恥，呂后甘棄慢書之咎，方之於今，何者為甚？」（第一六八頁下）。有關呂后「嫚書之辱」，可參看拙文，〈從游牧民族婚俗看漢代初期「嫚書之辱」〉，原刊於《大陸雜誌》，第九七卷第五期（一九九八年十一月），第四七－四八頁。本文經修改增補，更名為〈從游牧民族收繼婚俗看漢初「嫚書之辱」——兼論收繼婚俗在歷史研究中的重要性〉，已收入本書第二篇。

3 南宋．朱熹，《朱子全書》（上海：古籍出版社，二〇〇二年），第拾捌冊，《朱子語類》卷一三五〈歷代二〉：「武帝做事，好揀好名目。如欲逞兵立威，必曰『高皇帝遺我平城之憂』。……武帝征匈奴，非為祖宗雪積年之忿，但假此名而用兵耳。」（第四二〇二頁）。金．趙秉文，《閑閑老人滏水文集》（北京：中華書局，一九八五年）卷一四〈論．西漢論〉記載：「或曰：武帝開西域以斷匈奴右臂，刷高帝平城之恥，洗呂后嫚書之辱，矯文帝姑息之敝。」（第一九三頁）。清．王夫之，《讀通鑑論（宋論合刊）》（臺北：里仁書局，一九八五年）卷一一〈孝宗〉：「漢之於匈奴也，高帝圍、呂后嫚，掠殺吏民，烽火通於甘泉，文帝顧若忘之，而姑與款之。垂及於景帝，休養數十年，人心固，士馬充，武帝承之，乃始舉有餘之力，拔將於寒微，任其方新之氣，以絕幕窮追，而匈奴破敗以遁。」（第二〇三頁）。逯耀東，〈對匈奴問題處理的限制〉，《抑鬱與超越——司馬遷與漢武帝時代》（北京：三聯書店，二〇〇八年），指出漢武帝「外攘夷狄」對匈奴的討伐尚有雪恥復仇的因素在內，即漢武帝太初四年詔書所謂「高皇帝遺朕平城之憂，高后時單于書絕悖逆。昔齊襄公復九世之讎，《春秋》大之。」高祖七年的平城之役，朝野上下視此役為國恥，至武帝大伐匈奴，終於轉變以往的屈辱關係（第二〇八頁）。

4 學界對於陳平奇計（祕計）內容有不同的看法，一般多認為是許以和親，為日後劉敬和親政策之張本，例如：馬長壽，《北狄與匈奴》（北京：三聯書店，一九六二年初版；桂林：廣西師範大學出版社，二〇〇六年），指出冒頓單于縱騎兵三十多萬圍劉邦於白登山，最後互結和親協定，這一協定實際上是帶有辱國性質的，而且匈奴在此次戰役中獲得了大量的奴隸和牲畜（第二四頁）；蕭金松，〈漢朝對匈奴和親政策的檢討〉，《中國邊政》，第三三期（一九七一年三月），認為很可能是高帝提出和親以為解平城之圍的條件，獲得冒頓的同意，才得脫圍（第三一頁）；蔣武雄，〈論漢武帝征伐匈奴後對國運之賀敦知兵馬事，平城解圍乃閼氏之力；[5]薛登（謙光）則認為冒頓生長在磧漠之北，以穹廬為城邑，以氈罽為章服，安其所習，樂其所生，因此無窺中國之心。[6]現今學界的看法多認為是厚賂單于閼氏的結果。此外，王黃、趙利等人未如約出兵，也是其中的因素。但也有學者提出解圍的主因是漢朝的援軍已陸續到來，[7]同時「時天大霧」的偶然氣候也是原因之一。[8]對於匈奴冒頓單于此次出兵的時機，以及退兵的原因，我們或可再從游牧民族的風俗習性、生活文化、白登山地貌環境以及匈奴崇天敬神信仰等面相更進一步的深論分析。

影響〉，《中國邊政》，第七五期（一九八一年九月），指出高祖平城脫險後，並未如約進行和親，故匈奴仍常犯邊（第二九頁）；楊文耀，〈平城之圍考辨——兼談姚從吾先生「匈奴與西漢爭奪東亞霸權的檢討」〉，《簡牘學報》，第十四期（一九九二年三月），指出陳平獻策以厚遺閼氏進達於冒頓，提出一些和談的條件，這條件可能就是劉敬所說的妻以公主和厚賄奉遺，亦即和親（第三〇七頁）；武沐，《匈奴史研究》（北京：民族出版社，二〇〇五年），認為和親之事早在白登之圍時就已由陳平提出，劉邦在迫不得已的情況下與匈奴有和親的口約，此乃白登之圍的城下之盟，白登之圍後婁敬的「和親」建議，只不過是漢高祖為其難以啟齒的恥辱和苦衷尋找一個掩人耳目的體面臺階（第一五五－一五六頁）；蓋山林、蓋志浩，《遠去的匈奴》（呼和浩特：內蒙古人民出版社，二〇〇八年），認為漢高祖滿足匈奴的苛刻條件大體包括：漢與匈奴以「秦故塞」為界、漢朝每年奉送大量的金、絮、繒、酒、米、食物等珍貴物品給匈奴、漢朝嫁公主與匈奴單于，雙方結為兄弟（第一六四頁）；華喆，《陰山鳴鏑——匈奴在北方草原上的興衰》（蘭州：蘭州大學出版社，二〇一一年），認為陳平獻上的計策一定與美女有關，這就是後來所謂的「和親」政策，和親政策應是在白登之圍時由陳平向劉邦提出，白登之圍以後，劉敬建議和親，只是把當初陳平的計畫付諸實踐而已（第四二－四三頁）；劉學銚，《匈奴帝國——行國的始祖》（臺北：風格司藝術創作坊，二〇一二年），指出高祖回到長安後，為了履行對匈奴冒頓單于的承諾，要把公主嫁給冒頓單于。此外，「奇計」內容可能還包括每年贈送黃金、米、酒及帛等物資給匈奴（第五六頁）。王進先，〈從史料文獻記

載看白登之圍與漢匈政策的轉變〉，《青海社會科學》，二〇一五年第五期（二〇一五年十月），認為和親是高祖被圍白登時的城下之盟，但提出和親的可能是冒頓（第一七〇頁）。有學者認為陳平獻計內容是漢向匈奴稱臣納貢以求和，例如：姚從吾，〈國史擴大綿延的一個看法——聯合國中國同志會第一七二次座談會紀要〉，《大陸雜誌》，第一五卷第六期（一九五七年九月），平城之圍冒頓並無併吞漢朝的決心，終於允許了高帝的納貢與求和（第三〇頁）；姚從吾，〈匈奴與西漢爭奪東亞霸權的檢討〉，《東北史論叢》（臺北：正中書局，一九五九年），上冊，認為平城事件漢高帝曾向匈奴納貢求和，或者竟像唐高祖稱臣於突厥一樣，對匈奴稱過臣。漢朝自平城失敗以後，武帝馬邑用兵以前，曾對匈奴「卑下承事」，表示屈服，應無問題（第一三二—一三五頁）；狄宇宙（Nicola Di Cosmo）著，賀嚴、高書文譯，《古代中國與其強鄰——東亞歷史上游牧力量的興起》（*Ancient China and Its Enemies: The Rise of Nomadic Power in East Asian History*, New York: Cambridge University Press, 2002，中文譯本為北京：中國社會科學出版社，二〇一〇年），指出平城之役漢朝遭受了一次決定性的失敗，匈奴提出了一些進貢的條件，這就促成了兩個政權間第一個協約的簽訂（第二二〇—二二一頁）；逯耀東，〈對匈奴問題處理的限制〉，高祖平城被圍七日，最後被迫簽訂城下盟，甚至可能遞了降表，倉促歸後，再命劉敬前往匈奴處理善後，簽訂下「通關市、給遺匈奴，遣公主」不平等的和親之約（第二一八—二一九頁）；孫鐵剛，〈漢高帝如何從白登之圍脫困的？〉，指出陳平向漢高帝獻了「投降」走為上的一計。因為高帝投降，所以冒頓決定「開圍一角」。城下之盟所締結的和親之約即是投降的表現（第一九四—一九五頁）；陳知浩，《漢初平城戰役之研究》（新北：花木蘭出版社，二〇一五年），指出陳平提出和親及歲奉財物，不對等的條件實際上已置漢方於臣屬地位，漢方承諾付出贖金，願意盡可能在物資方面滿足匈奴所需，可謂表裡實惠俱全、可長可久之計，為和解營造有利的環境（第一五八頁）。

5 後晉．劉昫，《舊唐書》（北京：中華書局，一九九五年）卷六三〈蕭瑀傳〉，第二三九九頁。

6 北宋．王溥，《唐會要》（上海：古籍出版社，二〇〇六年）卷五六〈省號下．左右補闕拾遺〉，第一一三四頁。北宋．歐陽修、宋祁，《新唐書》（北京：中華書局，一九九五年）卷一一二〈薛登傳〉，第四一七一頁。

7 楊建新，《中國西北少數民族史》（銀川：寧夏人民出版社，一九八八年），第四〇頁；景凱旋，〈傳言與平城之戰的書寫——從白登之圍解圍疑點談起〉，《寧夏社會科學》，二〇一五年第二期（總第一八九期）（二〇一五年三月），第一三六—一四一頁。

8 王慶憲，〈劉邦從匈奴包圍圈中脫出的必然與偶然因素〉，《雲南師範大學學報》，第三四卷第三期（二〇〇二年五月），第四二—四七頁。王慶憲，〈從平城之役看匈奴冒頓單于的「誘」兵之策〉，《內蒙古社會科學（漢文版）》，第二三卷第三期（二〇〇二年五月），指出匈奴並沒有解圍放行，而是劉邦利用了「時天大霧」的偶然機會，借助「大霧」的掩護，強行主動出圍（第四五頁）。

二

「白登之圍」導因於劉邦討伐叛漢降匈的韓王信，[9]而韓王信降附匈奴，則又是肇因於冒頓單于在高帝六年（前二〇一年）九月出兵圍韓王信於馬邑。《漢書．高帝紀》記載：

（六年）秋九月，匈奴圍韓王信于馬邑，信降匈奴。[10]

《史記．韓王信列傳》對其始末有詳細的敘述：

明年（案：高帝六年）春，……迺詔徙韓王信王太原以北，備禦胡，都晉陽。信上書曰：「國被邊，匈奴數入，晉陽去塞遠，請治馬邑。」上許之，信乃徙治馬邑。秋，匈奴冒頓大圍信，信數使使胡求和解。漢發兵救之，疑信數閒使，有二心，使人責讓信。信恐誅，因與匈奴約共攻漢，反，以馬邑降胡，擊太原。[11]

內田吟風對兩漢時期匈奴入侵漢境的季節進行統計，得出夏、秋兩季最多，並引《漢書．李陵傳》漢將路博德語「方秋匈奴馬肥，未可與戰」，認為夏、秋時節有利於匈奴騎兵作戰，而冬季匈奴糧食不足，故沒有侵寇的紀錄。[12]王子今進一步指出，匈奴南犯絕大多數侵擾發生在秋、冬，較大規模的進攻也是發生在秋、冬，而論其原因當與北方草原氣候變化，引發自然生態環境的改變，從而以軍事行為加以因應。[13]游牧民族的經濟活動是實行逐水草而居，蒙古草原游牧中，出冬場一般多是在三月下旬至四月初，此時草原一片殘雪枯草，草資源最不豐，牲畜也羸弱待哺，且又有春雪的威脅，是牧民一年當中最困難、最危險的時節，通常剛出冬場的牧民游牧範圍不會太遠，移動速度緩慢；四月至八月，草原進入夏季，此時是牧民最好的放牧時令，牧場或是在大河邊上或是沿溪谷的山坡上，這是牧民生活較為清閒的時間；九月至十一月為秋季放牧時節，此時牧民為了給牲口搶膘，人畜移動較多，又須打草儲備冬季之用，因此最為忙碌；十二月到次年三月為嚴寒的冬季，一般而言，牧民此時在冬場定居不動，以度過

9 明．于慎行著，清．黃恩彤參訂，李念孔、郭香圃、劉淑賢、張茂華點校，《讀史漫錄》（濟南：齊魯書社，一九九六年）第三卷〈西漢〉記載：「漢都長安，地近匈奴，故高帝神武，而不免平城之圍。」（第七一頁）。案：漢高帝被匈奴困於平城，並非因漢都長安之故，在於韓王信降匈叛漢。

10 東漢．班固，《漢書》（北京：中華書局，一九九五年）卷一下〈高帝紀下〉，第六三頁。

11 《史記》卷九三〈韓信盧綰列傳〉，第三一七五頁。關於韓王信叛漢降匈原由，王夫之，《讀通鑑論（宋論合刊）》，上冊，卷二〈漢高帝〉有云：「冒頓之闌入句注，保太原，自韓王信之叛降始。信失韓之故封而徙於太原，其欲甘心於漢久矣。請都馬邑，近塞而易與胡通；數使之胡求和，陽為漢和而陰自為降地；畜不逞以假手於冒頓，不待往降之日，而早知其志在胡矣。」（第一八頁）。

12 內田吟風，〈古代游牧民族の農耕国家侵入の真因〉，《北アジア史研究——匈奴篇》（京都：同朋舍，一九七五年），第一〇頁。王明珂，《游牧者的抉擇——面對漢帝國的北亞游牧部族》（臺北：聯經出版事業股份有限公司，二〇〇九年），統計《漢書》與《後漢書》匈奴入寇漢帝國之發生季節，也得出匈奴對外劫掠發生在秋季較多（第一四七－一四八頁）。

13 王子今，〈西漢時期匈奴南下的季節性進退〉，《秦漢邊疆與民族問題》（北京：中國人民大學出版社，二〇一一年），第七二－八二頁。

嚴冬。[14]是以，每年五、六月到秋初是游牧民族水草最豐美、家畜最興盛的季節，也因此，游牧民族南侵農業社會，也多選在夏、秋時節。[15]此次匈奴九月入侵代地，也應如是觀之。

關於匈奴出兵圍困劉邦的人數，《史記．匈奴列傳》記載「四十萬騎」；[16]《漢書．匈奴傳》則曰「三十餘萬騎」；[17]而《史記》與《漢書》的〈劉（婁）敬傳〉一說「控弦三十萬」，一說「控弦四十萬騎」。[18]對此一數字的真實性，學界有著不同的看法，[19]多認為有誇大之嫌。[20]學者已指出，受限於史書對匈奴人口缺載，加之以隨著政治背景、軍事形勢、經濟狀況、自然環境、經濟類型等變化，很難具體得出各時期匈奴人口的準確數字。[21]此外，由於游牧民族並非如農業社會實行定居編戶，而是需要獨立平等，自主性的自由移動，以因應易變、不穩定的自然環境以及外在資源競爭。因此，社會組織產生出分枝性社會結構（segmentary social structure），[22]社會結群既呈現動態而多變，也因此不可能精確統

---

14 參看札奇斯欽，《北亞游牧民族與中原農業民族間的和平戰爭與貿易之關係》（臺北：正中書局，一九七三年），第五三頁、札奇斯欽《蒙古文化與社會》（臺北：臺灣商務印書館，一九八七年），第一〇九－一一八頁；王明珂，《游牧者的抉擇——面對漢帝國的北亞游牧部族》，第三三－三五頁。

15 不僅匈奴如此，隋唐時期突厥入侵中原也多是在六至九月間，牧草在五、六月後開始繁盛，夏末至秋季是家畜最健壯的時節，也是游牧民族活動力與戰鬥力最強的時候。此外，冬季將至，需要補充物資，以供冬季之用，而此時是農業社會秋收季節，正是掠奪的最佳時機。參看石見清裕，《唐の北方問題と国際秩序》（東京：汲古書院，一九九八年），第七八頁；陳欽育，《北亞游牧民族與中原國家之間關係研究——以突厥為例》（新北：花木蘭出版社，二〇〇九年），第四九－五〇頁。

16 《史記》卷一一〇〈匈奴列傳〉，第三四七七頁。

17 《漢書》卷九四上〈匈奴傳上〉，第二七五三頁。

18 《史記》卷九九〈劉敬叔孫通列傳〉，第三二七五頁；《漢書》卷四三〈婁敬傳〉，第二一二二頁。

19 有關匈奴人口數的問題，學界有從三十萬至三百萬等不同的統計數字，可參看內田吟風，〈匈奴史雜考〉，《北アジア史研究——匈奴篇》，第七一—七二頁、陳序經，《匈奴史稿》（天津：天津古籍出版社，一九八九年初版；北京：中國人民大學出版社，二〇〇九年），第一八九—一九〇頁、巴菲爾德（Thomas J. Barfield），《危險的邊疆——游牧帝國與中國》（*The Perilous Frontier: Nomadic Empires and China*, Cambridge, Mass.: B. Blackwell，一九八九，中文譯本為南京：鳳凰出版傳媒集團，二〇一一年），第六二頁、王慶憲，〈匈奴人口的計算方法與其社會制度〉，《黑龍江民族叢刊》，二〇〇四年第三期（總第八〇期）（二〇〇四年九月），第三八—四五頁、呂思勉，〈匈奴人口〉，《呂思勉讀史札記（增訂本）》（上海：古籍出版社，二〇〇九年），第六五七—六六〇頁、林俊雄著，陳心慧譯，《草原王權的誕生——斯基泰與匈奴，早期游牧國家的文明》（《スキタイと匈奴：游牧の文明》，東京：講談社，二〇〇七年，中文譯本為臺北：八旗文化，二〇一九年），第二四一頁、陳知浩，《漢初平城戰役之研究》，第六三—六四頁。

20 呂思勉，〈匈奴人口〉，指出匈奴兵數，見於《史》、《漢》者，冒頓之圍高帝於白登最盛，《史記》云四十萬騎，《漢書》云三十餘萬騎，蓋其自號之虛數。匈奴號稱十萬騎者，眾當數萬；號數萬者當萬騎；號萬騎者當數千（第六五八—六六〇頁）。內田吟風，〈匈奴史雜考〉，認為匈奴的控弦大約有六萬騎（第七一—七二頁）。澤田勳（沢田勲）著，王慶憲、叢曉明譯，《匈奴：古代游牧國家的興亡》（《匈奴：古代游牧国家の興亡》，東京：東方書店，一九九六年，中文譯本為呼和浩特：內蒙古人民出版社，二〇一一年），認為史籍所記冒頓單于圍困劉邦於白登山的四十萬騎或是三十餘萬都是不足以信為確數（第三二頁）。曾憲法，〈「白登之圍」兵員數目考〉，《國際關係學院學報》，二〇〇三年第二期（二〇〇三年六月），認為此次雙方參戰兵員人數不過是史籍文獻記載的十分之一，劉邦所能統率的精銳騎兵不會超過二萬，總兵力不足十萬；冒頓單于所率控弦之士最多六萬，總兵力當不超過二十四萬（第五七—六一頁）。景凱旋，〈傳言與平城之戰的書寫——從白登之圍解圍疑點談起〉，認為匈奴兵力總數大概為三十萬至四十萬，匈奴不可能傾全國兵力於平城一地。此外，冒頓單于後，匈奴在老上單于、軍臣單于領導下與漢朝戰爭中最多一次出兵也僅為十四萬，與白登之圍時兵力相差懸殊，匈奴兵力數被誇大則無疑（第一三九—一四〇頁）。杉山正明著，黃美蓉譯，《大漠：游牧民族的世界史》（《游牧民から見た世界史：民族も国境もこえて》，東京：日本経済新聞社，二〇〇三年，中文譯本為新北：廣場出版社，二〇一一年），認為由控弦之士三十多萬名，增加到四十萬騎兵，應該是匈奴版圖擴大及增加韓王信部隊後的數目（第一三四—一三五頁）。

21 王慶憲，〈匈奴人口的計算方法與其社會制度〉，第三八—四五頁。

22 王明珂，《游牧者的抉擇——面對漢帝國的北亞游牧部族》，第六七—六九頁。

計出匈奴的人口。

雖然我們不能肯定「白登之圍」匈奴騎兵人數如史籍所記有三、四十萬之眾，然而從冒頓單于破東胡時擄獲二十餘萬的控弦之士，[23]以及匈奴一年三次祭祀中「蹛林大會」召開的時間與性質觀之，可以確信圍困劉邦的匈奴騎兵一定是當時冒頓單于所能動員最多的數量。[24]關於匈奴一年三次祭祀，《史記》與《漢書》的〈匈奴傳〉皆載：

> 歲正月，諸長小會單于庭，祠。五月，大會龍（蘢）城，祭其先、天地、鬼神。秋，馬肥，大會蹛林，課校人畜計。[25]

《後漢書．南匈奴傳》記載「三龍祠」舉行的時間分別是在正月、五月及九月，[26]是以，《史記》、《漢書》〈匈奴傳〉秋天祭祀的時間應該就是在九月。江上波夫認為，匈奴春（五月）、秋（九月）二回的祭禮，乃遵循北亞狩獵游牧民祭祀的通例，無論是鮮卑、契丹，還是中世紀的蒙古、清代的滿洲人，都有春、秋兩季的祭禮。論其原因在於北亞游牧民的居住地，氣候上明顯二分為春夏期與秋冬期，當地牧草的榮枯之類的自然變化極其劇烈，迫使他們不得不在春、秋季之時尋找並移居新的牧地，而在其離散之際，亦即全部族或全民族最易集合的時期，在重新加強其團結並促進其親睦之意義上，舉行春、秋二次共同的祭祀。[27]澤田勳也指出，五月和九月分別是匈奴向夏營地和冬營地遷徙的時期，所以對游牧民族的生產活動來說，五月和九月是最重要的時期。此時進行祭祀，確認為各個部族之間的團結。[28]這裡有兩點值得進一步說明：一是，「蹛林」的性質；二是，大會蹛林的地點。江上波夫認為，「蹛林」屬薩滿信仰（Shamanism）的祭祀型態，乃是整個北亞、東亞、中亞狩獵游牧民間廣泛存在的以自然林木或豎樹枝，或繞林木，祭祀天地的一種宗教習俗。[29]姚大中認為，蹛林意謂神靈所降臨的樹林，秋季又是人壯馬肥的收穫季節，以此檢討全國性經濟現狀與富力，調查全國人口與牲畜的孳息數字，祈禱明年畜產愈益繁殖與人民生活愈益幸福。所以，這次祭典含有明顯的經濟意味或豐年祭性質，與春（政治）、夏（宗教）的嚴肅性集會不同。[30]呂一飛指出，北方游牧民族以自然林木（或豎立

23 唐．房玄齡，《晉書》（北京：中華書局，一九九五年）卷一〇八〈慕容廆載記〉記載：「慕容廆……昌黎棘城鮮卑人也。其先有熊氏之苗裔，世居北夷，邑于紫蒙之野，號曰東胡。其後與匈奴並盛，控弦之士二十餘萬，……秦漢之際為匈奴所敗，分保鮮卑山，因以為號。」（第二八〇三頁）。《史記》卷一一〇〈匈奴列傳〉記載：「（冒頓）遂東襲擊東胡。……大破滅東胡王，而虜其民人及畜產。」（第三四七二頁）。由上引兩條史料可知，秦漢之際東胡控弦之士有二十餘萬，當冒頓單于破滅東胡並擄其民人、畜產時，這二十餘萬的控弦之士應隸於冒頓麾下。

24 王慶憲，〈匈奴人口的計算方法與其社會制度〉，指出綜觀匈奴戰爭，平城之役及其以後的一個時期，匈奴政權所轄的「控弦之士」最多，冒頓以後的歷代單于，無論在什麼情況下，都沒能再組織起像白登之圍時那麼龐大的隊伍（第四一頁）。陳知浩，《漢初平城戰役之研究》，冒頓單于時，能夠動員的騎兵數目，遠超過後世匈奴所有時期的軍隊數。在西元前三世紀末時，北亞游牧民族能控有數量這麼龐大的武裝騎兵部隊，不論從當時或後世來說，都是罕見的（第六五頁）。

25 《史記》卷一一〇〈匈奴列傳〉，第三四七五頁；《漢書》卷九四上〈匈奴傳上〉，第三七五二頁。

26 《後漢書》卷八九〈南匈奴傳〉，第二九四四頁。

27 江上波夫著，黃舒眉譯，〈匈奴的祭祀〉，劉俊文主編，辛德勇、黃舒眉、劉韶軍等譯，《日本學者研究中國史論著選譯》（北京：中華書局，一九九三年），第九卷，「民族交通」，第一〇－一一頁。

28 澤田勳著，王慶憲、叢曉明譯，《匈奴：古代游牧國家的興亡》，第一二八－一二九頁。

29 江上波夫著，黃舒眉譯，〈匈奴的祭祀〉，第二－九頁。

30 姚大中，《古代北西中國》（臺北：三民書局，一九八一年），第八〇－八一頁。

樹枝）作為祭場，供獻祭品，眾騎馳繞而祭之，是一種薩滿教的宗教祭祀儀式，馳騎繞物帶有驅邪的意味。[31]細觀五月與九月的兩次大會，其活動內容有很大的不同：[32]夏季五月的「大會蘢（龍）城」，是一年三祠中最重大的祭典，實稱「龍祠」，全國各部落地方首長及臣屬於匈奴者，均須悉數會合於蘢（龍）城，[33]祭祀祖先、天地、鬼神並商議國家大事，具有宗教與政治上的意義。[34]秋季九月的「大會蹛林」，活動內容則是課校人畜，亦即對當年度的人口、牲口進行全面普查統計，秋季正處於牧民收穫的季節，能全面的反映當年人口、牲口的增減情形。[35]此外，九月之會的另一個目的是配合秋季對外劫掠的傳統，動員、聚集各部落可參與作戰人畜。秋季士壯馬肥，一年的游牧工作大體完成，正是出外劫掠或參加戰爭的最佳時機。[36]因此，九月的課校人畜，屬經濟與軍事上的意義。

關於大會蹛林的地點，或謂匈奴之聖地，[37]或認為是在水草適宜，有林木，可提供大規模聚會之寬廣場地，[38]或以為係單于庭所在地。[39]前面論述蹛林之性質時指出，游牧民族以自然林木或豎樹枝，或

---

31 呂一飛，《胡族習俗與隋唐風韻——魏晉北朝北方少數民族社會風俗及其對隋唐的影響》（北京：書目文獻出版社，一九九四年），第二〇〇頁。

32 呂思勉，〈匈奴風俗〉，《呂思勉讀史札記（增訂本）》，謂匈奴正月、五月、九月三會，皆祭天地鬼神（第六六二頁）。呂思勉在另一專著《中國民族史》，《中國民族史兩種》（上海：古籍出版社，二〇〇八年），亦云此三會皆祭天地，並及其餘諸鬼神（第四四頁）。林幹，《匈奴史》（呼和浩特：內蒙古人民出版社，二〇〇七年），匈奴每年的三次集會都有祭祀，祭祀的對象是祖先、天地和鬼神（第一五七頁）。此一說法恐有誤，三會性質及內容各不相同，不能等而視之。

33 有關蘢（龍）城的性質及位置，江上波夫著，黃舒眉譯，〈匈奴的祭祀〉，認為是自然林木或豎樹枝之處，或樹枝、柴薪堆積處，亦即今日蒙古的鄂博、契丹的柴冊殿之類的東西（第九頁）；內田吟風，〈匈奴史雜考〉，認為是文獻中少數記載匈奴的大城（第六〇頁）；崔瑞德（Denis Twitchett）、魯惟一（Michael Loewe）編，楊品泉、張書生、陳高華、謝亮生、一

山、索介然、胡志宏譯，張書生、楊品泉校訂，《劍橋中國秦漢史——公元前二二一年至公元二二〇年》（*The Cambridge History of China, vol.1 The Ch'in and Han Empires, 221 BC–AD 220*, New York: Cambridge University Press, 1986，中文譯本為北京：中國社會科學出版社，二〇〇六年），龍城位於和碩柴達木（現代外蒙古）的附近，是匈奴聯合體的首都，所有重要的宗教和政府事務都在那裡集中處理（第三六三頁）；馬長壽，《北狄與匈奴》，龍城或龍庭位於漠北安侯水（今鄂爾渾河）東側和碩．柴達木湖附近（第二三—二四頁）；王維懋，〈匈奴龍城考辨〉，《歷史研究》，一九八三年第二期（一九八三年五月），認為《史記》多次提到龍城，但它們坐落地點各不相同，匈奴一年三祀中的龍城大會地點應是在漠南，上谷郡以北之地（第一四二—一四四頁）；烏恩，〈論匈奴考古研究中的幾個問題〉，李錦綉編，《二十世紀內陸歐亞歷史文化研究論文選粹》（蘭州：蘭州大學出版社，二〇一四年），第三輯，推測是由旃帳（毡製帳幕）構成的聚居點，匈奴龍城原先在漠南，秦以後在漠北（第二八〇頁）；狄宇宙著，賀嚴、高書文譯，《古代中國與其強鄰——東亞歷史上游牧力量的興起》，龍城很可能在今天蒙古的烏拉巴托西南部（第二二〇頁）；王明珂，《游牧者的抉擇——面對漢帝國的北亞游牧部族》，認為應是適於大批人畜聚集之處，應是水、草無缺的地方，很可能是在寬廣的河邊或是湖邊的夏季草場。夏季水源、牧草豐盛的河邊，各級首領及其隨從的帳幕沿河密集搭建，聚落呈帶狀蜿蜒如龍，這即是「龍城」之名的由來（第一三五頁）；何天明，〈對匈奴創建政權若干問題的探討——匈奴政權始自冒頓單于說質疑〉，《內蒙古社會科學（漢文版）》，第二七卷第一期（二〇〇六年一月），認為是一個水草很好大規模的祭祀地點，可能是設在距離單于庭比較近的水草豐美地方，或是圍繞單于庭的草場上，是一個以單于大帳為核心的車帳式臨時性用於集中祭祀的游牧建築群（第四四頁）。

34 白鳥庫吉，〈匈奴の休屠王の領域と其祭天の金人とに就いて〉，《白鳥庫吉全集》（東京：岩波書店，一九七〇年），第五卷，「塞外民族史研究（下）」，第三二〇—三三二頁。杜而未，〈撐犂考〉，《國立臺灣大學文史哲學報》，第八期（一九五八年七月），指出五月祭天是匈奴最大、最隆重的典禮，而匈奴的天就是中國的天，具有物質（光明）與精神（至上神）的雙重意思（第一五二—一六〇頁）。

35 何天明，〈對匈奴創建政權若干問題的探討——匈奴政權始自冒頓單于說質疑〉，第四四頁。

36 王明珂，《游牧者的抉擇——面對漢帝國的北亞游牧部族》，第一三六頁。王子今，〈西漢時期匈奴南下的季節性進退〉，也指出匈奴秋季「大會蹛林，課校人畜計」也有校閱兵力，振奮攻戰之志的意義（第八〇頁）。

37 岑仲勉，〈自漢至唐漠北幾個地名之考定〉，《中外史地考證》（北京：中華書局，二〇〇四年），認為「蹛林」，《切韻》tâi liam，突厥語 tängrim，亦即神聖。因此，大會蹛林猶之大會於聖地（第七二—七三頁）。

38 林幹，《匈奴史》，蹛林是個地名，匈奴人於林木地帶設祭（第一五九頁）。何天明，〈對匈奴創建政權若干問題的探討繞林木，祭祀天地的一種宗教習俗，這應屬於多林木、森林環繞的自然環境。唐人顏師古有一段話值得注意：

> 蹛者，遶林木而祭也。鮮卑之俗，自古相傳，秋祭無林木者，尚豎柳枝，眾騎馳遶三周乃止，此其遺法也。[40]

引文中指出，匈奴這種遶林祭祀的習俗很可能源自於鮮卑舊俗。兩漢時期鮮卑與烏桓謂之東胡，其原居地在匈奴之東邊。又，匈奴一年三次祭祀，無論是正月的小會，抑或是五月、九月的大會，單于必然都會親自參與。因此，三次集會之地點應與單于庭有一定之關聯性。西漢時期的單于庭具體位置為何？《史記．匈奴列傳》記載：

> 諸左方王將居東方，直上谷以往者，東接穢貉、朝鮮；右方王將居西方，直上郡以西，接月氏、氐、羌；而單于之庭直代、雲中：各有分地，逐水草移徙。[41]

由此觀之，單于庭當在漢之代地、雲中郡之北。學者曾就文獻的記載，研究單于庭的地點，[42]經實地考古考察發現，漢都左國城（今山西省方山縣南村）很可能就是當年匈奴單于南庭。[43]我們認為北庭可能是單于夏季營地；南庭則是單于冬季的營地，而匈奴單于南庭之建立，大約是在冒頓單于擊敗東胡以後不久。[44]此後匈奴每年秋季就在單于南庭舉行蹛林大會。

綜合以上所述，我們可對此次「白登之圍」匈奴出兵有了更清楚的認識：秦二世元年（前二〇九年），冒頓單于弒父自立單于後，東擊東胡、西征月氏，南侵燕、代，悉復收秦蒙恬所奪之地，[45]在代地、雲中之北，建立單于南庭，同時承續鮮卑習俗，每年秋季九月進行蹛林祭祀、課校人畜的蹛林大會。

——匈奴政權始自冒頓單于說質疑〉，認為從蹛林的活動形式及內容來看，是一個有林木從事祭祀的地方，這種匈奴部眾都有參加的大規模聚會，應當是在水草適宜、有林木，也適合安排部眾生活、單于大帳又有較好安全保障的地區。由於單于庭具有移動性，也不排除蹛林隨之變動的可能（第四五頁）。

39 姚大中，《古代北西中國》，第八〇頁、崔瑞德、魯惟一編，楊品泉、張書生、陳高華、謝亮生、一山、索介然、胡志宏譯，張書生、楊品泉校訂，《劍橋中國秦漢史——公元前二二一年至公元二二〇年》，第三六三頁。馬長壽，《北狄與匈奴》，引《遼史．太祖紀》記龍城以西有蹛林，認為龍城（和碩．柴達木湖附近）以西蹛林水（塔米爾Tamir河）即是蹛林所在地，匈奴於此建立龍祠（第二四頁）。

40 《史記》卷一一〇〈匈奴列傳〉，第三四七六頁，顏師古《史記正義》。

41 《史記》卷一一〇〈匈奴列傳〉，第三四七三—三四七四頁。

42 內田吟風，〈「単于」の称号と「匈奴単于庭」の位置に就て〉，《北アジア史研究——匈奴篇》，認為匈奴單于庭初期安置是在內蒙古呼和浩特附近，其後遷至鄂爾渾河（Orkhon River）流域的喀喇昆侖（第九七頁）。黃文弼，〈前漢匈奴單于建庭考〉，《西北史地論叢》（上海：上海人民出版社，一九八一年），認為匈奴在西漢時，漢南與漢北均有單于庭，單于北庭當在鄂爾渾河畔，杭愛山之東麓，哈剌巴爾噶遜附近；單于南庭應是在漢南陰山附近的山西陶林、商都一帶或是河北赤城以西，此處正是位於漢時代、雲中之北（第一三八—一四一頁）。杉山正明著，黃美蓉譯，《大漢：游牧民族的世界史》，以為單于的王庭似乎位於圖頁勒河（Tuul River）上游的狼居胥山以及姑衍山（第一四八頁）。

43 蓋山林、蓋志浩，《遠去的匈奴》，第八一—三〇頁。

44 何天明，〈對匈奴創建政權若干問題的探討——匈奴政權始自冒頓單于說質疑〉，第四三頁。

45 《史記》卷一一〇〈匈奴列傳〉，第三四七二—三四七三頁。

高帝六年九月，冒頓單于舉行蹛林大會後，利用此時人畜兵馬聚集最盛，同時也是游牧民族傳統對外劫掠最佳時機之際，率兵入侵馬邑，迫使韓王信投降匈奴，並與之共擊太原，進逼晉陽。七年十月，[46]劉邦聽聞韓王信叛漢降匈後，親率三十二萬大軍征伐韓王信，冒頓單于乘漢軍步兵尚未盡到之際，以三、四十萬精騎將劉邦圍困在平城白登山上。

三

關於劉邦討擊韓王信，最終被匈奴圍困於平城白登山的過程，《史記・匈奴列傳》記載：

> 匈奴得（韓王）信，因引兵南踰句注，攻太原，至晉陽下。高帝自將兵往擊之。……於是冒頓詳敗走，誘漢兵。漢兵逐擊冒頓，冒頓匿其精兵，見其羸弱，於是漢悉兵，多步兵，三十二萬，北逐之。高帝先至平城，步兵未盡到，冒頓縱精兵四十萬騎圍高帝於白登，七日，漢兵中外不得相救餉。[47]

同書，〈韓信盧綰列傳〉記載：

> 七年冬，上自往擊，破（韓王）信軍銅鞮，斬其將王喜。信亡走匈奴。……匈奴使左右賢王將萬餘騎與王黄等屯廣武以南，至晉陽，與漢兵戰，漢大破之，追至于離石，復破之。匈奴復聚

> 兵樓煩西北，漢令車騎擊破匈奴。匈奴常敗走，漢乘勝追北，聞冒頓居代谷，高皇帝居晉陽，使人視冒頓，還報曰「可擊」。上遂至平城。上出白登，匈奴騎圍上，……。[48]

從引文中可發現，這是雙方國君事前都沒有預期的一次偶發性交兵事件。冒頓單于原先依往例於秋季入侵劫掠，並沒有要與漢進行大規模戰爭的準備；而劉邦最初也只是針對叛漢降匈的韓王信進行討伐，也沒有預想到與匈奴冒頓單于直接作戰的意圖。迨漢軍於武泉、銅鞮、晉陽、離石、砦石、樓煩，數破韓王信與匈奴軍後，[49]劉邦聽聞冒頓單于居於晉陽不遠的代谷（桑乾河谷地），[50]且數次派遣刺探軍情的

---

46 漢初承秦制，以十月為歲首。韓王信六年九月降匈，劉邦七年十月往擊，間隔一個月。

47 《史記》卷一一〇〈匈奴列傳〉，第三四七七頁。

48 《史記》卷九三〈韓信盧綰列傳〉，第三一七六頁。

49 《史記》卷五七〈絳侯周勃世家〉記載：「（周勃）以將軍從高帝擊反韓王信於代，降下霍人。以前至武泉，擊胡騎，破之武泉北。轉攻韓信軍銅鞮，破之。還，降太原六城。擊韓信胡騎晉陽下，破之，下晉陽。後擊韓信軍於砦石，破之，追北八十里。還攻樓煩三城，……。」（第二四九九－二五〇〇頁）；同書，卷九五〈樊酈滕灌列傳〉記載：「（樊噲）以將軍從高祖攻反韓王信於代。自霍人以往至雲中，與絳侯等共定之，……。（夏侯嬰）因從擊韓信軍胡騎晉陽旁，大破之。追北至平城，……。（灌嬰）以車騎將軍從擊反韓王信於代，……破胡騎於武泉北。復從擊韓信胡騎晉陽下，所將卒斬胡白題將一人。……擊破胡騎於砦石。」（第三三〇四、三三二三、三三二九頁）。有關劉邦討擊韓王信的軍事部署，詳參陳知浩，《漢初平城戰役之研究》，第一三〇－一三四頁。

50 陳知浩，《漢初平城戰役之研究》，「代谷」在漢代可以說是整個桑乾河谷地的統稱，其涵蓋的範圍相當遼闊，腹地甚大且中有河流，植被繁茂水草不乏，又緊鄰漢、匈邊境，適合馬騎大軍休止，也利於匈軍北退或南下（第一三七頁）。

使人回報皆言匈奴可擊，[51]遂臨時決定率兵直擊冒頓。匈奴本擅行誘兵之計，[52]漢軍進擊時，冒頓單于佯裝敗走，以使漢軍驕兵輕敵，誘其深入匈奴所布置陣地。游牧民族的對外軍事行動是實行人畜共行方式，正所謂「戰則與家產並至，奔則與畜牧俱逃」，[53]加之以蹛林大會剛對人畜進行課校，故能「匿其壯士肥牛馬」，並讓劉邦所派遣的使人「但見老弱及羸畜」，[54]成功蒙蔽了劉邦，[55]最終使劉邦被匈奴圍困於平城白登山上。

關於白登山的位置，《水經注·漯水》記載：

> 服虔曰：白登，臺名也，去平城七里。如淳曰：平城旁之高地，若邱陵矣。今平城東十七里有臺，即白登臺也。臺南對罡阜，即白登山也。故《漢書》稱上遂至平城，上白登者也，為匈奴所圍處。[56]

《括地志》又記：

> 朔州定襄縣，本漢平城縣。縣東北三十里有白登山，山上有臺名曰白登臺，《漢書·匈奴傳》曰「蹋頓圍高帝於白登七日」，即此也。服虔云：「白登，臺名，去平城七里。」李穆叔《趙記》云「平城東七里有土山，高百餘尺，方十餘里」，亦謂此也。[57]

熊會貞指出，顏師古云：白登臺在平城東山上，去平城十餘里，服虔所說非也。《水經注》下稱今平城東十七里有臺，與顏師古謂十餘里同。[58]楊守敬認為，《括地志》所言定襄縣東北三十里有白登山，山上有白登臺。唐定襄縣在故平城西北，與《水經注》里數有異。其云山上有臺，較《水經注》言臺南對罡阜尤異。故《一統志》直謂白登山一名白登臺。[59]對於白登山（臺）的各種說法，李穆叔《趙記》所云「高百餘尺，方十餘里」一句，很值得注意。漢代平城遺址在今山西省大同市東北御河東岸水泊寺鄉的古城村，此地東北一線的地形有馬鋪山、南坡頂、采涼山等三處高地。過去認為馬鋪山即是漢白登山，故現今馬鋪山臺上仍樹立有「白登之戰紀念碑」。經學者實地走訪探查研究認為，采涼山才是最符合漢代白登山（臺）的各項特徵。采涼山海拔二一四四公尺，為大同地區第一高峰，東依白登河，南抵桑乾河，西瀕御河，北以陽高縣長城鄉為分水嶺，以東有黃水河，以西有鎮川河，呈現四面環河的地理

51 《史記》卷九九〈劉敬叔孫通列傳〉記載：「（高帝）至晉陽，聞（韓王）信與匈奴欲共擊漢，上大怒，使人使匈奴。……使者十輩來，皆言匈奴可擊。」（第三二七四頁）。

52 《史記》卷一一〇〈匈奴列傳〉記載：「故其戰，人人自為趨利，善為誘兵以冒敵。」（第三四七五頁）。

53 北齊．魏收，《魏書》（北京：中華書局，點校本二十四史修訂精裝本，二〇一七年）卷五四〈高閭傳〉，第一三一五頁。

54 《史記》卷九九〈劉敬叔孫通列傳〉，第三二七四頁。

55 有關白登之圍過程中，匈奴誘兵的策略與步驟，參看王慶憲，〈從平城之役看匈奴冒頓單于的「誘」兵之策〉，第四三—四五頁、陳知浩，《漢初平城戰役之研究》，第一三五—一四三頁。

56 北魏．酈道元注，楊守敬、熊會貞疏，段熙仲點校，陳橋驛復校，《水經注疏》（南京：江蘇古籍出版社，一九八九年）卷一三〈漯水〉，第一一四六頁。

57 唐．李泰等著，賀次君輯校，《括地志輯校》（北京：中華書局，二〇〇五年）卷二〈朔州．定襄縣〉，第七一頁。

58 酈道元注，楊守敬、熊會貞疏，段熙仲點校，陳橋驛復校，《水經注疏》卷一三〈漯水〉，熊會貞按語，第一一四六頁。

59 酈道元注，楊守敬、熊會貞疏，段熙仲點校，陳橋驛復校，《水經注疏》卷一三〈漯水〉，楊守敬按語，第一一四六頁。

形勢（參看本文末第四七頁〔附圖〕）。采涼山山勢陡峭，坡度在三十五度左右，愈上愈陡，舉步維艱，然山頂平坦，視野遼闊，其廣袤各約二十五公里，總面積為六十二．五平方公里。[60]

游牧民族對外征戰以騎兵為主，而騎兵利於大規模的野戰而不擅長攻城。[61]騎兵在野戰中遠勝於步兵，但在攻城時，特別是在堅城之下，騎兵往往只能望城興歎。[62]冒頓單于在劉邦登上白登山後，長達七天遲遲無法擊敗漢軍，即是在於白登山地勢陡峭，匈奴騎兵仰攻不易，只能將劉邦團團包圍，[63]並以青、白、赤、黑四色馬布陣四方，以達到震懾劉邦效果。[64]

史載，冒頓單于圍困劉邦七天之後，「胡騎稍稍引去」。[65]前面已指出，游牧民族行軍作戰是人畜共行方式，這樣的軍事活動，雖然可以解決軍隊補給問題，但只能維持短暫的時間，不易持久作戰，否則必然會影響牧民的季節放牧活動，或是影響牧民自主抉擇遷徙時機。是以，匈奴人在戰場上聚散無常，在平等自主的原則下，個人及各小社會群體以自身「私利」而自主行動，當不需要或不利己時，則散為小群體各自求生。[66]故有「利則進，不利則退，不羞遁走」、[67]「其見敵則逐利，如鳥之集；其困敗則瓦解雲散矣」的現象。[68]冒頓單于率軍南下入侵馬邑的時間是在九月，劉邦出討韓王信是在十月，從長安集結兵力出發，經上黨郡銅鞮，破王喜軍，再至太原晉陽，做短暫停留，期間數次派遣使人覘候匈奴動靜，當得知匈奴可擊情報後，又率軍繼續北上廣武，轉到雁門郡的平城，最後赴白登山避難，經匈奴七天圍困，估計此時已經到了十月下旬。對匈奴的牧民而言，如此大規模集體性進行「戰略性掠奪」（strategic raids），已嚴重擾亂了規律游牧季節工作，此時天候十分惡劣，[69]必須要盡快結束戰爭，向冬季營場轉移做準備，若沒有能夠及時到達冬場避寒，則人畜均無法平安度過嚴冬，必然對游牧經濟造成致命的打擊。因此，才會出現圍兵七天後「胡騎引去」場景。

關於天氣因素，還有一點值得深論：王慶憲指出，劉邦是利用「時天大霧」的偶然機緣，借助於「大霧」的掩護，徐行出圍。[70]事實上，當時的「大霧」不僅掩護劉邦突圍，同時也是匈奴引去退兵的

---

60 靳生禾、謝鴻喜，〈漢匈白登之戰古戰場考察報告〉，原刊於《中國歷史地理論叢》，第二一卷第二輯（二〇〇六年四月），第九八－一〇二頁，後收入《山西古戰場野外考察與研究》（太原：山西人民出版社，二〇一三年），第二一－七頁。

61 《魏書》卷五四〈高閭傳〉記載：「北狄悍愚，同於禽獸，所長者野戰，所短者攻城。」（第一三一五頁）。

62 李德龍，《漢初軍事史研究》（北京：民族出版社，二〇〇一年），冒頓率領的匈奴騎兵以往在漠北地區的草原地帶作戰，一直是所向披靡，但缺乏中原地區平原地帶作戰的經驗，既不善於步戰，也不擅長攻城、守城的戰鬥（第一九四－一九五頁）。

63 楊文耀，〈平城之圍考辨——兼談姚從吾先生「匈奴與西漢爭奪東亞霸權的檢討」〉，認為匈奴圍漢七日而不攻，其原因是漢軍強弩外向，使匈奴不敢冒進（第三〇七頁）。陳知浩，《漢初平城戰役之研究》，漢帝倉促遭襲，陷入重圍，並未馬上成擒，在於白登山高地可守，漢方占居高臨下地利，丘陵坡地路徑逼側蜿蜒，不利大規模衝鋒（第一四三－一四四頁）。

64 匈奴以四色馬配四方，可能源於中原地區五行觀念，參看呂思勉，《中國民族史》，第四四－四五頁；杉山正明著，黃美蓉譯，《大漠：游牧民族的世界史》，第一三八－一四一頁；李春梅，〈從兩條史料探尋匈奴民族的五行觀念〉，《內蒙古大學學報（哲學社會科學版）》，第四四卷第四期（二〇一二年七月），第一〇七－一一〇頁。

65 《史記》卷九三〈韓信盧綰列傳〉，第三一七六頁；《漢書》卷三三〈韓王信傳〉，第一八五四頁。

66 王明珂，《游牧者的抉擇——面對漢帝國的北亞游牧部族》，第一三八、一四六－一四九頁。

67 《史記》卷一一〇〈匈奴列傳〉，第三四六一頁。

68 《史記》卷一一〇〈匈奴列傳〉，第三四七五頁。

69 《史記》卷一一〇〈匈奴列傳〉記載：「會冬大寒雨雪，卒之墮指者十二三，……。」（第三四七七頁）。可知在白登之圍期間，天候環境十分惡劣。

70 王慶憲，〈劉邦從匈奴包圍圈中脫出的必然與偶然因素〉，第四二頁、王慶憲，〈從平城之役看匈奴冒頓單于的「誘」兵之策〉，第四五頁。

重要原因。《史記．匈奴列傳》記載匈奴的兵法：

舉事而候星月，月盛壯則攻戰，月虧則退兵。[71]

《漢書．天文志》有一條資料值得重視：

（高帝）七年，月暈，圍參、畢七重。占曰：「畢、昴間，天街也。街北，胡也。街南，中國也。昴為匈奴，參為趙，畢為邊兵。」是歲，高皇帝自將兵擊匈奴，至平城，為冒頓單于所圍，七日迺解。[72]

此條資料是漢人從天象占星的角度，解釋劉邦被匈奴圍困的原因，但也透露了一個重要訊息，即高帝七年發生「月暈」天象。所謂「月暈」，是指地球大氣上層的結冰晶體折射月光所產生的現象，古人認為月暈是因「月旁有氣」而由月亮直接產生的異象。[73]雖然《漢書．天文志》沒有明確記載「月暈」的確切時間，我們從月暈的發生是出自於高冰雲折射產生，而劉邦被圍之前曾歷經一場「大寒雨雪」，有理由相信很可能就是在「白登之圍」期間。匈奴作戰進軍、退兵，星月變化是一個重要考慮因素，現在匈奴圍困劉邦已達七天，一則出現了「月暈」的退兵天象，[74]適時又突起大霧，若是繼續圍兵，勢必會增加更大的困難度，這促使冒頓單于決定退兵。

四

關於「白登之圍」單于閼氏的作用，《史記．陳丞相世家》記載：

（高帝）為匈奴所圍，七日不得食。高帝用陳平奇計，使單于閼氏，圍以得開。高帝既出，其計祕，世莫得聞。[75]

同書，〈韓信盧綰列傳〉記載：

上出白登，匈奴騎圍上，上乃使人厚遺閼氏。閼氏乃說冒頓曰：「今得漢地，猶不能居；且兩主不相戹。」居七日……入平城，漢救兵亦到，胡騎遂解去。[76]

71 《史記》卷一一〇〈匈奴列傳〉，第三四七五頁。
72 《漢書》卷二六〈天文志六〉，第一三〇二頁。
73 黃一農，《制天命而用——星占、術數與中國古代社會》（成都：四川人民出版社，二〇一八年），第六一頁。
74 「月暈」現象雖與「月虧」或「月缺」有所不同，但已不是象徵進兵的「月盛壯」天象。
75 《史記》卷五六〈陳丞相世家〉，第二四八六頁。
76 《史記》卷九三〈韓信盧綰列傳〉，第三一七六頁。

者，不是閼氏本人，而是閼氏遊說冒頓的理由——「漢王亦有神」（「漢主有神」）。[82]

匈奴以自然崇拜的多神泛靈信仰（Animism），崇天敬神。前面探討匈奴一年三次祭祠中，五月「大會蘢（龍）城」即有祭祀天地、鬼神。在自然崇拜中，其中又以「天」（撐犁，tangri）、神祇為信仰核心。匈奴國人稱單于曰「撐犁孤塗單于」，意即像天一般廣大之貌。[83]史載，冒頓單于遺漢文帝書云「天所立匈奴大單于敬問皇帝無恙」；[84]老上稽粥單于遺書漢文帝云「天地所生日月所置匈奴大單于敬問漢皇帝無恙」。[85]因此，單于不但是「天立」的，也是「天生」的，被賦予神靈的意義，代表著「天神」。[86]二十世紀五〇年代以來，在內蒙古自治區包頭市麻池召灣漢墓群中，陸續出土「單于天降」和「四夷盡服」等多個瓦當，其中「單于天降」瓦當也反映出匈奴對天崇拜的天命思想，將其統治者予以神格化（deification）。[87]匈奴的崇天還可從冒頓單于云「以天之福」夷滅月氏、[88]軍臣單于立雁門尉史為「天王」，[89]以及霍去病破得休屠王「祭天金人」等看出。[90]匈奴對神祇的敬畏，除五月蘢（龍）城大會中祭祀鬼神外，我們還可從烏孫國昆莫（昆彌、昆靡）獵驕靡故事、且鞮侯單于待蘇武兩事例觀之。《史記．大宛列傳》記載：

---

82 楊文耀，〈平城之圍考辨——兼談姚從吾先生「匈奴與西漢爭奪東亞霸權的檢討」〉，閼氏以「今得漢地，而單于終非能居之也」理由遊說冒頓，當足以促使冒頓重新估計利害得失（第三〇六頁）。王紹東，《碰撞與交融——戰國秦漢時期的農耕文化與游牧文化》（呼和浩特：內蒙古大學出版社，二〇一一年），白登之圍中，匈奴軍隊占有絕對優勢，他們之所以對劉邦放一條生路，正如單于閼氏所言，游牧民族始終承認中原王朝對農耕地區的統治地位，游牧民族對農耕地區的進攻，主要是想獲取他們所需的財富，而不是奪取農耕地區的土地，更沒有推翻中原政權的圖謀（第一六六頁）。我們認為能否得漢地並常居，與單于解圍罷兵並沒有直接必然的關係，反不如「漢王亦有神」（「漢主有神」）更能說服冒頓單于。

83 《漢書》卷九四上〈匈奴傳上〉記載：「單于姓攣鞮氏，其國稱之曰『撐犁孤塗單于』。匈奴謂天為『撐犁』，謂子為『孤塗』，單于者，廣大之貌也，言其象天單于然也。」（第三七五一頁）。

84 《史記》卷一一〇〈匈奴列傳〉，第三四七九頁。

85 《史記》卷一一〇〈匈奴列傳〉，第三四八三頁。

86 杜而未，〈撐犂考〉，第一五一－一五二頁。蔡鴻生，《唐代九姓胡與突厥文化》（北京：中華書局，一九九八年），研究指出古突厥語之「登里」，即"tängri"或"teŋiri"，是源於匈奴語之「撐犁」。該詞詞根"teŋ"源出動詞「上升」、「飛翔」之意，在鳥類名稱中也有反映，如鷹科的小鶻，古突厥語稱為"teŋälgün"，其與"teŋiri"同根。本義為上升的這個突厥詞，可轉義為「獻牲」、「崇奉」、「尊敬」。因此，「天」就不單只「上天」，而且代表著「天神」（第一三六頁）。狄宇宙著，賀嚴、高書文譯，《古代中國與其強鄰——東亞歷史上游牧力量的興起》，游牧民族中間流傳著真實存在的神創造了王這樣的觀念，這種觀念體現在匈奴所用的「撐犁」一詞中，政治統治獲得神聖的合法性的形式稱為「神授」，這種認為政治權力是得到神的認可觀念最初是北方民族和華夏民族所共有的，最終在華夏族中產了一種特有的神授信條，在游牧族中則產生了超自然神的合法化觀念（第二〇四頁）。

87 王文濤，〈是「天降jiàng單于」，還是「天降xiáng單于」——天神觀與漢匈政治關係的一個審視點〉，《河北學刊》，第三三卷第三期（二〇一三年五月），第五六－六二頁。威廉．巴托爾德（Vasilii Vladimirovich Bartol'd）著，羅致平譯，《中亞突厥史十二講》（*Zwölf Vorlesungen über die Geschichte der Türken Mittelasiens*, Philadelphia: Porcupine Press, 1977，中文譯本為北京：中國社會科學出版社，一九八四年），認為"tängri"一詞既是指物質意義的「天」，也作為神格特質的「天」（第一一一－一一二頁）。江上波夫著，張承志譯，《騎馬民族國家》，認為以天作為單于政權的權力來源，使單于具有神格化首領的身分（第二七頁）。

88 《史記》卷一一〇〈匈奴列傳〉，第三四七九頁。

89 《史記》卷一一〇〈匈奴列傳〉記載：「漢使馬邑下人聶翁壹奸蘭出物與匈奴交，詳為賣馬邑城以誘單于。……單于既入漢塞，未至馬邑百餘里，見畜布野而無人牧者，怪之，乃攻亭。是時雁門尉史行徼，見寇，葆此亭，知漢兵謀，單于得，欲殺之，尉史乃告單于漢兵所居。單于大驚曰：『吾固疑之。』乃引兵還。出曰：『吾得尉史，天也，天使若言。』以尉史為『天王』。」（第三四八八頁）。

90 《史記》卷一一〇〈匈奴列傳〉記載：「其明年（武帝元狩二年，前一二一年）春，漢使驃騎將軍（霍）去病將萬騎出隴西，過焉支山千餘里，擊匈奴，得胡首虜騎萬八千餘級，破得休屠王祭天金人。」（第三四九二頁）。

（張）騫既失侯，因言曰：「臣居匈奴中，聞烏孫王號昆莫，昆莫之父（難兜靡），匈奴西邊小國也。匈奴攻殺其父，而昆莫（獵驕靡）生，弃於野。烏嗛肉蜚其上，狼往乳之。單于怪以為神，而收長之。……單于死，昆莫乃率其眾遠徙，中立，不肯朝會匈奴。匈奴遣奇兵擊，不勝，以為神而遠之，因羈屬之，不大攻。[91]

烏孫昆莫獵驕靡生而棄於野，烏嗛肉、狼往乳，匈奴軍臣單于「以為神」而收養長大。[92]軍臣單于死後，獵驕靡率其眾返回大月氏舊地，脫離匈奴的控制而獨立，伊稚斜單于遣兵攻之而不勝，亦以為獵驕靡具神性，故敬畏羈屬之。

《漢書．蘇武傳》記載：

天漢元年（前一〇〇年），且鞮侯單于初立，……盡歸漢使路充國等。武帝嘉其義，迺遣（蘇）武以中郎將使持節送匈奴使留在漢者，因厚賂單于，答其善意。……既至匈奴，置幣遺單于。單于益驕，非漢所望也。方欲發使送武等，會緱王與長水虞常等謀反匈奴中。……單于怒，召諸貴人議，欲殺漢使者。……單于使衛律召武受辭。武謂（常）惠等：「屈節辱命，雖生，何面目以歸漢！」引佩刀自刺。衛律驚，自抱持武，馳召毉，鑿地為坎，置熅火，覆武其上，蹈其背以出血。武氣絕，半日復息。……單于愈益欲降之。迺幽武置大窖中，絕不飲食，天雨雪，武臥，齧雪與旃毛并咽之，數日不死。匈奴以為神，乃徙武北海上無人處，……。[93]

且鞮侯單于囚蘇武於大窖，斷絕飲食，蘇武啃雪與旃毛一併吞咽，竟能數日不死，匈奴將蘇武視為神，徙蘇武於北海。由以上兩例可看出，匈奴對於奇異無法解釋之現象，會以神祇視之而敬畏。

劉邦以一介平民身分，率眾起兵，稱帝建國，開創了史無前例的歷史新局。誠如學者所言，秦的統一固然重要，然秦本是諸侯國之一，相比而言，秦末楚漢爭霸和漢王朝建立的重要意義，絲毫不亞於它。[94]為了獲取民眾的支持，劉邦藉由創造諸多神跡，以證明自己具備神格特質。[95]據《史記．高祖本紀》的記載，劉邦的神格性從出生到即帝位前，有多次反映。茲整理羅列如下：[96]

1.其先劉媼嘗息大澤之陂，夢與神遇。是時雷電晦冥，太公往視，則見蛟龍於其上。已而有身，遂產高祖（第四三一頁）。

91 《史記》卷一二三〈大宛列傳〉，第三八一七－三八一八頁。

92 余太山，《兩漢魏晉南北朝正史西域傳要注》（北京：中華書局，二〇〇五年），研究指出《史記．大宛列傳》所記烏孫昆莫獵驕靡事，是在匈奴軍臣單于時期（第二七頁）。

93 《漢書》卷五四〈蘇武傳〉，第二四五九－二四六三頁。

94 堀敏一，《中国通史：問題史としてみる》（東京：講談社，二〇〇〇年），第九〇頁。

95 Francis Delaisi, *Political Myths and Economic Realities*, Washington, N.Y.: Kennikat Press, 1971，指出一個集團的領袖，只要掌握一些神祕的事務（儀式），則他的權威一定會立增十倍的效果，只有「神話」能夠產生威權和心悅誠服的服從（頁二二－二三）。呂宗力，《漢代的謠言》（杭州：浙江大學出版社，二〇一一年），西漢高祖劉邦的開國神話豐富多彩，可能與他出身布衣、沒有祖蔭之依托有一定關係（第一七九頁）。

96 引文及所標頁碼，皆出自《史記》卷八〈高祖本紀〉。

2.高祖為人，隆準而龍顏，美須髯，左股有七十二黑子。……常從王媼、武負貰酒，醉臥，武負、王媼見其上常有龍，怪之（第四三三頁）。

3.呂公者，好相人，見高祖狀貌，因重敬之，引入坐。……呂公曰：「臣少好相人，相人多矣，無如季相，願季自愛。……。」（第四三五頁）。

4.老父曰：「鄉者夫人嬰兒皆似君，君相貴不可言。」（第四三七頁）。

5.高祖以亭長為縣送徒酈山，徒多道亡。……（高祖）曰：「公等皆去，吾亦從此逝矣！」徒中壯士願從者十餘人。高祖被酒，夜徑澤中，令一人行前。行前者還報曰：「前有大蛇當徑，願還。」高祖醉，曰：「壯士行，何畏！」乃前，拔劍擊斬蛇。蛇遂分為兩，徑開。行數里，醉，因臥。後人來至蛇所，有一老嫗夜哭。人問何哭，嫗曰：「人殺吾子，故哭之。」人曰：「嫗子何為見殺？」嫗曰：「吾子，白帝子也，化為蛇，當道，今為赤帝子斬之，故哭。」人乃以嫗為不誠，欲告之，嫗因忽不見。後人至，高祖覺。後人告高祖，高祖乃心獨喜，自負。諸從者日益畏之（第四三八－四三九頁）。

6.秦始皇帝常曰：「東南有天子氣」，於是因東遊以厭之。高祖即自疑，亡匿，隱於芒、碭山澤巖石之閒。呂后與人俱求，常得之。高祖怪問之。呂后曰：「季所居上常有雲氣，故從往常得季。」高祖心喜。沛中子弟或聞之，多欲附者矣（第四四〇頁）。

7.父老乃率子弟共殺沛令，開城門迎劉季，欲以為沛令。……諸父老皆曰：「平生所聞劉季諸珍怪，當貴，且卜筮之，莫如劉季最吉。」於是劉季數讓。眾莫敢為，乃立季為沛公（第四四二頁）。

8. 酈食其為監門，曰：「諸將過此者多，吾視沛公大人長者。」乃求見說沛公（第四五〇頁）。

《史記．項羽本紀》又記范增曾令人望劉邦氣，「皆為龍虎，成五采，此天子氣也」。[97]東漢班固總結劉邦代秦取得天下的各種因素，其中就有體貌多奇異、神武有徵應：

> （高祖）其興也有五：一曰帝堯之苗裔，二曰體貌多奇異，三曰神武有徵應，四曰寬明而仁恕，五曰知人善任使。……若乃靈瑞符應，又可略聞矣。初劉媼任高祖而夢與神遇，震電晦冥，有龍蛇之怪。及其長而多靈，有異於眾，是以王、武感物而折券，呂公覩形而進女；秦皇東遊以厭其氣，呂后望雲而知所處；始受命則白蛇分，西入關則五星聚。故淮陰、留侯謂之天授，非人力也。[98]

上引文若不計怪誕附會之語，或是劉邦製造的天命神話，[99]單看劉邦的相貌，似非常人，確實有其特殊

97 《史記》卷七〈項羽本紀〉，第三九三頁。

98 《漢書》卷一〇〇上〈敘傳上〉，第四二一一—四二一二頁。

99 邢義田，〈中國皇帝制度的建立與發展〉，《天下一家——皇帝、官僚與社會》（北京：中華書局，二〇一一年），指出劉邦以一介布衣而有天下，非常需要天命和五德終始這類神話來說服世人，大概從一開始，就有意製造斬白蛇為赤帝子承奉天命一類的神話。而漢代人似乎也都相信劉邦是憑藉天命而起（第六頁）。詹士模，〈漢高祖神奇事蹟研究〉，原刊於《嘉義農專學報》，第四六期（一九九六年六月），後經增補收入，《興漢關鍵人物研究》（高雄：復文圖書出版社，二〇一六年），劉邦的成功，除了人為因素之外，以諸多神奇事蹟，運用「心理權力」假借符瑞，惑亂人心，自稱天命，亦有相當之作用，由此可知天命神權思想與政權合法性之關係（第一二二頁）。祝平一，《漢代的相人術》（臺北：臺灣學生書局，一

之處，[100]所謂「隆準而龍顏」、「左股七十二黑子」等，以致於善相者如呂公見而敬重之、地方老父言其相貴不可言。劉邦在擔任泗水亭長期間，已流傳許多神祕的傳說，其後赤帝斬白蛇、東南天子氣等，更帶給劉邦大量的追隨者。[101]楚漢相爭期間，「彭城逃難」、「滎陽突圍」、「鴻門脫困」等，劉邦最終又都能每每化險為夷，這些「神跡」顯示出劉邦具有「奇里斯瑪」（charisma）特質，[102]劉邦本人對其具有「天命」頗為自負，[103]西漢時人也都認為他之所以得天下，乃是「天授」使然。[104]冒頓單于對於劉邦種種神奇的事蹟，也一定時有耳聞。是以，當白登之圍七天後，出現「時天大霧」、「月暈」等天象，或許冒頓單于也將此諸多怪異天象看作是劉邦「怪以為神」的結果。單于閼氏所謂「漢王亦有神」（「漢主有神」），正是促使冒頓決定「開圍一角」的原因。[105]

綜合上述討論，總結以下幾點作為本文結論：

1. 匈奴此次出兵選在九月，與其游牧規律有關。歷來游牧民族入侵農業社會劫掠多選夏、秋兩季，冒頓利用秋季「蹛林大會」人畜兵馬最盛之際，配合游牧民族傳統對外劫掠時機，率兵入侵代地、雁門郡。
2. 白登山地勢陡峭險峻，不利於匈奴騎兵仰攻，故圍山七天而無法擊敗漢軍，擒獲劉邦。
3. 匈奴大規模戰略性掠奪，只能維持短暫的時間，不易進行持久作戰。且秋末是游牧民轉向冬季營場時間，若人畜無法及時抵達冬場，則恐無法度過嚴冬，勢必造成嚴重的生命危害與經濟損失，此即是圍兵七天後產生「胡騎引去」的原因。
4. 天候星象是匈奴作戰兵法中重要的考慮因素。「白登之圍」期間出現「月暈」天象，圍兵七天後，又突起大霧。不利的氣候環境與退兵天象的出現使冒頓考慮罷兵。

九九〇年），把漢朝的開國君主長相以龍來描繪，正可加強他的神聖性和神祕性。劉邦非人之交合所生，而是其母與祥瑞之物交合的結果，更是劉邦獲天福佑之明證（第一一〇頁）。

100 張守節，《史記正義》引《河圖》云：「帝劉季口角、戴勝、斗胸、龜背、龍股，長七尺八寸。」，又引《合誠圖》云：「赤帝體為朱鳥，其表龍顏，多黑子。」，見《史記》卷八〈高祖本紀〉，第四三三頁，注釋二。

101 《史記．高祖本紀》記載有關劉邦開國神話的政治作用，可詳參呂宗力，《漢代的謠言》，第一七九－一九一頁。

102 「奇里斯瑪」（charisma）係德國社會學家馬克思．韋伯（Weber, Max）提出，本意是指神聖的天賦，某些人因具有這些超凡的人格特質而被視為「領袖」。追隨者（皈依者）對於政治人物人格崇拜，給予無條件的忠誠與服從。參看韋伯著，康樂、吳乃德、簡惠美、張炎憲、胡昌智譯，《支配的類型：韋伯選集（Ⅲ）（修訂版）》（臺北：遠流出版社，一九九六年），第六一－六九頁。

103 《史記》卷八〈高祖本紀〉記載：「高祖擊（英）布時，為流矢所中，行道病。病甚，呂后迎良醫。醫曰：『病可治。』於是高祖嫚罵曰：『吾以布衣提三尺劍取天下，此非天命乎？命乃在天，雖扁鵲何益！』遂不使治病，……。」（第四八七頁）。

104 張良、韓信、陸賈等時人都認為劉邦得天下實乃「天授」。《史記》卷五五〈留侯世家〉記載：「（張）良曰：『沛公殆天授。』故遂從之，……。」（第二四六一頁）；同書，卷九二〈淮陰侯列傳〉記載：「陛下不能將兵，而善將將，此乃信之所以為陛下禽也。且陛下所謂天授，非人力也。」（第三二六七頁）；同書，卷九七〈酈生陸賈列傳〉記載：「漢王起巴蜀，鞭笞天下，劫略諸侯，遂誅項羽滅之。五年之閒，海內平定，此非人力，天之所建也。」（第三二五〇頁）。祝平一，《漢代的相人術》，指出相人術為劉邦向上爬升的念頭提供了合理的心理基礎。對漢人而言，劉邦的相則為他們證明了他之所以得天下，乃「天所授，非人力也」（第一一三頁）。

105 陳知浩，《漢初平城戰役之研究》，認為閼氏從漢派遣的使臣中得知劉邦的神異事蹟，以此向冒頓單于提出「漢王亦有神，單于察之」的說法，欲令冒頓注意到斯事，以強化所謂「兩主不相困」的合理性（第一五四－一五五頁）。楊文耀，〈平城之圍考辨——兼談姚從吾先生「匈奴與西漢爭奪東亞霸權的檢討」〉，對於匈奴若有意解圍，何以不盡去而但解圍一角提出解釋：冒頓既為利而來，自樂於兵不血刃以獲利，故解圍一角以為觀望，不料遇大霧而漢兵乘隙得出。高帝既脫困，第一次的和親行動顯然沒有具體結果（第三〇七－三〇八頁）。

5.單于閼氏以「漢王亦有神」（「漢主有神」）遊說勸說冒頓，此與匈奴崇天敬神的薩滿泛靈信仰有關。匈奴重天命、敬鬼神，而秦末漢初民間社會流傳許多關於劉邦的神異事蹟，閼氏以此打動冒頓，使冒頓將劉邦以神視之，最終決定解圍一角，劉邦則乘勢出圍，雙方罷兵，結束這場漢、匈首次的交戰。

采涼山周邊形勢圖

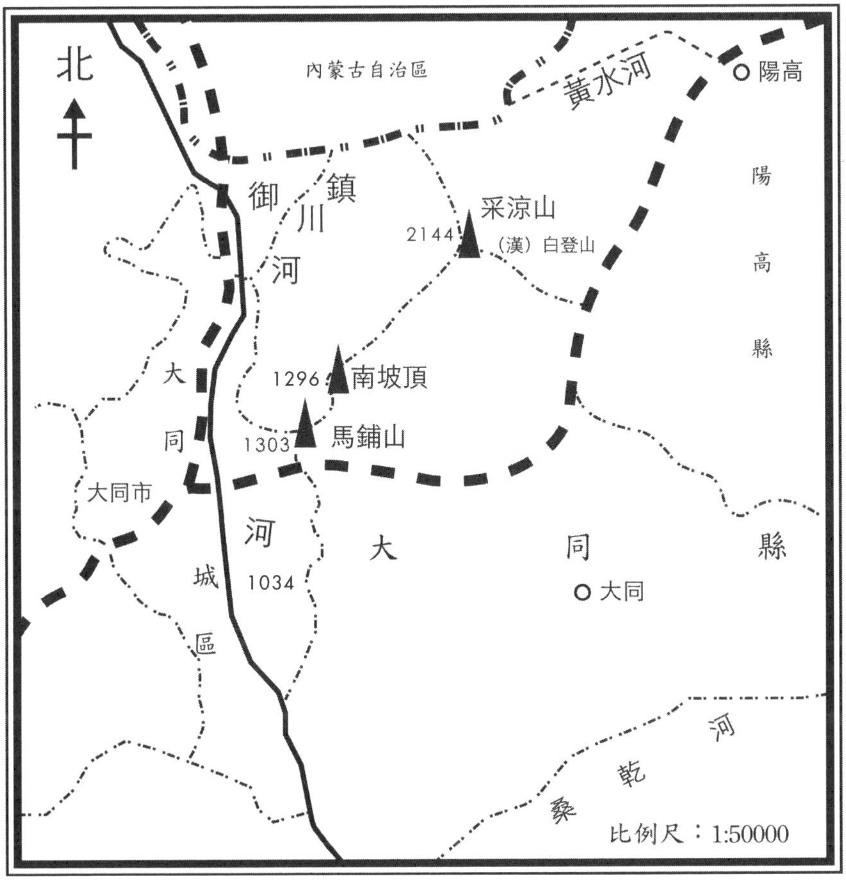

出處：靳生禾、謝鴻喜，〈漢匈白登之戰古戰場考察報告〉，《山西古戰場野外考察與研究》，第十一頁。

從游牧民族收繼婚俗看漢初「嫚書之辱」

——兼論收繼婚俗在歷史研究中的重要性

一

內藤虎次郎在《支那上古史》曾有言：「中國史並非僅是所謂漢族的歷史而孤立發展，它和周邊各種族的發展有著密不可分的關係。中國社會內部的發展必然會擴散至周邊各種族的世界，而後者之種族發展又會影響中國社會。」[1]姚大中先生於《古代北西中國》也云：中國歷史內容可視為是一種定居社會與草原社會；農業文化與游牧文化，一方面相互衝突與調合，一方面卻又各自並行成為雙軌發展，這種情形持續到十七世紀清朝完全統一農業中國與游牧中國為止。[2]換言之，一部中國的歷史，可說是中原農業民族和北亞游牧民族競爭史。[3]這些看法雖不免失之簡略，將中國歷史的發展過於化約，但仍點出中國與周邊民族關係發展中特殊意義，正如同族群理論中「工具論者」（instrumentalists）所強調，將族群認同視為政治與經濟資源的競爭與分配，用以解釋族群的形成、維持與變遷。[4]

傳統史家常從自身的文化立場觀察歷史事件，並賦予特定的歷史意義，設若我們採以民族學、人類學的方法，重新考察過去的歷史，或可得出不同的新解。

二

自秦、漢以降，華夏中原一統，約在同一時期，塞北草原最早的游牧帝國（imperial confederacy）——匈奴帝國，也正式形成，正式發展出中原農業王朝對周邊少數民族之間的民族政策與外交關係。秦、漢在對外關係上，北方的匈奴帝國自始即是主要強敵。西漢王朝和匈奴關係的發展，大抵經歷了「對抗——和親——對抗——統轄」的過程。自漢高帝劉邦「白登之圍」（前二〇〇年）後，西漢王朝結束對匈奴第一階段的武力對抗，進入以和親為核心的對匈政策，[5]這一政策持續到元光二年（前一三三年）漢武帝從王恢之議，遣聶壹（聶翁壹）誘騙匈奴騎兵入侵馬邑（史稱「馬邑之謀」），開始對匈奴展開第二階段的武力對抗。在漢、匈和親的這六十七年間，最為前人所詬病的要算是匈奴冒頓單于向呂后請婚一事，也就是後世所習稱的「嫚書之辱」。

---

1 內藤虎次郎著，神田喜一郎、內藤乾吉編集，《內藤湖南全集》（東京：筑摩書房，一九六九年），第十卷《支那上古史》，第一〇—一一頁。

2 姚大中，《古代北西中國》（臺北：三民書局，一九八一年），第三六頁。

3 林恩顯，〈漢代和親政策研究〉，原刊於《人文學報》，第一四期（一九九〇年十二月），第一〇一—一一二頁，後收入《中國古代和親研究》（哈爾濱：黑龍江教育出版社，二〇一二年），第一九七—二一四頁。

4 王明珂，《華夏邊緣——歷史記憶與族群認同》（臺北：允晨文化，一九九七年），第三八—三九頁。

5 有關「白登之圍」始末，以及匈奴退兵原因，可參看拙文，〈漢高帝「白登之圍」匈奴退兵芻議〉，原刊於《周秦漢唐文化研究》，第九輯（二〇一六年十二月），第三二一—五〇頁，是文增補修改後，已收入本書第一篇。

關於「嫚書之辱」，《史記．匈奴列傳》記載：

高祖崩，孝惠、呂太后時，漢初定，故匈奴以驕。冒頓乃為書遺高后，妄言。高后欲擊之，諸將曰：「以高帝賢武，然尚困於平城。」於是高后乃止，復與匈奴和親。[6]

《漢書．匈奴傳》對於事件始末有較為詳細完整的敘述：

孝惠、高后時，冒頓寖驕，乃為書，使使遺高后曰：「孤僨之君，生於沮澤之中，長於平野牛馬之域，數至邊境，願遊中國。陛下獨立，孤僨獨居。兩主不樂，無以自虞，願以所有，易其所無。」高后大怒，召丞相平及樊噲、季布等。議斬其使者，發兵而擊之。樊噲曰：「臣願得十萬眾，橫行匈奴中。」問季布，布曰：「噲可斬也！前陳豨反於代，漢兵三十二萬，噲為上將軍，時匈奴圍高帝於平城，噲不能解圍。天下歌之曰：『平城之下亦誠苦！七日不食，不能彀弩。』今歌唫之聲未絕，傷痍者甫起，而噲欲搖動天下，妄言以十萬眾橫行，是面謾也。且夷狄譬如禽獸，得其善言不足喜，惡言不足怒也。」高后曰：「善。」令大謁者張澤報書曰：「單于不忘弊邑，賜之以書，弊邑恐懼。退日自圖，年老氣衰，髮齒墮落，行步失度，單于過聽，不足以自汙。弊邑無罪，宜在見赦。竊有御車二乘，馬二駟，以奉常駕。」[7]

匈奴冒頓單于這封向呂后請婚的書信，兩漢時期一直被君臣視為恥辱。賈誼在〈陳政事疏〉有云：

今匈奴嫚侮侵掠，至不敬也，為天下患，至亡已也，而漢歲致金絮采繒以奉之。[8]

漢武帝決定開拓西域、征伐匈奴，其中一個重要原因，即是為了雪恥呂后嫚書之辱。[9]《史記·匈奴列傳》記載：

漢既誅大宛，威震外國。天子意欲遂困胡，乃下詔曰：「高皇帝遺朕平城之憂，高后時單于書

---

6 西漢·司馬遷撰，宋·裴駰集解，唐·司馬貞索隱，唐·張守節正義，《史記》（北京：中華書局，點校本二十四史修訂精裝本，二〇一四年）卷一一〇〈匈奴列傳〉，第三四七八頁。

7 東漢·班固，《漢書》（北京：中華書局，一九九五年）卷九四上〈匈奴傳上〉，第三七五四—三七五五頁。關於呂后所遣報書予冒頓單于的大謁者，文獻有「張澤」與「張釋」（釋卿）、「張擇」等不同的記載，司馬光認為應為「張釋」。詳參北宋·司馬光，《資治通鑑考異》（上海：上海書店，四部叢刊初編史部，一九八九年）卷一〈高后元年大謁者張釋〉，第四頁。

8 《漢書》卷四八〈賈誼傳〉，第二二四〇頁。

9 南宋·李季可，《松窗百説》（臺北：臺灣商務印書館，一九八一年）〈漢武〉：「（漢武）復匈奴嫚呂后之言，引齊襄以為喻，豈於禮義廉恥間哉？特其資雄武好兵而已。」（第一六頁）；南宋·朱熹，《朱子全書》（上海：古籍出版社，二〇〇二年），第拾捌冊，《朱子語類》卷一三五〈歷代二〉：「武帝病痛固多，然天資高，志向大，足以有為。……欲討匈奴，便把呂后嫚書做題目，要來揜蓋其失。」（第四二〇一頁）；金·趙秉文，《閑閑老人滏水文集》（北京：中華書局，一九八五年）卷一四〈論·西漢論〉：「或曰：武帝開西域以斷匈奴右臂，刷高帝平城之恥，洗呂后嫚書之辱，矯文帝姑息之敝。」（第一九三頁）；明·王嗣奭，《夷困文編》（臺北：新文豐出版社，一九八八年）卷六〈辯枉·漢武帝〉記載：「漢武千古英雄主也，其他不無可議，至北征匈奴，犁庭掃雪，真可謂雪恥酬百王者，不但報平城之圍，洗嫚書之辱而已。」（第六三八頁）。

絕悖逆。昔齊襄公復九世之讎，《春秋》大之。」[10]

東漢時，侍御史何敞曾上疏和帝：

> 臣聞匈奴之為桀逆久矣。平城之圍，嫚書之恥，此二辱者，臣子所為捐軀而必死，高祖、呂后忍怒還忿，舍而不誅。[11]

靈帝熹平年間，議郎蔡邕於〈難夏育請伐鮮卑議〉亦云：

> 昔高祖忍平城之恥，呂后弃慢書之詬，方之於今，何者為甚？[12]

此外，歷代史家也不齒冒頓單于此舉，杜佑怒指為「詞甚悖慢」，[13]司馬光也斥之「辭極褻嫚」，[14]及至近代，中外學者也普遍認為這是冒頓單于對呂后有意的侮辱。[15]

---

10 《史記》卷一一〇〈匈奴列傳〉，第三五二三頁。

11 南朝宋．范曄撰，唐．李賢注，《後漢書》（北京：中華書局，一九六五年）卷四三〈何敞傳〉，第一四八四頁。

12 《後漢書》卷九〇〈烏桓鮮卑傳〉，第二九九二頁。東漢．蔡邕，〈難夏育請伐鮮卑議〉，清．嚴可均輯，《全上古三代秦漢三國六朝文》（上海：古籍出版社，二〇〇二年）卷七三〈全後漢文〉，文字略有不同：「昔者高祖乃忍平城之恥，呂后甘棄慢書之咎，方之於今，何者為甚？」（第一六八頁下）。

13 唐．杜佑撰，王文錦、王永興、劉俊文、徐庭雲、謝方點校，《通典》（北京：中華書局，一九八八年）卷一九四〈邊防典十．匈奴上〉，第五三〇六頁。

14 北宋．司馬光，《資治通鑑》（北京：中華書局，一九九五年）卷一二〈漢紀四〉，惠帝三年（前一九三），第四一三頁。

15 中外學界對於匈奴冒頓單于致信向呂后請婚聯姻一事，普遍抱持負面看法，認為這是對漢朝（呂后）有意的侮辱。例如：雷海宗，《中國文化與中國的兵》（長沙：文史叢書編輯部，一九四〇年初版，本文使用的版本為臺北：里仁書局，一九六八年），高帝死後，單于冒頓甚至向呂后下求婚書，中國雖受了這樣大的侮辱，呂后雖然怒不可遏，終不敢向匈奴發兵，只得婉詞謝絕冒頓開玩笑的請求（第二四頁）；鄒紀萬，《秦漢史》（臺北：長橋出版社，一九七九年初版，本文使用的版本為臺北：眾文圖書公司，一九九〇年），冒頓送的一封向呂后求婚的國書，極為傲慢無禮（第一二九頁）；余英時著，鄔文玲等譯，《漢代貿易與擴張》（*Trade and Expansion in Han China: A Study in the Structure of Sino-barbarian Economic Relations*, Berkeley: University of California Press,1967，中文譯本為上海：古籍出版社，二〇〇五年），隨著匈奴帝國的擴張，冒頓單于越來越驕傲自大，漢惠帝統治時期，實際掌握政權的是他的母親呂后，大約在此時，冒頓給她寫了一封侮辱性的信（第一三九頁）；姚大中，《古代北西中國》，稱冒頓單于無禮到正式公文書中竟對呂后出現輕佻下流字樣（第九二頁）；翦伯贊，《秦漢史》（北京：北京大學出版社，一九八三年），這對於堂堂大漢的太后，當然是一個很大的侮辱（第一二五頁）；林劍鳴，《秦漢史》（上海：人民出版社，一九八九年），冒頓送來羞辱呂后的國書，表達了極其輕薄、下流的內容（第三〇六頁）；陳序經，《匈奴史稿》（天津：天津古籍出版社，一九八九年出版，本文使用的版本為北京：中國人民大學出版社，二〇〇九年），漢高祖死，呂后當權，冒頓除了繼續南下侵擾外，還寫了一封極其狂妄無理的信給呂后，這是對呂后至為侮辱的言詞（第二〇一頁）；田昌五、安作璋主編，《秦漢史》（北京：人民出版社，一九九三年），冒頓單于傳書侮辱呂后，要呂后嫁給他。呂后雖然大怒，仍強咽恥辱，婉言謝絕，並以宗室女為公主嫁于單于，可見其氣焰之逼人（頁一四九）；王彥輝，《呂皇后傳》（吉林：人民出版社，一九九五年），這是一封措詞傲慢淫褻的書信（第二四八頁）；李德龍，《漢初軍事史研究》（北京：民族出版社，二〇〇一年），惠帝、呂后之時，冒頓竟派人送來羞辱呂后的國書，嘲弄、侮辱西漢王朝（第一九九頁）；韓兆琦、趙國華，《秦漢史十五講》（南京：鳳凰出版傳媒集團，二〇一〇年），在呂后執政的後半段，匈奴對漢王朝的挑釁有三次，其中一次是匈奴冒頓單于給呂后寫信，進行汙辱調戲（第五二頁）；邢義田，〈從古代天下觀看秦漢長城的象徵意義〉，《天下一家——皇帝、官僚與社會》（北京：中華書局，二〇一一年），高祖死後，呂后當家。得意忘形的單于竟然出言不遜，修書「調戲」呂后（第一一四頁）；華喆，《陰山鳴鏑——

括改嫁給夫家其他男性，例如亡夫的叔、伯、子、侄、甥等的情況。游牧民族的婚姻制度是實行族外婚（clan exogamy），婚姻關係是氏族（clan）之間或所屬集團間的社會性結合，也就是嫁到夫家的女子，不僅是夫家的一個家庭成員，也是屬於夫家所有氏族的成員。當配偶死亡時，由死者家族提供其代替人，這一方面是盡義務，也是一種權利，以維持氏族之間的既存婚姻關係，[18]為了要使女子留在本氏族內，故有「若夫死，由夫之子嗣或夫之兄弟繼承他的婚姻關係」，這就是匈奴妻後母、妻寡嫂的婚俗，[19]這在游牧文化圈的婚俗中，是一個極為普遍的特徵。[20]這種習俗之形成建立，是因應游牧民族特殊生活，基於以下幾個原因：一是，游牧民族的生活資源來自於飼養的牲口，為避免牲口近親繁殖，以致降低牲口品質，因此在實施族外婚之同時，利用由外部落娶來的婦女所攜帶而來之嫁妝，包括屬於婦女所擁有的牲口，用來與本部落的牲口配種，從而有新血緣的加入，避免了近親繁殖；二是，避免女方財產因夫死而外泄，游牧民族因受自然環境限制，生產方式並不發達，要守住一份財產極不容易，當家族中有成家的男性亡故，其配偶勢必因改嫁而帶走她所擁有的牲口，造成家族財產的損失，與生存上之危機。因此亡故男性兄弟子侄必須要負起責任，接納亡故男性之配偶，以避免牲口流失而危及家族集體利益與生存安全；[21]三是，游牧社會經常發生戰爭，收繼婚能保障亡故配偶及其子嗣的生存，避免氏族內骨肉流離失所，導致種族消失。[22]同時，亡故配偶留在本族內，既可補充勞動力，又可同新丈夫生育，為氏族部落提供更多的人口，若非如此，則不能保持其一定的人力資源，且為其團結氏族的一種方

18 林恩顯，《中國古代和親研究》，第四二頁。

19 項英杰等，《中亞：馬背上的文化》（杭州：浙江人民出版社，一九九三年），第八二—八三頁；劉義棠，《中國邊疆民族史》（臺北：中華書局，一九九二年），上冊，第六四頁。

20 收繼婚是游牧民族普遍採行的婚姻，除匈奴外，中古時期史籍明確記載採行收繼婚的游牧民族尚有東胡（烏桓、鮮卑、吐谷渾）、羌、羯、稽胡（步落稽）、突厥等。《後漢書》卷八七〈西羌傳〉：「所居無常，依隨水草。地少五穀，以產牧為業。……相與婚姻，父沒則妻後母，兄亡則納釐嫂。」（第二八六九頁）、同書，卷九〇〈烏桓鮮卑傳〉：「烏桓者，本東胡也。……其俗妻後母，報寡嫂，死則歸其故夫。……鮮卑者，亦東胡之支也，……其言語習俗與烏桓同。」（第二九七九、二九八五頁）；北齊．魏收，《魏書》（北京：中華書局，點校本二十四史修訂精裝本，二〇一七年）卷一〇一〈吐谷渾傳〉：「吐谷渾，本遼東鮮卑徒河涉歸子也。……父兄死，妻後母及嫂等，與突厥俗同。」（第二四一九、二四二七頁）；唐．房玄齡，《晉書》（北京：中華書局，一九九五年）卷一〇五〈石勒載記下〉：「又下書禁國人（羯人）不聽報嫂及在喪婚娶，其燒葬令如本俗。」（第二七三六頁）；唐．令狐德棻，《周書》（北京：中華書局，一九九七年）卷四九〈異域傳上．稽胡〉：「稽胡一曰步落稽，……俗好淫穢，處女尤甚。……又兄弟死，皆納其妻。」（第八九六—八九七頁）、同書，卷五〇〈異域傳下．突厥〉：「父（兄）伯叔死者，子弟及姪等妻其後母、世叔母及嫂，唯尊者不得下淫。」（第九一〇頁）。此外，從文獻中的敘述，推測也是採行收繼婚的有烏孫、柔然、鐵勒。《漢書》卷九六下〈西域傳下．烏孫國〉：「遣江都王建女細君公主，以妻（烏孫王）焉。……昆莫以為右夫人，……昆莫年老，欲使其孫岑陬尚公主，公主不聽，上書言狀，天子報曰：『從其國俗，欲與烏孫共滅胡。』岑陬遂妻公主。」（第三九〇三—三九〇四頁）；唐．李延壽，《北史》（北京：中華書局，一九九七年）卷一四〈后妃傳下．齊．蠕蠕公主郁久閭氏〉：「蠕蠕公主者，蠕蠕主郁久閭阿那瓌女也。……武定三年，（神武）使慕容儼往聘之，號曰蠕蠕公主。……神武崩，文襄從蠕蠕國法，蒸公主，產一女焉。」（第五一七—五一八頁）；唐．魏徵等，《隋書》（北京：中華書局，點校本二十四史修訂精裝本，二〇一九年）卷八四〈北狄傳．鐵勒〉：「其俗大抵與突厥同，唯丈夫婚畢，便就妻家，待產乳男女，然後歸舍，死者埋殯之，此其異也。」（第二一一五頁）。

21 林冠群，《唐代吐蕃宰相制度之研究》（臺北：聯經出版事業股份有限公司，二〇一五年），第九—一〇頁。韓養民、張來斌，《秦漢風俗》（臺北：博遠出版社，一九八九年），少數民族以流動性極大的畜牧業為主，牲畜作為活財產是極易牧散的。為了確保本族財產和血緣關係不出問題，便必須把婦女看成家長的活財產，讓子弟以直接資格繼承他們父兄的財產（第一三九頁）。

22 《後漢書》卷八七〈西羌傳〉記載：「父沒則妻後母，兄亡則納嫠嫂，故國無鰥寡，種類繁熾。」（第二八六九頁）。從中亦可得知游牧民族收繼婚制主要於保障其種族繁熾，避免消亡。

法。[23]是以，游牧民族的收繼制，既是婚姻制度，也是繼承制度。中原農業民族對此多無瞭解，而隨和親公主同赴匈奴的中行說，則有深刻的觀察。《史記．匈奴列傳》記載：

> 漢使曰：「匈奴父子乃同穹廬而臥。父死，妻其後母；兄弟死，盡取其妻妻之。無冠帶之飾，闕庭之禮。」中行說曰：「匈奴之俗，人食畜肉，飲其汁，衣其皮；畜食草飲水，隨時轉移。故其急則人習騎射，寬則人樂無事，其約束輕，易行也。君臣簡易，一國之政猶一身也。父子兄弟死，取其妻妻之，惡種姓之失也。故匈奴雖亂，必立宗種。……。」。[24]

中行說當時雖懷著報復漢朝的心態出使匈奴，[25]但其對游牧民族習俗之見解，可謂鞭辟入裡，十分正確。

漢高帝劉邦在「白登之圍」後，接受婁（劉）敬之建議，行和親之策與匈奴約為兄弟。《史記．匈奴列傳》記載：

> 是時匈奴以漢將眾往降，故冒頓常往來侵盜代地。於是漢患之，高帝乃使劉敬奉宗室女公主為單于閼氏，歲奉匈奴絮繒酒米食物各有數，約為昆弟以和親，冒頓乃少止。[26]

因此，當劉邦死後，作為與劉邦結為昆弟的冒頓單于，按照匈奴收繼婚「兄弟死盡取其妻妻之」的習俗，始有向呂后請婚之舉。是以，我們認為冒頓此一行為並非是懷有侮辱呂后之意。另外一個可說明冒頓不是有意侮辱呂后的證據是，當冒頓單于收到呂后覆信，同時得知農業民族並未如同匈奴採行收繼婚俗後，特遣使向呂后賠罪。《漢書．匈奴傳》記載：

> 冒頓得書，復使使來謝曰：「未嘗聞中國禮義，陛下幸而赦之。」。[27]

引文中的「謝」乃賠罪、認錯之意。冒頓單于不僅遣使向呂后賠罪，並云「未嘗聞中國禮義」，也就是不知曉漢人並不行收繼婚俗，希冀呂后能寬赦他這次冒昧行為。[28] 涉若冒頓單于真如中外學者所言是有意的侮辱呂后，則事後不需要向呂后賠罪，更不會請求呂后的赦宥。[29]

---

23 呂一飛，《胡族習俗與隋唐風韻——魏晉北朝北方少數民族社會風俗及其對隋唐的影響》（北京：書目文獻出版社，一九九四年），游牧民族靠戰爭掠奪立國，頻繁的戰爭必然造成男子大量死亡，兵源銳減、孤兒寡母急劇增多。大量寡居婦女再嫁，既能不斷地繁殖人口，補充兵源，又能使孤兒寡母得到撫養，保持社會的穩定和發展（第一一五頁）。

24 《史記》卷一一〇《匈奴列傳》，第三四八三頁。

25 《漢書》卷九四上〈匈奴傳上〉記載：「老上稽粥單于初立，文帝復遣宗人女翁主為單于閼氏，使宦者燕人中行說傳翁主。說不欲行，漢強使之。說曰：『必我也，為漢患者。』中行說既至，因降單于，單于愛幸之。」（第三七五九頁）。

26 《史記》卷一一〇《匈奴列傳》，第三四七八頁。

27 《漢書》卷九四上〈匈奴傳上〉，第三七五五頁。

28 韓兆琦、趙國華，《秦漢史十五講》，指出呂后覆信後，「冒頓也就感謝呂后的講『禮義』，……。」（第五二頁）。此一說法有誤，《漢書．匈奴傳》所言冒頓「復使使來謝」，「謝」並非是「感謝」，而是賠罪、認錯之意；「未嘗聞中國禮義」的「禮義」也不是指呂后講「禮義」，而是冒頓未聽聞瞭解中國的婚俗。

29 以當時漢匈國力對比，倘若冒頓單于以武力脅迫呂后聯姻，漢廷恐無能力回絕。

在游牧民族的收繼婚俗中，喪偶的婦女有沒有不被收繼的情形？一般而言，有兩種情形喪偶婦女不被收繼：一是，生母不被收繼，正如史籍所言「父死，妻其後母」（父沒則妻後母）；二是，年老已逾生育年齡的婦女也不被收繼，而由其成年子嗣或其他氏族成員贍養。這兩種不被收繼的情形，皆是從避免種族消失、增加人力資源，穩定人口結構作為首要的考量點。由於農業民族並不瞭解游牧民族實行收繼婚的原因與方式，故而以「禽獸」視之，[38]從而有錯誤的認識。例如：東漢蔡邕在《琴操．王昭君》有云：

> 昭君有子曰世違，單于死，世違繼立。凡為胡者，父死妻母。昭君問世違曰：「汝為漢也？為胡也？」世違曰：「欲為胡耳。」昭君乃吞藥自殺。單于舉葬之。胡中多白草。而此冢獨青。[39]

余嘉錫已指出，據兩《漢書》所言，昭君子不名世違，且未立為單于，昭君亦未自殺。《琴操》之言，與正史不合。[40]除此之外，從游牧民族的收繼婚俗中，子嗣所妻者只能是後母（庶母），並不如蔡邕所云「凡為胡者，父死妻母」，更不會出現王昭君之子「欲為胡」而妻其生母的情形，凡此皆是漢人對游牧民族汙名化的表現。

四

瞭解游牧民族的收繼婚俗，對於我們研究歷史文獻也可以帶來重要的幫助。傳統史籍文獻由於對游牧民族的世系關係常常載記不一，使我們在研究傳主家世問題時，往往呈現出撲朔迷離的形態。試以東突厥欲谷設（Yuquq Šad）的出身為例，《舊唐書．迴紇傳》記載：

> 突厥頡利可汗遣子欲谷設率十萬騎討之，菩薩領騎五千與戰，破之於馬鬣山，因逐北至於天山，又進擊，大破之，俘其部眾，迴紇由是大振。[41]

《新唐書．阿史那社尒傳》記載：

---

38 《漢書》卷九四上〈匈奴傳上〉記載：「（漢）使者曰：『……孰與冒頓單于身殺其父代立，常妻後母，禽獸行也！』……。」（第三七八〇頁）。

39 逯欽立輯校，《先秦漢魏晉南北朝詩》（北京：中華書局，一九八三年）《漢詩》卷十一〈琴曲歌辭．琴操．怨曠思惟歌〉，第三一五頁。

40 南朝宋．劉義慶著，南朝梁．劉孝標注，余嘉錫箋疏，《世說新語箋疏》（北京：中華書局，二〇一一年）卷下之上〈賢媛第十九〉，第五七七頁，箋疏〔三〕。

41 後晉．劉昫，《舊唐書》（北京：中華書局，一九九五年）卷一九五〈迴紇傳〉，第五一九六頁。

阿史那社尒，……拜拓設，建牙磧北，與頡利子欲谷設分統鐵勒、回紇、僕骨、同羅諸部。42

按照《舊唐書．迴紇傳》與《新唐書．阿史那社尒傳》的記載，則欲谷設是東突厥頡利可汗之子。然而，《新唐書．突厥傳》與《資治通鑑》對於欲谷設的出身又有不同的說法。《新唐書．突厥傳》記載：

（貞觀四年，六三〇）思結俟斤以四萬眾降，（頡利）可汗弟欲谷設奔高昌，既而亦來降。43

《資治通鑑》「貞觀元年（六二七）條」云：

頡利政亂，薛延陀與回紇、拔野古等相帥叛之。頡利遣其兄子欲谷設將十萬騎討之，回紇酋長菩薩將五千騎，與戰於馬鬣山，大破之。44

同書，「貞觀四年八月戊午條」又云：

突厥欲谷設來降。欲谷設，突利之弟也。頡利敗，欲谷設奔高昌，聞突利為唐所禮，遂來降。45

《新唐書·突厥傳》認為欲谷設乃頡利可汗之弟；而《資治通鑑》則以為欲谷設是頡利可汗兄子，具體來說是始畢可汗子、突利可汗什鉢苾之弟。[46]從上所徵引史料，則欲谷設的出身有三種不同的說法：頡利可汗之子、頡利可汗之弟、始畢可汗之子（頡利可汗兄子）。[47]

學者指出，漢文史籍之所以對突厥世系會出現如此混亂的記載內容，可能與突厥民族婚俗上採行收繼婚制度，以及漢族文人以父系計世的眼光，看待突厥民族以母系計世的緣故所造成的結果有關。[48]關於突厥民族的起源，《周書·突厥傳》有詳細的記載：

---

42 北宋·歐陽修、宋祁，《新唐書》（北京：中華書局，一九九五年）卷一一〇〈阿史那社尒傳〉，第四一一四頁。

43 《新唐書》卷二一五上〈突厥傳上〉，第六〇三六頁。

44 司馬光，《資治通鑑》卷一九二〈唐紀八〉，貞觀元年十二月條，第六〇四五頁。

45 司馬光，《資治通鑑》卷一九三〈唐紀九〉，貞觀四年八月戊午條，第六〇八二頁。

46 《舊唐書》卷一九四上〈突厥傳上〉記載：「武德三年（六二〇），頡利……以始畢之子什鉢苾為突利可汗，遣使入朝，告處羅死，高祖為之罷朝一日，詔百官就館弔其使。」（第五一五五頁）。是以，什鉢苾（突利可汗）為始畢可汗之子，而《通鑑》云欲谷設乃突利之弟，故欲谷設為始畢可汗之子。

47 文獻對於游牧民族世系或出身載記不一所在多有，欲谷設並非是特例個案。例如：突厥土門（伊利可汗）、科羅（乙息記〔逸〕可汗）、俟斗（木杆可汗）、庫頭（他〔佗〕鉢可汗）四位可汗之間的世系關係，《周書·突厥傳》云：土門與科羅、俟斗、庫頭為父子關係，而《隋書·北狄傳·突厥》則記載：土門與科羅、俟斗、庫頭為兄弟關係。又如，東突厥啟民可汗阿史那染干的出身，《隋書·北狄傳·突厥》記載：染干是沙鉢略可汗攝圖之子，而同書，卷五一〈長孫覽傳附晟〉卻是云：染干為處羅侯之子。

48 盧向前，〈唐代胡化婚姻關係試論——兼論突厥世系〉，《敦煌吐魯番文書論稿》（南昌：江西人民出版社，一九九二年），以為史籍記載突厥可汗世系呈現出撲溯迷離的形態，主要原因是突厥民族的婚姻形態以母系計又有群婚、對偶婚等，中國史家文人常以漢族固有的父系觀點看待、處理突厥世系，因此會產生出不一致的記載（第三七－四四頁）。

> 突厥者，蓋匈奴之別種，姓阿史那氏。……後為鄰國所破，盡滅其族。有一兒，年且十歲，兵人見其小，不忍殺之，乃刖其足，棄草澤中。有牝狼以肉飼之，及長，與狼合，遂有孕焉。……狼匿其中，遂生十男。十男長大，外託妻孕，其後各有一姓，阿史那即一也。……或云突厥之先出於索國，在匈奴之北。……訥都六有十妻，所生子皆以母族為姓，阿史那是其小妻之子也。訥都六死，十母子內欲擇立一人，乃相率於大樹下，共為約曰，向樹跳躍，能最高者，即推立之。阿史那子年幼而跳最高者，諸子遂奉以為主，號阿賢設。……。[49]

從引文內容可知，突厥民族是由母系社會發展而來，阿史那氏乃是從母族姓氏轉變成為可汗姓氏，文中所稱「牝狼以肉飼之」、「外託妻孕」、「所生子皆以母族為生」、「十母子內欲擇立一人」等等，皆是母系社會的表現。[50]然而，至遲到了突厥建國（五五二）以後，突厥民族已從母系社會發展到父系社會，其政治體制與繼承關係皆屬父系。[51]因此，論六世紀以後突厥民族的世系關係，也應該是採用父系為是。如此，則漢族文人書寫突厥世系時，理應不致於會出現如此混亂的現象。

我們認為，漢文史籍文獻之所以出現突厥民族世系混亂的情形，其中最重要的原因就是因為突厥民族實行收繼婚俗。[52]在收繼婚俗下，男性親屬之間的家庭繼承關係，存在著「父子」與「兄弟」兩種形式，即父、兄死，庶母、寡嫂和相應的家庭關係與家產一起為子、弟所繼承，年長的兄、父、叔、伯輩及同輩兄弟，都可能因此處於父祖的地位；下代人中，侄、侄孫則可能處於子女的地位，他們與死者子女用同樣的稱謂表示。[53]易言之，子女之間的行輩是隨父而定，親屬關係計算上亦只問行輩，而不問直系或旁系。[54]也因此，在收繼婚俗下，游牧民族家族間會產生出「輩分模糊」的文化現象。[55]

49 《周書》卷五〇〈異域傳下·突厥〉，第九〇七—九〇八頁。又可參看《北史》卷九九〈突厥傳〉，第三二八五—三二八六頁；《隋書》卷八四〈北狄傳·突厥〉，第二〇九七—二〇九八頁。

50 《周書·突厥傳》溯源突厥族的起源有大量與「十」有關的數字，諸如：「十歲」、「生十男」、「有十妻」、「十母子」等等，此可能與北族十族的說法有關。《魏書·禮志》記載北魏道武帝天賜二年西郊祀天儀式中即有「選帝之十族子弟七人執酒」；同書〈官氏志〉亦有「凡與帝室為十姓，百世不通婚」、「國之喪葬祠禮，非十族不得與也」。參看羅新，《黑氈上的北魏皇帝》（北京：海豚出版社，二〇一四年），第一二—一五頁。

51 伯恩什達姆（Бернштам А.）著，楊訥譯，《鄂爾渾葉尼塞突厥社會經濟制度——東突厥汗國和黠戛斯》（Социально-экономический строй орхоно-енисейских тюрок 6-8 веков, Москва: Академия наук СССР 1946，中文譯本為烏魯木齊：新疆人民出版社，一九九七年），第一二一—一三五頁。

52 游牧民族家族的譜系出現混亂也可能來自於「結構性的失憶」（structural amnesia）所產生的現象。P.H. Gulliver, *The Family Herds: A Study of Two Pastoral Tribes in East Africa, the Jie and Turkana*, London: Routledge & K. Paul, 1955，研究指出游牧家庭的家族譜系會由特別記得某些祖先或忘記某些祖先來達成，在父子兩代之間會因為現實環境之需要而出現不同的差異的現象（PP. 108-117）。不過，中原漢人記載游牧民族家譜世系產生歧異，更可能是因為收繼婚所造成的結果。

53 H.B.比克布拉托夫著，鄧浩、鄭婕譯，〈突厥民族的親屬制和大家庭問題〉，原刊於《現代突厥學問題》（*Алма-Ата*, 1980），譯文收入《民族譯叢》，一九八八年第二期（一九八八年四月），第三九—四〇頁。

54 謝劍，〈匈奴社會組織的初步研究——氏族、婚姻、和家族的分析〉，《中央研究院歷史語言研究所集刊》，第四十本下（一九六九），第六九六—六九九頁。

55 陳三平，〈「哥」的歷史變化——北方游牧民族的文化遺產〉，《歷史月刊》，第一八六期（二〇〇三年七月），研究指出中原和塞北文化關於長幼間「輩分」的觀念不同。兩漢以降，中原文化逐漸形成相當嚴格的輩分之別，而草原上的「輩分」區別是以「自我」（ego）和父母年齡作為參照點，所有在「自我」與「父親」年齡之間的男性家族成員，一律使用同一稱呼（第二六—二七頁）。又可參看Sanping Chen, "Brotherly Matters and the Canine Image: The Invasion of 'Barbarian' Tongues", *Multicultural China in the Early Middle Ages*, Philadelphia: University of Pennsylvania Press, 2012, p.66.

二」）。由於撰史者不清楚突厥收繼婚俗，以致於出現記載上的混亂。而《新唐書．突厥傳》所謂欲谷設為頡利可汗之弟，此「頡利之弟」推測是「突利之弟」（什鉢苾之弟）的訛誤。

傳統史籍文獻記載北方游牧民族的風俗習慣，往往失之簡略未詳，加之以漢人對於北族文化認知甚少，使得文獻記載中的一些歷史信息，或看似無所依憑，或無法理解，逕而產生誤讀。如果我們將歷史研究的視角深入到北族，甚至是整個內亞文化傳統（Inner Asia cultural tradition），進行全盤觀察分析，則有助於我們重新解讀熟知的史料，並賦予新的歷史意義。[59]本文從游牧民族收繼婚俗角度，重新檢視被兩漢君臣視為國恥之一的「嫚書之辱」，探討匈奴冒頓單于向呂后請婚的原因，同時分析何以傳統史籍文獻對於游牧民族傳主出身或世系關係會出現載記不一的現象，希冀能對游牧民族歷史有更加客觀持平的認識。

59 羅新，《黑氈上的北魏皇帝》，指出對內亞傳統的敏感與自覺，有助於我們對熟知史料的再閱讀，有助於喚醒某些沉睡中的歷史信息，而賦予孤立史料以新的意義、新的歷史縱深感（第五六頁）。

〔表一〕啟民可汗至頡利可汗傳位與義成公主收繼關係表

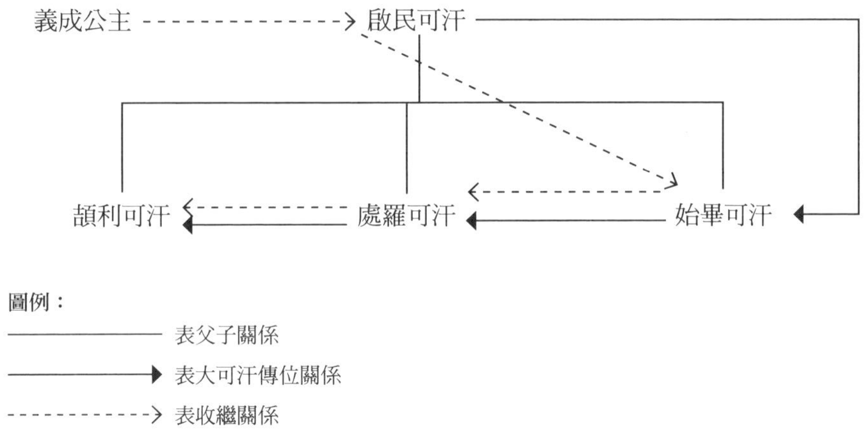

〔表二〕突厥收繼婚俗下欲谷設世系轉變表

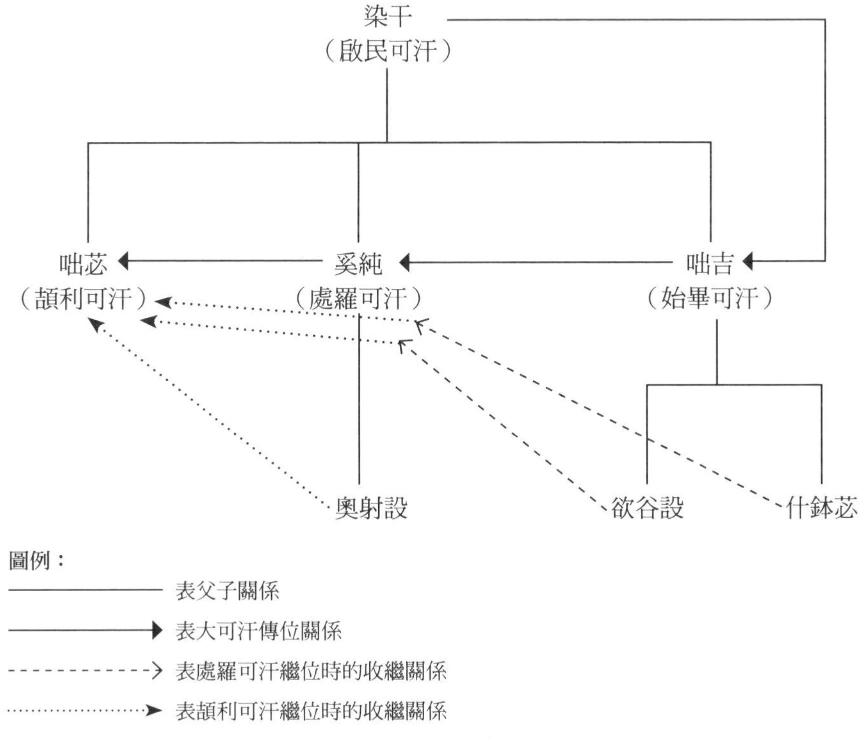

次壬寅，西元五八二年。

誌文第十九、二十字「乙未」或「甲未」的勘刻先後，學者間有著不同的看法，一說認為：「乙未」原刻為「甲未」，復改「甲」為「乙」；[4]另一種說法是認為：誌文中「廿三日乙未」的「乙」，後改刻成「甲」字。[5]然無論刻的是「乙未」或「甲未」，均不正確，開皇二年四月甲戌朔（一日），乙未為二十二日，二十三日應當是「丙申」。至於「甲未」則不合干支曆法。[6]

開皇二年四月二十三日，西元五八二年五月三十日。

周武帝皇后阿史那氏

周武帝，即是北周武帝宇文邕。《周書．武帝紀》記載：

> 高祖武皇帝諱邕，字禰羅突，太祖第四子也。母曰叱奴太后。大統九年（五四三），生於同州。……武成二年（五六〇）夏四月，世宗崩，遺詔傳帝位於高祖。……壬寅（二十一日），即皇帝位，……（宣政元年，五七八）六月丁酉（案：當為閏五月初一），[7]帝疾甚，還京。是夜，崩於乘輿。時年三十六。……謚曰武皇帝，廟稱高祖。己未（閏五月二十三日），葬於孝陵。[8]

宇文邕是宇文泰第四子，北周第三位皇帝，生於西魏文帝大統九年，十八歲即皇帝位，在位十九年（五六〇－五七八），是北周五位皇帝（孝閔帝、明帝、武帝、宣帝、靜帝）、二十五年國祚中（五五七－

五八一），在位時間最長者。

一九九四年九月三十日，陝西省考古研究所與咸陽市考古研究所共同發掘周武帝「孝陵」，出土「周武帝孝陵誌」（以下省稱「陵誌」）等文物。「陵誌」為石灰岩質，誌蓋為正方形，邊長八十五公

---

4 王其禕、周曉薇編著，樊波、王慶衛助理，毛漢光、耿慧玲顧問，《隋代墓誌銘彙考》，第一六頁。侯養民、穆渭生，〈北周武帝孝陵三題〉，《文博》，二〇〇〇年第六期（二〇〇〇年十二月），也主張「誌文中『乙』字系先刻為『甲』字，又於其上改刻為乙字。」（第四九頁，註釋九）。

5 張建林、孫鐵山、劉呆運執筆，〈北周武帝孝陵發掘簡報〉，第二六頁。曹發展，〈北周武帝陵誌、后誌、后璽考〉，指出「四月『二十三日乙（甲）未』有誤。從誌文第三行第五字看，似乎先刻成『乙』字，后又改成『甲』字。」（第四三頁）。曹發展、李慧注考，《咸陽碑刻》（西安：三秦出版社，二〇〇三年），「〇一三　周武德皇后誌銘」【考跋】亦同（第三九〇頁）。張延峰，〈咸陽渭城北周墓及相關問題〉，《咸陽師範專科學校學報》，第十五卷第一期（二〇〇〇年二月），指出「墓誌銘文第三行四月二十三日的干支日先刻成『乙未』，『乙』字在界格中的位置不正，後改刻成『甲』字」（第五二頁）。

6 「干支紀時」是以天干順序的單數（奇數）配地支順序的單數；天干順序的雙數（偶數）配地支順序的雙數。是以，不會出現天干單數與地支雙數搭配的情況。參看劉乃和，《中國歷史上的紀年》（北京：海豚出版社，二〇一二年），第五頁。

7 唐·李延壽，《北史》（北京：中華書局，一九九七年）卷一〇〈周本紀下〉，亦作「六月丁酉」（第三七一頁）。北宋·司馬光，《資治通鑑》（北京：中華書局，一九九五年）卷一七三〈陳紀七〉記載：「（太建十年，即宣政元年，五七八），六月，丁酉朔，帝疾甚，還長安。是夕殂，年三十六。」（第五三八七頁）。吳玉貴，《資治通鑑疑年錄》（北京：中國社會科學出版社，一九九四年），後有戊戌、己未、甲子諸日。按，是年六月丙寅朔，丁酉非朔日，月內亦無丁酉、戊戌、己未、甲子諸日。《周書·武帝紀》亦作「六月丁酉」。本年陳閏五月，周閏六月，周之六月即陳閏五月。《通鑑》從《周書》作「六月」，誤。閏五月丁酉朔，戊戌二日，己未二十三日，甲子二十八日。此「六月」當作「閏五月」（第一八〇頁）。

8 唐·令狐德棻，《周書》（北京：中華書局，一九九七年）卷五〈武帝紀上〉，第六三頁、卷六〈武帝紀下〉，第一〇六頁。又可參看《北史》卷一〇〈周本紀下〉，第三四七、三七一頁。

分，厚達十四公分，誌蓋頂呈覆斗形，斜刹，四側素面無紋飾。誌石亦為正方形，邊長與誌蓋同，厚十一．五公分。誌面陽刻篆書三行，行三字，共九字：「大周高／祖武皇／帝孝陵」。[9]周武帝皇后阿史那氏，東突厥（Gök Türk，又稱突厥第一汗國、北突厥、藍〔天〕突厥，五五二－六三〇）第三任大可汗木杆可汗（五五三－五七二在位）之女。「阿史那」（Ašins, A-shih-na），是東突厥汗國大可汗（Qaghan）的姓氏，對其語源與義涵，學界有著不同的看法。[10]有關突厥阿史那氏的起源，《周書．突厥傳》有詳細記載：

> 突厥者，蓋匈奴之別種，姓阿史那氏。……後為鄰國所破，盡滅其族。有一兒，年且十歲，兵人見其小，不忍殺之，乃刖其足，棄草澤中。有牝狼以肉飼之，及長，與狼合，遂有孕焉。……狼匿其中，遂生十男。十男長大，外託妻孕，其後各有一姓，阿史那即一也。……或云突厥之先出於索國，在匈奴之北。……訥都六有十妻，所生子皆以母族為姓，阿史那是其小妻之子也。訥都六死，十母子內欲擇立一人，乃相率於大樹下，共為約曰，向樹跳躍，能最高者，即推立之。阿史那子年幼而跳最高者，諸子遂奉以為主，號阿賢設。……。[11]

9 參看張建林、孫鐵山、劉呆運執筆，〈北周武帝孝陵發掘簡報〉，第八、二一六頁；曹發展，〈北周武帝陵誌、后誌、后璽考〉，第四二頁。

10 白鳥庫吉，〈突厥及び蒙古の狼種傳説〉，《白鳥庫吉全集》（東京：岩波書店，一九七〇年），第五卷，「塞外民族史研究（下）」，認為「阿史那」音近於「跳躍」意義的土耳其語 Ašin，與烏孫（Ašn, Ašän）為同音異譯（第五一七頁）；卜弼德（Peter Alekseevich Boodberg），"The Language of the T'o-Pa Wei", *Harvard Journal of Asiatic Studies*, Vol.1, No.2 (1936.6)，認為「阿史那」係突厥語 aš-ašïn（to cross a mountain）而來（第一八二頁）。劉義棠，〈周書突厥傳考註〉，《突回研究》（臺北：經世書局，一九九〇年），指出「阿史那」者，突回語 Aʃna, Ašna，土耳其文 Aşna，一般寫作 *Ašina* 之漢譯，義為「友愛的」、「相好的」、「相識的」，一群人彼此相識、友愛以後相互結合而成的一部落團體（第四七四－四七五頁）。克利亞什托爾內（С.Г. Кляшторный）著，李佩娟譯，《古代突厥魯尼文碑銘——中亞細亞史原始文獻》（*Древнетюркские рунические памятники как источник по истории Средней Азии, Москва: Наука*, 1964，中文譯本為哈爾濱：黑龍江教育出版社，一九九一年），認為「阿史那」一名的原形不是從突厥系語言中去尋找，而要從伊蘭和吐火羅諸方言中去尋找，可將塞語的 āsāna（可尊敬的、高貴的）作為阿史那一名的假設原型之一（第一一四－一一五頁）。古米列夫，〈三個消逝的民族〉，《東方的國家和民族》，第二冊，認為「阿史那」一詞是由蒙古語「狼」（Шоно）的音譯加漢語常用尊稱「阿」作前綴構成的，故「阿史那」意即「尊貴的狼」（轉引自蔡鴻生，《唐代九姓胡與突厥文化》，北京：中華書局，一九九八年，第二二五頁，注釋一四）。李樹輝，《烏古斯和回鶻研究》（北京：民族出版社，二〇一〇年），認為「阿史那」為突厥語 AБuznе/AБuznз/OБuznе/OБuznз 等音譯，可釋為「初乳的」、「把初乳」或「烏古斯的」、「把烏古斯的」，是烏古斯部族名稱之一（第九一－九六頁）。芮傳明，〈阿史那人「史前」居地考〉，《西北民族研究》，一九九一年第二期（總第九期）（一九九一年六月），提出「阿史那」可能直接由 Asiana 族名（阿蘭、奄蔡）而來（第一六七－一六八頁）。溫玉成，〈論「索國」與突厥部的起源〉，《新疆師範大學學報（哲學社會科學版）》，第三二卷第一期（二〇一一年一月），推斷「阿史那氏」即《後漢書．西域傳．蒲類國》所提到的「阿惡氏」，也就是《酉陽雜俎》所說的「阿爾部落」（第八一頁）。也有日本學者認為，從發現東突厥時代最古老的石刻「布古特碑」（The Bugut Inscription），其題記採用粟特語書寫，由此可推測阿史那氏（Ashinas）是從阿拉伯語源而來，參看森安孝夫、林俊雄，〈ブグト遺蹟 Site of Bugust〉，森安孝夫、オチル編輯，《モンゴル国現存遺蹟．碑文調查研究報告一九九六——一九九八》（大阪：中央ユラシア学研究会，一九九九年），第一二二頁；吉田豐、森安孝夫，〈ブグト碑文 Bugust Inscription〉，森安孝夫、オチル編輯，《モンゴル国現存遺蹟．碑文調查研究報告》，第一二三－一二四頁。

11 《周書》卷五〇〈異域傳下．突厥〉，第九〇七－九〇八頁。又可參看《北史》卷九九〈突厥傳〉，第三二八五－三二八六頁；唐．魏徵等，《隋書》（北京：中華書局，點校本二十四史修訂精裝本，二〇一九年）卷八四〈北狄傳．突厥〉，第二〇九七－二〇九八頁。

從上所徵引內容可知，突厥是由母系社會發展而來，阿史那氏乃是從母族姓氏轉變成為可汗姓氏。[12]由於東突厥汗國係由阿史那土門（Tümän），[13]破柔然後建號伊利可汗（〔Il Qaghan〕，五五二在位）。因此，在突厥的可汗繼承王統觀念中，土門（布民）一系，乃正統王權的代表，是以，東突厥大可汗位的繼承者，除了須出自於「阿史那氏」外，也必須要出自於土門（布民）的後裔，才具有正當性與合法性。[14]東突厥亡國後，唐太宗曾一度以阿史那思摩為乙彌泥熟（孰）俟利苾可汗，率內附唐朝的突厥舊部返還河北，然而，阿史那思摩因「不類突厥，疑非阿史那族類」，[15]使突厥部眾在相當程度上懷疑思摩並非是阿史那種，[16]正統王權的代表性不足，不能統馭突厥部眾。其後又有突厥別部阿史那車鼻，自稱乙注車鼻可汗，據有薛延陀故地，唐高宗永徽元年（六五〇），降附唐廷。[17]調露元年（六七九），內附的突厥部眾連年起兵反唐，先有阿史德溫傅、奉職兩部，擁立阿史那泥孰（熟）匐，再有阿史那伏念自夏州渡河北返，自立可汗；永淳元年（六八二），阿史那骨咄（篤）祿鳩集突厥餘眾，入據總材山（čoγay quz, čoγay yiš）黑沙城（Kara Kum），自立為頡跌利施可汗（Elteriš Qaghan，六八二－六九一在位），脫離唐朝的統治，重新建立突厥第二汗國（又稱後突厥汗國、後東突厥汗國、突厥復興汗國、三十姓突厥，六八二－七四五）。無論是乙注車鼻可汗、溫傅與奉職兩部擁立的泥孰（熟）匐，抑或是伏念、骨咄（篤）祿自立為可汗，旦凡擔任可汗者，皆為「阿史那氏」，且都出自於東突厥創始者土門（布民）一系，由此可看出突厥民族在認同上與王統觀有著緊密的關連性。[18]

12 有關突厥的起源傳說，可參看丹尼斯・塞諾（Denis Sinor）著，吳玉貴譯，〈突厥的起源傳說〉，《丹尼斯・塞諾內亞研究文選》（北京：中華書局，二〇〇六年），第五四－八二頁。

13 「土門」，古代突厥碑銘「闕特勤碑」（The Kül Tegin Inscription）則稱為“Bumïn”布民、布門）。護雅夫，〈東突厥官稱號序說——「突厥第一帝国」における可汗〉，《東洋學報》，第三七卷第三號（一九五四年十二月），指出土門義為「萬人長」（第三一四頁）；安馬彌一郎，〈西突厥の起源に就いて〉，《史学雜誌》，第五〇編第一二號（一九三九年十二月），第八一—九三頁；白鳥庫吉，〈西域史上の新研究〉，《西域史研究》（東京：岩波書店，一九四一年），指出“tumen”在突厥語、蒙古語及滿洲語皆指「萬」之意（第二二一—二二三頁）；馬長壽，《突厥人和突厥汗國》（上海：人民出版社，一九五七年，本文使用的版本為桂林：廣西師範大學出版社，二〇〇六年），亦以為「土門」的對音是“Tümän”，有萬騎、萬人或萬人長之義。此與古代匈奴單于「頭曼」、後世蒙古語中之「土默特」實為同一語源（第一七頁，注釋一）。耿世民，《古代突厥文碑銘研究》（北京：中央民族大學出版社，二〇〇五年），「土門」來自突厥語tümän『（一）萬』後者又來自古代『吐火羅語』（第一四三頁）。有關“Bumïn”之意，岑仲勉，《突厥集史》（北京：中華書局，一九五八年），下冊，認為來自於梵文，有廣大、富有及領土之意（第八九二頁）。哈斯巴特爾，〈《闕特勤碑》所含突厥歷史與文化管窺〉（呼和浩特：內蒙古大學蒙古學研究中心，未刊本碩士論文，二〇一〇年），蒙古語數詞「十萬」在讀音上同於古突厥語“bumïn”。而且就其形而言，bumïn與tümän除字首的輔音外，其餘字母只存在前列元音和後列元音的差別。因此，古突厥語bumïn即蒙古語十萬之意，其語源與tümän一樣，來自於吐火羅語（第八—九、四四頁）。

14 突厥民族可汗繼承的正統原理與王統觀，可參看護雅夫，〈突厥の国家と社会〉，《古代トルコ民族史研究》（東京：山川出版社，一九六七年），Ⅰ，第一〇頁、護雅夫，《古代トルコ民族史研究》（東京：山川出版社，一九九七年），Ⅲ，第四六頁；鈴木宏節，〈突厥可汗國の建國と王統觀〉，《東方學》，第一一五輯（二〇〇八年一月），第一四〇—一五七頁、鈴木宏節，〈突厥第二可汗国の歴史観：キョル＝テギン碑文東面冒頭の再検討〉，《史学雜誌》，第一一七輯（二〇〇八年一月），第一—五頁。

15 後晉．劉昫，《舊唐書》（北京：中華書局，一九九五年）卷一九四上〈突厥傳上〉，第五一六三頁。唐．杜佑撰，王文錦、王永興、劉俊文、徐庭雲、謝方點校，《通典》（北京：中華書局，一九八八年）卷一九七〈邊防典十三．北狄四．突厥上〉（第五四一五頁）、北宋．歐陽修、宋祁，《新唐書》（北京：中華書局，一九九五年）卷二一五上〈突厥傳上〉（第六〇三九頁）所記略同。

16 鈴木宏節，〈突厥阿史那思摩系譜考——突厥第一可汗国の可汗系譜と唐代オルドスの突厥集団〉，《東洋學報》，第八七卷第一期（二〇〇五年六月），認為阿史那思摩在東突厥汗國時代統轄管理過粟特民族，與粟特胡有很深的關係，其狀貌胡人，可能與粟特人有關（第五七—六〇頁）。

17 《舊唐書》卷一九四上〈突厥傳上〉，第五一六五頁。

18 參看拙文，〈突厥第二汗國建國考〉，《歐亞學刊》，第十輯（二〇一一年九月），第八一—一一八頁。

周武帝與東突厥木杆可汗和親過程，《周書．武帝阿史那皇后傳》記載道：

武帝阿史那皇后，突厥木杆可汗俟斤之女。……高祖即位，前後累遣使要結，乃許歸后於我。保定五年（五六五）二月，詔陳國公純、許國公宇文貴、神武公竇毅、南安公楊荐等，奉備皇后文物及行殿，并六宮以下百二十人，至俟斤牙帳所，迎后。……天和三年（五六八）三月，后至，高祖行親迎之禮。[19]

同書，〈武帝紀〉載：

（保定五年）二月辛酉（八日），詔陳國公純、柱國許國公宇文貴、神武公竇毅、南安公楊荐等，如突厥逆女。……（天和三年）三月癸卯（八日），皇后阿史那氏至自突厥。[20]

同書，〈異域傳下．突厥〉亦載：

（保定）五年，詔陳公純、大司徒宇文貴、神武公竇毅、南安公楊荐等往逆女。……乃許純等以后歸。[21]

西魏恭帝時，東突厥木杆可汗曾許與宇文泰和親，因泰死而未果，其後木杆可汗又許以他女與宇文邕和親。然而，是時北齊也遣使向東突厥請婚，木杆可汗游移於兩端之間，北周與東突厥和親一事始終懸盪未決。天和三年，木杆可汗終決定將女嫁予周武帝，三月初八，阿史那氏自東突厥經甘州抵達周都長安，武帝命于翼總司儀制，[22]行親迎之禮，完成這場交涉長達六年的和親（有關此次和親背景及過程，詳見「考釋一」）。

周武帝崩逝後，宣帝宇文贇即位，上尊阿史那氏為「皇太后」，又先後改稱為「天元皇太后」、「天元上皇太后」；宣帝崩，靜帝宇文衍又尊為「太皇太后」。[23]

徂

「徂」，意指死亡。「徂」，古通「殂」字，清・朱駿聲，《說文通訓定聲・豫部》記載：「徂，假借為殂」。[24]宋・戴侗，《六書故・人九》記載：「徂，人死因謂之徂。生者來而死者往也。」；[25]清・

---

19 《周書》卷九〈皇后傳・武帝阿史那皇后〉，第一四三－一四四頁。又可參看《北史》卷一四〈后妃傳下・武成皇后阿史那氏〉，第五二八頁。

20 《周書》卷五〈武帝紀上〉，第七一、七五頁。又可參看《北史》卷一〇〈周本紀下〉，第三五一、三五四頁。

21 《周書》卷五〇〈異域傳下・突厥〉，第九一一頁。又可參看《北史》卷九九〈突厥傳〉，第三二八九頁。

22 《周書》卷三〇〈于翼傳〉，第五二四頁。

23 《周書》卷九〈皇后傳・武帝阿史那皇后〉，第一四四頁。又可參看《北史》卷一四〈后妃傳下・武成皇后阿史那氏〉，第五二八頁。

24 清・朱駿聲，《說文通訓定聲》，《字典彙編》（北京：國際文化，一九九三年），第八冊，卷九〈豫部第九〉，第四三三頁。

25 南宋・戴侗，《六書故》，《字典彙編》（北京：國際文化，一九九三年），第十二冊，卷一七〈人九〉，第三六四頁。

王筠，《說文解字句讀》有云：「殂之言徂也。徂，往也，此謂不忍死其君者，諱而言殂也。」。[26]《孟子．萬章上》載：「〈堯典〉曰：『二十有八載，放勳乃徂落，百姓如喪考妣，……。』」，朱熹注云：「徂，升也；落，降也。人死則魂升而魄降，故古者謂死為徂落。」[27]案：《周書．武帝阿史那皇后傳》記載阿史那皇后：「隋開皇二年（五八二），殂，年三十二。」[28]考古代皇帝、皇后之喪曰「崩」，而墓誌誌文與正史卻書「徂」（殂）而非「崩」。細檢《周書》、《北史》，記載北周皇后卒逝之用字有三：

一曰「崩」：《周書．文宣叱奴皇后傳》載：「文宣叱奴皇后，……太祖為丞相，納后為姬，生高祖。天和二年（五六七）六月，尊為皇太后。建德三年（五七四）三月癸酉，崩。」；[29]同書，〈明帝獨孤皇后〉載：「明帝獨孤皇后，……二年（五五八）正月，立為王后。四月，崩，葬昭陵。武成初，追崇為皇后。」[30]

二曰「薨」：《周書．文帝元皇后傳》載：「文帝元皇后，……改封后為馮翊公主，以配太祖，生孝閔帝。大統七年（案：當為十七年，五五一），薨。……孝閔帝踐祚，追尊為王后。武成初，又追尊為皇后。」[31]

三曰「殂」：《周書．孝閔帝元皇后傳》載：「孝閔帝元皇后名胡摩，……帝之為略陽公也，尚焉。及踐祚，立為王后。……建德初，高祖誅晉國公護，上帝尊號為孝閔帝，以后為孝閔皇后，居崇義宮。隋氏革命，后出居里第。大業十二年（六一六），殂。」；[32]同書，〈武帝李皇后〉載：「武帝李皇后名娥姿，……隋開皇元年三月，出俗為尼，改名常悲。八年，殂，年五十三。」[33]此外，周宣帝楊皇后麗華、朱皇后滿月、尉遲皇后熾繁等，也皆曰「殂」。[34]

同樣是北周皇后卒逝，為何史籍用字不盡相同？[35]我們認為史家用字之差別是以北周之建國興亡作

26 清．王筠，《說文解字句讀》（北京：中華書局，一九八八年）卷八〈四篇下．歺〉，第一四〇頁。

27 南宋．朱熹集註，林松、劉俊田、禹克坤譯注，《四書》（臺北：臺灣古籍出版社，一九九六年），〈孟子．萬章篇上〉，第五六二頁。

28 《周書》卷九〈皇后傳．武帝阿史那皇后〉，第一四四頁；《北史》卷一四〈后妃傳下．武成皇后阿史那氏〉，第五二八頁。

29 《周書》卷九〈皇后傳．文宣叱奴皇后〉，第一四三頁；《北史》卷一四〈后妃傳下．文宣皇后叱奴氏〉，所記略同（第五二七頁）。

30 《周書》卷九〈皇后傳．明帝獨孤皇后〉，第一四三頁；《北史》卷一四〈后妃傳下．明敬皇后獨孤氏〉，所記略同（第五二八頁）。

31 《周書》卷九〈皇后傳．文帝元皇后〉，第一四二頁；《北史》卷一四〈后妃傳下．周文皇后元氏〉，所記略同（第五二七頁）。

32 《周書》卷九〈皇后傳．孝閔帝元皇后〉，第一四三頁；《北史》卷一四〈后妃傳下．孝閔皇后元氏〉，所記略同（第五二七－五二八頁）。

33 《周書》卷九〈皇后傳．武帝李皇后〉，第一四四－一四五頁；《北史》卷一四〈后妃傳下．武皇后李氏〉，所記略同（第五二九頁）。

34 參看《周書．皇后傳．宣帝楊皇后》（第一四六頁）、《周書．皇后傳．宣帝朱皇后》（第一四六頁）、《周書．皇后傳．宣帝尉遲皇后》（第一四八頁）；《北史．后妃傳下．宣帝皇后楊氏》（第五三〇頁）、《北史．后妃傳下．宣帝皇后朱氏》（第五三〇頁）、《北史．后妃傳下．宣帝皇后尉遲氏》（第五三一頁）。

35 史家修史，發凡起例，多有書法，用字遣詞，有一定的義涵，如司馬光編纂《資治通鑑》，用語有一定的規範，司馬光在〈《通鑑》釋例〉指出：《通鑑》書寫周、秦、漢、晉、隋、唐等統一王朝，全用天子之制，帝后稱崩，王公宰相稱薨；三國、南北朝、五代等時期，由於諸國本非君臣，彼此均敵，無所抑揚，故以列國之制，帝后皆稱殂，王公皆稱卒。參看鄔國義，〈《通鑑釋例》三十六例的新發現〉，《史林》，一九九五第四期（一九九五年十二月），第五頁。然而，唐代史臣編修《周書》，同是書寫皇后過世，卻採不同用語，不如司馬光纂修《通鑑》的規範，似有其他原因。

為畫分，凡北周建國前已亡逝者用「薨」字；北周期間過世曰「崩」；北周亡國後才卒逝者則書「殂」字。西魏恭帝三年（五五七）十二月，宇文覺代魏建立北周，文帝元皇后逝於大統十七年（五五一），是時北周尚未建國，而元皇后生前被封為馮翊公主，故其喪用「薨」字；文宣皇后叱奴氏卒於周武帝建德三年（五七四）、明帝皇后獨孤氏卒於明帝二年（五五八），兩人皆死於北周年間，故用「崩」字。北周靜帝大定元年（五八一），楊堅代周建隋，孝閔帝元皇后（逝於隋煬帝大業十二年，六一六）；武帝阿史那皇后（逝於隋文帝開皇二年，五八二）、李皇后（逝於隋文帝開皇八年，五八八）；宣帝楊皇后（逝於隋煬帝大業五年，六〇九）、朱皇后（逝於隋文帝開皇六年，五八六）、尉遲皇后（逝於隋文帝開皇十五年，五九五）等人卒逝時，北周已被隋取代，故改用「殂」字。此一書法方式，不獨適用於北周皇后，隋唐時代，舉凡前朝皇后卒逝於當朝時，史家皆採用「殂」字，如隋煬帝蕭皇后，《北史．煬帝愍皇后蕭氏傳》記載：「煬帝愍皇后蕭氏，……（大唐貞觀）二十一年（六四七），殂。詔以皇后禮於揚州合葬於煬帝陵，謚曰愍。」[36] 煬帝蕭皇后逝於唐太宗貞觀二十一年，是以李延壽以「殂」來書之。

《周書．武帝阿史那皇后傳》、《北史．武成皇后阿史那氏傳》皆記：阿史那氏於天和三年（五六八）與周武帝和親，卒逝時，終年三十二，則可知其生年為西魏文帝大統十七年（五五一），歲次辛未，嫁予周武帝，時年十八歲。阿史那氏一生共歷經西魏、北周、隋三個政權，西魏文帝、廢帝、恭帝；北周孝閔帝、明帝、武帝、宣帝、靜帝；隋文帝等九帝，這在整個中國史上極為少見。

謚曰武德皇后

謚，即是謚號，是古人將一生行為的道德功業作為一個總結評價性的稱號。[37]《逸周書・謚法解》記載：

謚者，行之迹也；號者，功之表也；……是以大行受大名，細行受細名；行出於己，名生於人。[38]

鄭樵，《通志・二十略・謚略・序論第一》記載：

古無謚，謚起於周人。……周人卒哭而諱，將葬而謚，有諱則有謚，無諱則謚不立。……生有名，死有謚，名乃生者之辨，謚乃死者之辨，初不為善惡也。[39]

---

36 《北史》卷一四〈后妃傳下・煬帝愍皇后蕭氏〉，第五三五－五三七頁。

37 南宋・趙升編，王瑞來點校，《朝野類要》（北京：中華書局，二〇〇七年）卷五〈謚法〉云：「自古有之，所以定生前之德行。」（第一〇三頁）。

38 黃懷信、張懋鎔、田旭東撰，黃懷信修訂，李學勤審定，《逸周書彙校集注》（上海：古籍出版社，二〇〇七年），下冊，卷六〈謚法解第五十四〉，第六二五、六二七頁。

39 南宋・鄭樵撰，王樹民點校，《通志二十略》（北京：中華書局，一九九五年），〈謚略・謚上・序論第一〉，第七八五頁。

由此觀之，謚之產生與避諱有關，當死者既葬，不可再言其名，故立謚以代其生前之名。[40]關於謚法起源於何時，傳統的說法認為是西周初年周公作《謚法》。[41]《逸周書・謚法解》云：「維周公旦、太公望開嗣王業，功於牧野之中，終葬，乃制謚敘法。」[42]現今學界對謚法的產生時間有不同的看法，[43]推測殷商時代可能已有謚法，西周時謚法已進入了成熟的階段。[44]自有謚法以來，除了秦朝曾短暫廢除以外，[45]直到清末一直延續不絕。

宋人認為皇后謚號本從皇帝之謚，正所謂「后無外事，法不專謚，故繫於帝，以為稱謂。」[46]然清人趙翼，《廿二史劄記》有所考證：

> 以帝號標后謚，乃范蔚宗《後漢書》追書之例，非當日本制也。光武陰后本謚「烈」，以光武謚合之，故曰「光烈」。明帝馬后本謚「德」，以明帝謚合之，故曰「明德」。……皆仿此。其桓帝梁后謚「懿獻」二字，不便合帝謚并稱，則曰桓帝懿獻梁皇后，此可以見范史牽合之書法也。後世不察，乃遂於皇后定謚時，即係以帝號。[47]

皇后何時開始有專謚？宋敏求，《春明退朝錄》有云：

40 汪受寬，《謚法研究》（上海：古籍出版社，一九九五年），第一三－一五頁；唐蘭，《西周青銅器銘文分代史徵》（北京：中華書局，一九八六年），指出謚的本字是益，益即是增加，人已有名，而另外再加美稱，叫做益（第三五四頁）；杜建民、崔吉學，〈論謚號文化內涵的演變〉，《史學月刊》，一九九四年第五期（一九九四年十月），指出周人創謚號的初衷乃尊祖敬宗、神事先王，謚號的產生並非是對於先人的評價，而是產生於對先人的崇拜。直至春秋戰國之際，才將謚號作為評議死者、褒貶先人，藉以達到懲惡勸善的目的（第一一一—一八頁）。

41 北宋．洪邁撰，孔凡禮點校，《容齋隨筆》（北京：中華書局，二〇〇五年），《容齋續筆》卷三〈謚法〉：「『先王謚以尊名，節以壹惠。』語出《表記》，然不云起於何時。今世傳《周公謚法》，故自文王、武王以來始有謚。周之政尚文，斯可驗矣。」（第二四八頁）。清．顧炎武著，黃汝成集釋，欒保群、呂宗力校點，《日知錄集釋（全校本）》（上海：古籍出版社，二〇〇六年）卷二〈帝王名號〉記載：「自夏以前純乎質，故帝王有名而無號。自商以下寖乎文，故有名有號。而德之盛者，有謚以美之，於是周公因而制謚，自天子達於卿大夫，美惡皆有謚，而十干之號不立。」（第五八頁）。

42 黃懷信、張懋鎔、田旭東撰，黃懷信修訂，李學勤審定，《逸周書彙校集注》卷六〈謚法解第五十四〉，第六二三頁。

43 學界對於謚法產生時間有著不同的看法，相關研究成果可參看趙東，〈二十年來謚法研究綜述〉，《綏化學院學報》，第二七卷第二期（二〇〇七年四月），第一二六—一二八頁。此外，從典籍文獻及青銅器銘文又有「生稱謚」的現象出現。羅新，〈可汗號之性質〉，《中古北族名號研究》（北京：北京大學出版社，二〇〇九年），研究指出西周的政治制度形式中，已有官、爵、號、謚之分別，爵很可能是從官稱中分化出來的，謚則是從官號中分化出來，爵用於生前，謚用於死後。典籍與金文中的生稱謚，應是尚未演化為謚的官號，或者是官號與謚並存混用時期的產物。易言之，能夠生稱的不是謚號，而是官號，生前的官號死後用作謚號，只不過是官號與謚號並存混用的結果（第二一一—二六頁）。

44 有關謚法起源於殷商時代，可詳參吳靜淵，〈謚法探源〉，《中華文史論叢》，一九七九年第三期（一九七九年九月）；屈萬里，〈謚法濫觴於殷代論〉，《中央研究院歷史語言研究所集刊》，第一三本（一九四八年一月），第二一九—二二六頁；黃奇逸，〈甲金文中王號生稱與謚法問題的研究〉，《中華文史論叢》，一九八三年第一輯（一九八三年一月）；彭裕商，〈謚法探源〉，《中國史研究》，一九九九年第一期（一九九九年二月），第三—一一頁；杜勇，〈金文「生稱謚」新解〉，《歷史研究》，二〇〇二年第三期（二〇〇二年六月），第三—一二頁。

45 西漢．司馬遷撰，宋．裴駰集解，唐．司馬貞索隱，唐．張守節正義，《史記》（北京：中華書局，點校本二十四史修訂精裝本，二〇一四年）卷六〈秦始皇本紀〉記載：「秦王初并天下，……制曰：『朕聞太古有號毋謚，中古有號，死而以行為謚。如此，則子議父，臣議君也，甚無謂，朕弗取焉。自今已來，除謚法。……。』。」（第三〇三—三〇四頁）。

46 清．徐松纂輯，《宋會要輯稿》（臺北：新文豐出版社，一九七六年），第一冊，〈帝系一．高宗朝〉，第七頁下。

47 清．趙翼著，王樹民校證，《廿二史箚記校證（訂補本）》（北京：中華書局，二〇〇一年）卷一九〈二四九帝號標后謚〉，第四〇五頁。

皇后有謚，起於東漢，自是至于隋皆單謚，光烈陰皇后、明德馬皇后、和熹鄧皇后、文獻獨孤皇后是也。史家取帝謚冠其上以別之，如云光之烈皇后陰氏，明之德皇后馬氏也，非謂欲連帝謚而名之也。[48]

宋敏求的說法，源於范曄。《後漢書．皇后紀》記載：

論曰：漢世皇后無謚，皆因帝謚以為稱。雖呂氏專政，上官臨制，亦無殊號。中興，明帝始建光烈之稱，其後並以德為配，至於賢愚優劣，混同一貫，故馬、竇二后俱稱德焉。[49]

然而，考察皇后有謚應不始於東漢，早在西漢宣帝即帝位時，即追謚漢武帝皇后衛子夫為思后，同時追尊祖母史良娣為戾后、母王夫人為悼后。《漢書．孝武衛皇后傳》記載：

孝武衛皇后字子夫，……衛后立三十八年，遭巫蠱事起，江充為姦，太子懼不能自明，遂與皇后共誅充，發兵，兵敗，太子亡走。詔遣宗正劉長樂、執金吾劉敢奉策收皇后璽綬，自殺。……宣帝立，及改葬衛后，追謚曰思后，置園邑三百家，長丞周衛奉守焉。[50]

同卷，〈史皇孫王夫人傳〉又載：

> 史皇孫王夫人，宣帝母也，名翁須，……征和二年（前九一年），生宣帝。帝生數月，衛太子、皇孫敗，家人子皆坐誅，莫有收葬者，唯宣帝得全。即尊位後，追尊母王夫人謚曰悼后，祖母史良娣曰戾后，皆改葬，起園邑，長丞奉守。[51]

由此觀之，漢武帝后衛子夫是第一位得謚的皇后。[52]自東漢明帝對光武帝陰皇后謚號「光烈」後，歷代帝、后死後多有謚號。

以「武德」連稱並作為皇后謚號者，不始於阿史那氏。《晉書．劉聰妻劉氏傳》記載：

> 劉聰妻劉氏，名娥，字麗華，……其姊英，字麗芳，……初與娥同召拜左貴嬪，尋卒，偽追謚武德皇后。[53]

---

48 北宋．宋敏求撰，誠剛點校，《春明退朝錄》（北京：中華書局，二〇〇六年）卷下，第四〇頁。

49 南朝宋．范曄，《後漢書》（北京：中華書局，一九九五年）卷一〇下〈皇后紀下．論〉，第四五五頁。皇后加謚，後人多從范曄說法，北宋．葉夢得撰，宇文紹奕考異，侯忠義點校，《石林燕語》（北京：中華書局，一九八四年）卷一，亦有云：「母后加謚自東漢始。」（第五頁）。趙翼著，王樹民校證，《廿二史劄記校證（訂補本）》卷一九〈二四九帝號標后謚〉記載：「后之有專謚，始於明帝之謚陰后，繼成於蔡邕之謚鄧后。」（第四〇六頁）。

50 東漢．班固，《漢書》（北京：中華書局，一九九五年）卷九七上〈外戚傳上．孝武衛皇后〉，第三九四九－三九五〇頁。

51 《漢書》卷九七上〈外戚傳上．史皇孫王夫人〉，第三九六一頁。

52 漢宣帝雖也追謚祖母史良娣、母王翁須謚號，然史良娣與王翁須生前並未被立為皇后。是以，第一位有專謚的皇后為漢武帝皇后衛子夫。

53 唐．房玄齡，《晉書》（北京：中華書局，一九九五年）卷九六〈列女傳．劉聰妻劉氏〉，第二五二〇頁。

劉英為五胡十六國時期前趙（漢趙）昭武帝劉聰之左貴嬪，卒逝後被追謚為武德皇后。然而，劉英生前並未被立為皇后，其武德皇后的稱號為去世後的追謚。

不同於誌蓋與誌文所刻寫的「武德皇后」，《北史》將阿史那皇后的謚號書為「武成皇后」，[54]因此有學者提出「武成」同「武德」是兩個皇后，周武帝娶了兩個阿史那氏的看法。[55]此種論點有商榷之處：第一，綜觀正史與相關文獻，從不見北周武帝曾先後兩次娶東突厥公主的記載；第二，《周書．皇后傳》與《北史．后妃傳》，對於北周每一位皇后，無論是死後追尊或是生前已被立為皇后，均列有專傳，史載北周武帝共立有兩位皇后，除木杆可汗女阿史那氏外，另一位是李娥姿，其逝世的時間是在隋文帝開皇八年，葬於隋大興城南，從姓名、過世時間以及卒葬地點來看，不符合本墓誌內容；第三，墓誌誌文所記阿史那氏卒逝時間、合葬於周武帝孝陵，配合史籍文獻的記載，只有天和三年三月嫁予周武帝的東突厥木杆可汗之女，才符合一切條件。我們從誌蓋與誌文皆云「武德皇后」，可知《北史》所記「武成皇后」為誤。[56]

《北史》將阿史那氏謚號書寫成「武成」的原因，學者指出或是因為周武帝遺詔主張「喪事資用，須使儉而合禮，墓而不墳」，[57]這種不封不樹的帝陵制度，使北周帝、后在葬後，隨著歲月的流逝，史實逐漸被掩蓋，隋末唐初對阿史那氏的謚號已經史不經傳，唐人編纂《北史》時，也未深入考究，故產生疵漏；或由於唐初李唐與東突厥關係緊張，唐人認為阿史那氏成為北周皇后是戰爭產物下政治聯姻的結果，導致《周書》中阿史那氏無謚號，《北史》將北齊武成帝的謚號張冠李戴於阿史那氏，以示對東突厥的鄙視；或因《北史》關於北周的歷史，基本承襲《周書》，而《周書》資料貧乏、考核修訂草率，史書中錯訛較多，而造成此一謬誤。[58]我們對此有兩個看法：第一，《周書》與《梁》、《陳》、

《北齊》、《隋》等五代史同時完成於唐太宗貞觀十年（六三六），[59]然修成後便流傳不廣，至北宋仁宗嘉祐年間校勘南北七史時，已出現「多非完本，雖經校讎，猶未盡善」的悶境，其中尤以《周書》的訛誤闕略最為嚴重。[60]是以，今本《周書》不見阿史那皇后諡號可能有兩個原因：一是，今本《周書》已非完本，北周皇后諡號可能闕缺不存；二是，令狐德棻修纂《周書．皇后傳》為求書法上的統一，北周各皇后一律不書諡號。[61]第二，李延壽修《北史》時，誤將阿史那氏的「武德」諡號，寫成北周明帝

---

54 見《北史》卷一四〈后妃傳下．武成皇后阿史那氏〉，第五二八頁。

55 張延峰，〈咸陽渭城北周墓及相關問題〉，第五〇頁。

56 曹發展，〈北周武帝陵誌、后誌、后璽考〉，第四三頁；羅新、葉煒，《新出魏晉南北朝墓誌疏證》（北京：中華書局，二〇〇五年），「一一八北周武德皇后阿史那氏墓誌」，第三二四頁。

57 《周書》卷六〈武帝紀下〉，第一〇七頁；《北史》卷一〇〈周本紀下〉，第三七二頁。

58 朱利民，〈「武成」諡號考訂〉，《唐都學刊》，第一六卷第二期（二〇〇〇年四月），第六二－六三頁。

59 北宋．王溥，《唐會要》（上海：古籍出版社，二〇〇六年）卷六三〈史館上．修前代史〉記載：唐高祖武德四年（六二一）十一月，起居舍人令狐德棻請修梁、陳、北齊、北周、隋五代史，武德五年（六二二）十二月下詔撰修，綿歷數載，竟不就而罷。唐太宗貞觀三年（六二九）於中書置秘書內省，以修五代史，十年（六三六）正月二十日，撰成《周》、《隋》、《梁》、《陳》、《齊》五代史，上之（第一二八七－一二八八頁）。另外，唐．吳兢撰，謝保成集校，《貞觀政要集校》（北京：中華書局，二〇〇三年）卷七〈論文史第二十八〉記載：「尚書左僕射房玄齡、侍中魏徵、散騎常侍姚思廉、太子右庶子李百藥、孔穎達、中書侍郎岑文本、禮部侍郎令狐德棻、舍人許敬宗等，以貞觀十年撰成周、齊、梁、陳、隋等《五代史》奏上。」（第三八九頁）。

60 楊家駱，《廿五史述要》（臺北：世界書局，一九九四年），第一二九－一三三頁；趙政，〈《周書》考論〉，瞿林東主編，周文玖分卷主編，《晉書》、「八書」、「二史」研究》（北京：中國大百科全書出版社，二〇〇九年），第二〇二－二二七頁。

61 比較《周書．皇后傳》與《北史．后妃傳》中的北周皇后，可知北周皇后有諡號者有二：一是，阿史那皇后諡「武德」；二

「武成」年號。是以，阿史那氏的「武成」，可能是李延壽的手民之誤。[62]

須要指出的是，阿史那氏謚號曰「武德」，並不是一個複字謚。前面的「武」字是取周武帝宇文邕的謚號，冠其上以表阿史那氏為周武帝的皇后，「德」字才是阿史那皇后的謚號。以帝謚冠於后謚之上以別之的用法，起源於東漢。宋敏求，《春明退朝錄》記載：

> 皇后有謚……至于隋皆單謚，光烈陰皇后、明德馬皇后、和熹鄧皇后、文獻獨孤皇后是也。史家取帝謚冠其上以別之，如云光之烈皇后陰氏、明之德皇后馬氏也，非謂欲連帝謚而名之也。……後世或用複謚，如唐正正字犯仁宗嫌名觀中，長孫皇后謚文德，後太宗謚文皇帝，文德自是複謚。其議自用二名，偶同太宗之謚爾。[63]

這種取帝之謚標於上，繫后之謚於下，乃是尊婦從夫之義，標於前的帝謚並不是皇后本身的謚號。[64]自東漢至唐初，皇后之謚皆用單字謚，[65]至到唐太宗貞觀年間，長孫皇后謚「文德」，才始用以複字謚。是以，正確的說，阿史那氏的謚號為單謚「德」。

皇后謚號「德」始於東漢明帝馬皇后，[66]「德」謚其意為何？《逸周書・謚法解》云：「謀慮不威曰德」，意指不以威相拒也；[67]張守節，《史記正義・謚法解》言：「綏柔士民曰德」，意指安民以居，安士以事；「諫爭不威曰德」，意指不以威拒諫。[68]此外，隋唐時代「德」謚又有忠和純備、強直溫柔、勤恤民隱、富貴好禮、忠誠上實、輔世長民、寬眾憂役、剛塞簡廉等義。[69]史載阿史那氏「有姿貌，善容止，高祖（指周武帝）深敬焉」；[70]周宣帝上尊阿史那氏為天元上皇太后的冊文曰：「聖慈訓誘，恩深明德。」[71]可知阿史那氏具備上述「德」謚中的美德。

合葬於孝陵

「孝陵」為北周武帝宇文邕陵寢。《周書・武帝阿史那皇后傳》記載：阿史那皇后卒逝後，「隋文

是，獨孤皇后謚「明敬」。由於北周不是每一位皇后皆有謚號，因此，令狐德棻修纂《周書・皇后傳》可能為求書法上的統一，故一律不寫皇后謚號。

62 周偉洲、間所香織，〈陝西出土與少數民族有關的古代印璽雜考〉，《民族研究》，二〇〇〇第二期（二〇〇〇年六月），指出《北史》將阿史那氏謚號記為「武成」，推測有兩種原因：一是，李延壽對隋初賜予北周皇太后謚號不甚清楚，誤「武德」為「武成」；二是，李延壽避諱「武德」年號，有意改為「武成」（第九一頁）。有關李延壽因避諱「武德」年號，故將阿史那氏謚號改為「武成」的説法，朱利民在〈「武成」謚號考訂〉一文中已提出質疑（第六三頁），可參看。

63 宋敏求，《春明退朝錄》卷下，第四〇頁。

64 汪受寬，《謚法研究》，第八三頁。

65 唐高祖皇后竇氏於武德元年（六一八）六月二十二日，追謚為「穆皇后」，亦是用單謚。參看王溥，《唐會要》卷三〈皇后〉，第二五頁。

66 《後漢書》卷一〇上〈皇后紀上・明德馬皇后〉，第四〇七頁、卷一〇下〈皇后紀下・論〉，第四五五頁。

67 黃懷信、張懋鎔、田旭東撰，黃懷信修訂，李學勤審定，《逸周書彙校集注》卷六〈謚法解第五十四〉，第六四六頁。

68 唐・張守節，《史記正義・謚法解》，《史記》，第四〇六六頁。

69 王溥，《唐會要》卷七九〈謚法上〉，第一七二七頁。有關歷代「德」謚之意涵，可參看汪受寬，《謚法研究》，「附錄・一、謚字集解・三七六德」，第四四一－四四四頁。

70 《周書》卷九〈皇后傳・武帝阿史那皇后〉，第一四四頁。

71 《周書》卷九〈皇后傳・武帝阿史那皇后〉，第一四四頁。

帝詔有司備禮冊，祔葬於孝陵。」[72]「祔葬」即是合葬。由於周武帝在遺詔中規定「墓而不墳」、「葬訖公除」，故以往對於孝陵陵址的具體位置並不清楚。一九九三年八月二日，陝西省咸陽市渭城區底張鎮陳馬村的一座古墓葬被盜掘，一九九四年九月三十日，陝西省考古研究所與咸陽市考古研究所，開始對古墓進行搶救性發掘，一九九五年一月二十日基本結束。從出土的相關文物，最終確定該墓即是周武帝與阿史那皇后合葬的「孝陵」。

孝陵位於咸陽市底張鎮陳馬村東南約一公里處，地處渭水與涇水之間的黃土塬區北部，海拔四七〇公尺，地勢高亢，平坦開闊。孝陵總體坐北向南，墓室平面呈凸字形，由斜坡墓道、五個天井、五個過洞、四個壁龕及甬道、土洞式前後雙墓室組成，全長六十八．四公尺，面積約二十五平方公尺。甬道北端西側發現周武帝「陵誌」，墓室中發現兩具東西并排放置的木棺槨朽痕，西側棺槨殘存有下頜骨、肱骨、肋骨、盆骨、骰骨等殘骨以及清理出金套管、玉珠、彎月形石灰枕等文物；東側棺槨僅發現殘珍珠、金花瓣、微型坐佛等文物。墓室因盜掘嚴重，原隨葬器物所剩不多，經整理統計，各類陶俑、陶模明器、陶器總計有二百餘件、玉器八件、少量金花、金花瓣、金套管、金絲等金器，以及若干銅器。[73]此外，從盜墓者手中追回的阿史那皇后誌銘、「天元皇太后璽」等文物，當時這些文物也應該是放置於孝陵墓室之中。孝陵中所出土的玉飾、金絲等金器，推測應該是阿史那皇后合葬時的物品。[74]通過對孝陵的發掘和鑽探調查，並沒有發現孝陵有陵冢封土、陵前石刻及陵寢建築等遺跡，其營建和葬事，基本上是遵照周武帝儉葬遺命行事。[75]然而，從周武帝埋葬四年後，阿史那皇后仍能準確的合葬於孝陵，推測當時孝陵應該有明顯的標識。[76]

合葬之制起源於周公。趙翼，《陔餘叢考》記載：

《檀弓》：季武子成寢，杜氏之葬在西階之下，請合葬焉。武子曰：「合葬非古也，自周公以來，宋之有改也。」又曰：「周公蓋祔。」然則合葬之制，起於周公也。按古人合葬，不惟同穴，而且同椁，蓋取相親之意。……後世古法漸亡，同椁之制久已不講，所謂合葬者，但同穴耳。[77]

---

72 《周書》卷九〈皇后傳．武帝阿史那皇后〉，第一四四頁。《北史》卷一四〈后妃傳下．武成皇后阿史那氏〉，第五二八頁。

73 張建林、孫鐵山、劉呆運執筆，〈北周武帝孝陵發掘簡報〉，第八－二六頁。

74 侯養民、穆渭生，〈北周武帝孝陵三題〉，第四〇頁。

75 「孝陵」雖依照周武帝崇儉抑奢遺命，沒有封土、陵前石刻及陵寢建築等。然而，「孝陵」的墓室形制採前、後雙式土洞墓，仍是要彰顯等級秩序，維護皇帝的至尊地位。詳參倪潤安，〈北周墓葬的地下空間與設施〉，《故宮博物院院刊》，二〇〇八年第一期（總第一三五期）（二〇〇八年三月），第六六－六七頁。

76 馬先登，〈北周武德皇后墓誌〉，第三〇頁；張建林、孫鐵山、劉呆運執筆，〈北周武帝孝陵發掘簡報〉，第二六頁。張延峰，〈咸陽渭城北周墓及相關問題〉，則認為孝陵當初應當有封土，因為阿史那氏是在武帝死後的第五年卒葬的（筆者案：當為周武帝死後的第四年卒葬），如陵上無封土或標誌，便無法合葬。即使當初無封土，合葬皇后時，文帝也必然會令起封土。因為文帝即位後，給他造的泰陵就是覆斗式多天井墓（第五三頁）。張氏的推測恐有商榷：經考古工作隊的發掘和鑽探調查，並沒有發現孝陵有陵冢封土遺跡。倪潤安，〈北周墓葬「不封不樹」辨析〉，《中國典籍與文化》，二〇〇六年第二期（二〇〇六年六月），研究指出：從考古發掘、墓誌銘或神道碑的描述，建德後期至宣政初期，北周墓葬確實嚴格實行「不封不樹」，此與當時經濟、軍事因素影響有關（第九九－一〇四頁）。此外，我們也無法從隋文帝即位後所興建的泰陵具有覆斗式多天井墓，推論得出文帝合葬阿史那皇后時，必然會令起封土的結論。

77 清．趙翼著，欒保群、呂宗力校點，《陔餘叢考》（石家莊：河北人民出版社，一九九〇年）卷三二〈合葬〉，第六四八頁。

從史籍記載阿史那皇后祔葬於孝陵，以及孝陵玄宮墓室中發現的兩個棺槨遺跡，可以得出周武帝與阿史那皇后是採同塋同穴不同槨的合葬形式。

考釋

一、北周武帝與東突厥木杆可汗和親背景及其過程

突厥民族興起於六世紀中葉，原臣屬於柔然（又稱茹茹、蠕蠕，芮芮、蝚蠕），西魏廢帝元年（五五二）正月，突厥酋長土門（布民）率眾發兵擊柔然，大敗柔然主阿那瓌（敕連頭兵豆伐可汗），自號伊利可汗，建立東突厥汗國。[78]

北周與東突厥的關係發展，可上溯至西魏文帝大統年間。《周書．突厥傳》記載：

> 大統十一年（五四五），太祖（宇文泰）遣酒泉胡安諾槃陁使焉。……十二年（五四六），土門遂遣使獻方物。……十七年（五五一）六月，以魏長樂公主妻之。是歲，魏文帝崩，土門遣使來弔，贈馬二百匹。[79]

西魏與新興的突厥通商聯姻，目的是為了牽制來自北方柔然的壓力。[80]東突厥建國初期，對外採取聯合西魏對抗北齊的外交策略，木杆可汗繼立汗位後，一方面繼續結好西魏，但也開始與北齊接觸。[81]西魏恭帝三年（五五六）十二月，宇文覺代魏建立北周，北周立國之初，木杆可汗仍保持著親周政策，並在周武帝保定三年（五六三）、四年（五六四），曾先後兩次助周聯兵進擊北齊。然而，就在北周與東突

厥聯合抗擊北齊失敗後，木杆可汗外交政策開始有所調整，從原先親周轉變成為對周、齊保持中立對等。

木杆可汗時代，積極對外拓展版圖，「西破嚈噠，東走契丹，北并契骨，威服塞外諸國」，[82]使東突厥疆域「東至遼海以西，西至西海萬里，南自沙漠以北，北至北海五六千里」，[83]國力達到高峰。此時中原地區周、齊兩國相互對抗，東突厥成為兩國極力爭取拉攏的對象，周、齊兩國都希望透過和親，強化與東突厥之間的關係。[84]早在西魏恭帝年間，宇文泰即曾向東突厥提出請婚，後因泰死而作罷。[85]

---

78 《周書》卷五〇〈異域傳下．突厥〉，第九〇八－九〇九頁。

79 《周書》卷五〇〈異域傳下．突厥〉，第九〇八－九〇九頁。

80 札奇斯欽，《北亞游牧民族與中原農業民族間的和平戰爭與貿易之關係》（臺北：正中書局，一九七三年），第二〇一頁。

81 東突厥首次向北齊遣使朝貢，是在木杆可汗在位期間的北齊文宣帝天保五年（五五四）八月，參看唐．李百藥，《北齊書》（北京：中華書局，二〇〇三年）卷四〈文宣帝紀〉，第五九頁。

82 《周書》卷五〇〈異域傳下．突厥〉，第九〇九頁。

83 《周書》卷五〇〈異域傳下．突厥〉，第九〇九頁、同卷〈異域傳下．嚈噠〉，第九一八頁。

84 「和親」具有多重性質目的，結交政治軍事同盟是其中重要的功能項目之一，可參看崔明德，《中國古代和親史》（北京：北京人民出版社，二〇〇五年），第八－一六頁；林恩顯，〈中國古代和親理論初探〉，原刊於《國立政治大學民族學報》，第二三期（一九九八年十二月），第七－四八頁，後收入《中國古代和親研究》（哈爾濱：黑龍江教育出版社，二〇一二年），第五九－一一二頁；林恩顯、崔明德，〈論中國古代的和親功能及影響〉，原刊於《人文學報》，第二〇期（一九九六年七月），第一－三七頁，後收入《中國古代和親研究》，第一五一－一九三頁。

85 《周書》卷九〈皇后傳．阿史那皇后〉記載：「太祖方與齊人爭衡，結以為援。俟斤初欲以女配帝，既而悔之。」（第一四四頁）、卷五〇〈異域傳下．突厥〉又記：「初，魏恭帝世，俟斤許進女於太祖，契未定而太祖崩。」（第九一一頁）；《隋書》卷四六〈元暉傳〉記載：「元暉……周太祖見而禮之，……于時突厥屢為寇患，朝廷將結和親，令暉齎錦綵十萬，使于突厥。暉說以利害，申國厚禮，可汗（筆者案：木杆可汗）大悅，遣其名王隨獻方物。」（第一四一六頁）。由《周

北周建國後，武帝又向東突厥提出和親要求，保定二年（五六二），為了與東突厥聯兵擊齊，武帝派遣王慶、楊荐等人向木杆可汗請婚。大約在同一時間，北齊亦透過木杆可汗弟阿史那庫頭欲與東突厥結好，[86]在庫頭遊說以及北齊給予東突厥重金雙重利誘影響下，木杆可汗曾一度轉向結好北齊，並將北周使者楊荐等人送至北齊，楊荐對木杆可汗細數西魏以來與東突厥的同盟關係，[87]木杆可汗最後同意楊荐「當共平東賊（筆者案：指北齊），然後發遣我女」，允諾與北周共同東討北齊並許婚。[88]但當東突厥與北周聯兵擊齊失敗後，木杆未履行和親之約，北周仍不放棄與東突厥和親政策，自保定三年到五年（五六五），又一連派遣楊荐、王慶、宇文貴等人納幣東突厥往返十餘次，希望達成和親目的，然而均不得要領，無功而返（詳見本文末第一二七頁〔附表〕）。

木杆可汗雖然在口頭上答應北周的和親之請，然遲遲不肯履行北周的請婚，主因在於北齊亦派遣使者以厚幣結納東突厥，欲使東突厥改變對北周的和親政策，轉而將公主嫁予北齊，東突厥對於和親一事，游移在周、齊之間，遲遲無法做出最後決定。[89]北周後來又派遣竇毅赴東突厥，在竇毅努力交涉「以大義責之」，木杆可汗許諾將女嫁予北周。[90]保定五年二月，北周再派宇文純、宇文貴、竇毅、楊荐等人，奉備皇后文物及行殿，並六宮以下一百二十人，以盛大隆重之禮儀，赴東突厥木杆可汗牙帳，迎接木杆可汗之女。[91]北周使節抵達東突厥後，北齊使者也在東突厥，並甘言厚幣，前往求婚，木杆可汗又反悔與北周和親之約，答應北齊的請婚，宇文純等人在東突厥交涉數年，諭以信義，然均無結果。天和三年（五六八），木杆可汗牙帳突然「大雷風起，飄壞其穹廬等，旬日不止」，[92]游牧民族有崇敬天地、雷電等自然現象之習俗，[93]這種敬畏天神信仰根本原因與自然災害有著關聯性，而雷電具有突發性並伴隨著震耳聲音或引發草原火災，往往帶給人一種心理上的震撼性與威攝性。[94]可汗牙帳忽起

書》、《隋書》所記，則宇文泰曾派遣元暉赴東突厥請婚，木杆可汗許諾並遣其名王隨元暉入西魏獻方物。岑仲勉，《突厥集史》（北京：中華書局，二〇〇四年），上冊，認為元暉出使赴突厥請婚當在保定以前，即在宇文泰當政期間（第二二頁）。

86 《周書》卷三三〈楊荐傳〉記載：「孝閔帝踐阼，……仍使突厥結婚。突厥可汗弟地頭可汗阿史那庫頭居東面，與齊通和，說其兄欲背先約。」（第五七一頁）。

87 司馬光，《資治通鑑》卷一六九〈陳紀三〉，文帝天嘉四年九月記載：「木杆貪齊幣重，欲執（楊）荐等送齊。荐知之，責木杆曰：『太祖昔與可汗共敦鄰好，蠕蠕部落數千來降，太祖悉以付可汗使者，以快可汗之意，如何今日遽欲背恩忘義，獨不愧鬼神乎？』」（第五二三六頁）。

88 《周書》卷三三〈楊荐傳〉，第五七一頁、同卷〈王慶傳〉，第五七五頁。

89 許峽，〈突厥在北周滅北齊中的作用〉，《歷史教學》，二〇〇四年第一一期（二〇〇四年一一月），認為木杆可汗對北周和親游移，主要的原因在保定三年、四年突厥與北周聯兵伐齊均告失敗，因此對北齊的國力仍有所忌憚，以致不敢貿然決定將公主嫁予北周（第二六頁）。

90 《周書》卷三〇〈竇毅傳〉，第五二二頁。

91 《周書》卷九〈皇后傳·武帝阿史那皇后〉，第一四四頁。《北史》卷一四〈后妃傳下·武成皇后阿史那氏〉，第五二八頁。

92 《周書》卷九〈皇后傳·武帝阿史那皇后〉，第一四四頁。《北史》卷一四〈后妃傳下·武成皇后阿史那氏〉，第五二八頁。

93 突厥民族崇拜天，可汗名號前一般多加有"tängri"一詞，意為「天」或「天神」，漢語譯為「撐犁」、「滕里」、「登利」、「登里」，具有神靈之意。這種被賦予神化的「天」，在游牧民族社會中，富有深厚的內涵。有關突厥民族敬天觀念，可參看札奇斯欽，《蒙古文化與社會》（臺北：臺灣商務印書館，一九八七年），第一五〇–一五三頁；蔡鴻生，《唐代九姓胡與突厥文化》，第一三六頁；項英杰等，《中亞：馬背上的文化》（杭州：浙江人民出版社，一九九三年），第一八六頁；威廉·巴托爾德（Vasilii Vladimirovich Bartol'd）著，羅致平譯，《中亞突厥史十二講》（*Zwölf Vorlesungen über die Geschichte der Türken Mittelasiens*, Philadelphia: Porcupine Press, 1977，中文譯本為北京：中國社會科學出版社，一九八四年），第一一–一二頁。

94 梁景之，〈自然災害與古代北方草原游牧民族〉，《民族研究》，一九九四年第三期（一九九四年九月），第四六–四七頁。

雷風，飄壞穹廬，使木杆可汗大懼，以為和親一事反覆不定，遭受到天譴，於是決定將其女嫁予北周。宇文純、趙文表等人乃設行殿、列羽儀、舉行和親儀注，[95]迨一切禮儀完成後，奉東突厥阿史那公主南歸北周，周武帝在甘州（甘肅張掖縣西北）親自迎接公主。[96]天和三年三月八日，阿史那公主一行抵達長安，武帝「大赦天下，亡官失爵，並聽復舊」，[97]又「大會百寮及四方賓客於路寢，賜衣馬錢帛各有差」，[98]慶賀與東突厥和親的成功，完成此次長達七年（五六二－五六八）的和親。[99]

二、阿史那氏入華後的處境

周武帝與木杆可汗達成和親，可說是北周外交上的一次重大勝利，武帝不僅大赦天下，並對於完成和親使命的迎親使者，給予進爵加封：竇毅「別封成都縣公，邑一千戶，進位柱國」、[100]楊荐「進爵南安郡公」、[101]王慶「遷開府儀同三司、兵部大夫，進爵為公」、[102]趙文表「別封伯陽縣伯，邑六百戶」、[103]李雄「進爵奚伯，拜硤州刺史」、[104]辛彥之「賚馬二百匹，賜爵龍門縣公，邑千戶」。[105]此外，為表現對東突厥公主的重視，武帝在冊立阿史那氏為皇后的同時，將元配李娥姿由「皇后」改稱為「帝后」，並以皇后為先，阿史那氏含有第一皇后之意。

阿史那氏初到北周時，武帝深敬禮焉，[106]東突厥與北周頻有往來，[107]雙方關係緊密。然而，建德三年（五七四）以後，兩國關係出現了變化，此當與東突厥他鉢可汗[108]對外政策轉變有關。建德元年（五

95 《周書》卷三三〈趙文表傳〉記載：「（趙文表）仍從宇文貴使突厥，迎皇后，進止儀注，皆令文表典之。文表斟酌而行，皆合禮度。」（第五八一頁）。

96 吳玉貴，《突厥汗國與隋唐關係史研究》（北京：中國社會科學出版社，一九九八年），認為北周武帝親自到甘州迎接突厥阿史那公主是深怕突厥和親又生變數（第八四頁）；山田信夫，《北アジア游牧民族史研究》（東京：東京大學出版社，一九八九年），則認為北周武帝親到位於河西的甘州，主要是擔心吐谷渾從中妨害（第五七頁）。

97 《周書》卷五〈武帝紀上〉，第七五頁。

98 《周書》卷五〈武帝紀上〉，第七五頁。

99 有關此次和親過程，可參看《周書》卷五〈武帝紀上〉、卷九〈皇后傳・武帝阿史那皇后〉、卷一三〈陳惑王純傳〉、卷一九〈宇文貴傳〉、卷三〇〈竇毅傳〉、卷三三〈楊荐傳〉、〈王慶傳〉、〈趙文表傳〉、卷五〇〈異域傳下・突厥〉；《北史》卷九九〈突厥傳〉；《隋書》卷四六〈李雄傳〉等。此外，羅新、葉煒，《新出魏晉南北朝墓誌疏證》，「一〇七若干云墓誌」，對北周與東突厥的和親也有相關的記載：「國家與突厥方敦姻亞，前後四回奉使出境，宣揚休命，奉述朝旨。密慎沉審，言無外泄，溫室之樹，方此非儔。公任右侍伯大夫，頻銜國命，王姬作配，以備坤德，母儀天下，生民賴焉。」（第二八八頁）。

100 《周書》卷三〇〈竇毅傳〉，第五二一頁。

101 《周書》卷三三〈楊荐傳〉，第五七一頁。

102 《周書》卷三三〈王慶傳〉，第五七六頁。

103 《周書》卷三三〈趙文表傳〉，第五八二頁。

104 《隋書》卷四六〈李雄傳〉，第一四二一頁。

105 《隋書》卷七五〈儒林傳・辛彥之〉，第一九一七頁。

106 《周書》卷九〈皇后傳・武帝阿史那皇后〉，第一四四頁；《北史》卷一四〈后妃傳下・武成皇后阿史那氏〉，第五二八頁。

107 從文末第一二七頁〈附表〉所示，阿史那氏入周後，天和四年（五六九）、建德元年（五七二）、三年（五七四），東突厥與北周互遣使往返。又據《北齊書》卷二五〈王紘傳〉記載：「武平初，……（王）紘上言：『突厥與宇文男來女往，必當相與影響，……。』五年（案：當為四年，五七三），陳人寇淮南，詔令群官共議禦捍。……紘曰：『官軍頻經失利，人情騷動，若復興兵極武，出頓江、淮，恐北狄（案：指東突厥）西寇（案：指北周），乘我之弊，傾國而來，則世事去矣。……。』」（第三六六頁）。北齊後主武平初，即是北周天和五年（五七〇），從《北齊書・王紘傳》的記載，可知直到北周武帝建德三年，北周與東突厥關係緊密，雙方亦有軍事同盟。

108 「他鉢可汗」，《隋書》與《資治通鑑》記為「佗鉢可汗」。為行文上的方便，除了在徵引史料時以該史籍所記為準，本文一律稱之為「他鉢可汗」。

七二），木杆可汗卒逝，[109]其弟阿史那庫頭繼立，是為他鉢可汗（五七二－五八一在位）。他鉢在繼位東突厥大可汗前，與北齊早有往來，北齊曾透過他的力量，欲改變木杆可汗與北周的和親政策，此事最終雖未成功，但可窺知他鉢之親齊傾向。他鉢即大可汗位後，隨即與北齊通使，[110]並在次年（五七三）向北齊提出請婚。[111]他鉢請婚於北齊，一方面是對木杆可汗時代與北周和親做一平衡，另一方面亦顯現他鉢開始改變東突厥親周的外交策略。周、齊兩國也極欲拉攏他鉢可汗，史載北周「既與和親，歲給繒絮錦綵十萬段」、「突厥在京師者，又侍以優禮，衣錦食肉，常以千數」；北齊「懼其寇掠，亦傾府藏以給之」，因而他鉢可汗謂其臣下云：「但使我在南兩箇兒孝順，何憂無物邪！」[112]從本文末〔附表〕的整理，我們可以發現，周武帝建德三年正月以後，一直到宣政元年（五七八）三月以前，在這四年期間，東突厥與北周完全不見往來，這是北周開國以來從未有的現象，很值得探討。推測其中原因，除了前所述他鉢可汗有親齊的傾向外，另一個關鍵因素則是周武帝大舉滅佛。突厥民族原是薩滿信仰（Shamanism），後事奉祆教。[113]突厥開始接觸佛教時間，有學者推測大約是在布民建立東突厥前後，[114]但直到木杆可汗時代，佛教似乎還未能在東突厥流行。[115]到了他鉢可汗時期，開始向中原求取佛經，佛教因而在東突厥逐漸盛行。《隋書．突厥傳》有載：

---

109 《周書》卷五〇〈異域傳下．突厥〉、《北史》卷九九〈突厥傳〉均未記木杆可汗的卒年；唯《隋書》卷八四〈北狄傳．突厥〉記載：「木杆在位二十年，卒。」（第二〇九九頁）。案：木杆可汗即位於西魏廢帝二年（五五三），在位二十年卒逝，則可知木杆可汗卒於北周武帝建德元年（五七二）。薛宗正，《突厥史》（北京：中國社會科學出版社，一九九二

年），以為《隋書》所記為誤，《北史．突厥傳》明確記載木杆卒於周武帝天和四年（第一三〇－一三一頁）。細檢《北史．突厥傳》並未有如薛氏所記，不知其所出為何，今仍以《隋書》所記為是。

110 《北齊書》卷八〈後主紀〉記載：「是歲（武平三年，五七二），新羅、百濟、勿吉、突厥並遣使朝貢。」（第一〇六頁）。

111 《北齊書》卷八〈後主紀〉記載：「是歲（武平四年，五七三），高麗、靺鞨並遣使朝貢，突厥使來求婚。」（第一〇七頁）。

112 以上引言皆詳見《周書》卷五〇〈異域傳下．突厥〉，第九一一頁、《北史》卷九九〈突厥傳〉，第三二九〇頁。

113 蔡鴻生，《唐代九姓胡與突厥文化》，第一三四－一三六頁。

114 山崎宏，〈北朝．隋唐時代の柔然．突厥佛教考〉，《史潮》，第一一卷第四輯（一九八二年十二月），根據初唐沙門法琳的《辯正論》內有：北周太祖文皇帝宇文泰「又為大可汗大伊尼，造突厥寺」推測此大可汗大伊尼恐是指東突厥建國者伊利可汗土門，當時西魏、北周與新興勢力的東突厥結盟，宇文泰將長樂公主下嫁給土門，同時又為東突厥營造突厥寺。又根據《陶齋藏石記》造像銘載有「故韋可敦比丘尼法造象記」，推測韋可敦恐是下嫁土門的西魏長樂公主，她在伊利可汗土門死後入突厥寺為比丘尼。由此推斷佛教進入東突厥之開端約在土門建國前後（第三－八頁）。陳欽育，《北亞游牧民族與中原國家之間關係研究——以突厥為例》（新北：花木蘭文化出版社，二〇〇九年），亦採此一看法（第一〇七頁，註釋一二八）。不過也有學者持不同的主張，如石田幹之助，〈突厥に於ける佛教〉，《史学雑誌》，第五六卷第一〇輯（一九四六年十月），則認為「突厥大伊尼溫木汗」應是指木杆可汗（第八七－八九頁）；蔡鴻生，《唐代九姓胡與突厥文化》，亦認為「突厥大伊尼溫木汗」即木杆可汗，宇文泰為突厥立寺紀功之目的，無非是北周王室討好突厥汗庭的一種姿態，木杆可汗仍是一個地道的薩滿教徒（第一四六頁）。陳慶隆，〈從借字看突厥、回紇的漢化〉，《中央研究院歷史語言研究所集刊》，第四七本第三分（一九七六年九月），則認為突厥崛起後，東突厥佗鉢可汗首先與中國佛教發生關係，佗鉢可汗在位十年之久，中國之佛教傳入突厥必於此時（第四四四頁）。

115 楊富學、高人雄，〈突厥佛教盛衰考〉，《南都學壇（人文社會科學學報）》，第二三卷第二期（二〇〇三年四月），指出西元五世紀漠北地區即已與佛教有所接觸，且被柔然可汗敬重，當時突厥受柔然轄屬，其部眾自然對佛教有所接觸，但從唐釋道宣《續高僧傳》的記載，北印度僧人那連提黎耶舍（Narendrayasas）自北齊轉往突厥弘揚佛法，「勸持六齋，羊料放生，受行素食」，但這與突厥游牧習俗相去甚遠，很難一蹴而就，直到木杆可汗時，突厥人的傳統信仰仍是薩滿教（第一七頁）。

（北）齊有沙門惠琳，被掠入突厥中，因謂佗鉢曰：「齊國富強者，為有佛法耳。」遂說以因緣果報之事。佗鉢聞而信之，建一伽藍，遣使聘于齊氏，求《淨名》、《涅槃》、《華嚴》等經，并《十誦律》。佗鉢亦躬自齋戒，遶塔行道，恨不生內地。[116]

他鉢可汗在惠琳闡述因緣果報的影響下，於建德元年特建佛寺，[117]並遣使向北齊求《淨名》等佛經。他鉢本人侍佛甚篤，不僅躬身自齋、繞塔行道，甚至有「恨不生內地」之語。[118]釋道宣所著《大唐內典錄》也有他鉢可汗禮佛之記載：

北天竺犍達國三藏法師闍那崛多，隋言至德，又云佛德。……（北周武帝）建德三年，逢毀二教。……還向北天，路經突厥，遇值中面他鉢可汗，殷重請留，因往復曰：「周有成壞，勞師去還。此無廢興，幸安意住。資給供養，當使稱心。」遂爾並停，十有餘載。[119]

釋道宣，《續高僧傳》記載：

（闍那崛多）以周明帝武成年初居長安，止草堂寺。……建德隳運，像教不弘，五眾一期，同斯俗服。武帝下勑，追入京輦，重加爵祿，逼從儒禮。秉操鏗然，守死無懼。帝愍其貞亮，哀而放歸。路出甘州，北由突厥……崛多及以和上，乃為突厥所留，未久之間，和上遷化，隻影孤寄，莫知所安，賴以北狄君民頗弘福利，因斯飄寓，隨方利物。[120]

116 《隋書》卷八四〈北狄傳・突厥〉，第二〇九九頁；《北史》卷九九〈突厥傳〉，第三三九〇頁。

117 林梅村，〈布古特出土粟特文突厥可汗紀功碑考〉，《西域文明——考古、民族、語言和宗教新論》（北京：東方出版社，一九九五年），研究指出他鉢可汗在公元五七二年為惠琳造一座伽藍寺（第三五三頁）；護雅夫，《古代トルコ民族史研究》（東京：山川出版社，一九九七年），Ⅲ，認為布古特碑所云「建立一個又大又新的伽藍建築」即是粟特文對他鉢可汗（タスパル）的書寫，從他鉢可汗在國內建立伽藍這件事來看，他鉢可汗在位時，佛教在突厥非常盛行發展（第四八頁）。

118 一九五六年由蒙古學者策・道爾吉蘇榮在北塔米爾河支流巴顏察干河（Bain Tsagaan Gol）河谷發現，並將石碑搬運至外蒙古後杭愛省（Arakhangai Aimak）呼尼河流域布古特（Bugut）西方約十公里處的後杭愛省博物館（原為「吉雅格根喇嘛廟」），今稱為「布古特碑」（The Bugut Inscription），此碑碑文四面中的其中一面為婆羅謎文（一說中國文字），橫書廿餘行；其他三面刻寫草體粟特文，直書廿九行（左面五行，右面五行，前面十九行）。碑文記載東突厥摩訶特勤（Makan Tegin）的紀功碑。碑文中提及「Kwts'tt，『你須建造一座大的新寺院』。〔Kwts'tt於是傳旨〕：願建立一座大而新的佛寺（Sangha）」。從這通碑文中的內容比照漢史籍所記，可知Kwts'tt即是阿史那庫頭，意即東突厥他鉢可汗，由這面殘碑內容所使用的文字，有學者推測可能就是北天竺犍達國三藏法師闍那崛多所刻寫，刻寫年代約是在他鉢可汗在位末期，而碑文中所記他鉢可汗建造一座大的新寺院，係指北周武帝建德六年（五七七），他鉢可汗為闍那堀多所建立一座新寺院。有關布古特碑的發現、內容及其相關研究，可參看護雅夫，〈突厥帝国內部におけるソグド人役割に関ける一資料——ブグト碑文〉，《史学雑誌》，第八一卷第二輯（一九七二年二月），第八五頁；護雅夫著，吳慶顯譯，〈索格底人（The Sogdian）在蒙古地區諸游牧國中所扮演的角色——一個新發現資料的介紹〉，《國立政治大學邊政研究所年報》，第九期（一九七八年七月），第二八三—二九五頁；克略希托內、列夫斯基撰，龔方震譯，〈布古特粟特文碑銘補證〉，姚楠主編，《中外關係史譯叢》（上海：上海譯文出版社，一九八六年），第三輯，第三五—五三頁；林梅村，〈布古特出土粟特文突厥可汗紀功碑考〉，第三四四—三五八頁；森安孝夫、林俊雄，〈ブグト遺蹟 Site of Bugust〉，第一二二頁；吉田豊、森安孝夫，〈ブグト碑文 Bugust Inscription〉，第一二三—一二四頁；羅新，《歷史的高原游牧》（北京：中華書局，二〇一一年），第二一三—二一五頁；羅豐，《蒙古國紀行》（北京：三聯書店，二〇一八年），第一八九—二〇〇頁。

119 唐・釋道宣，《大唐內典錄》卷五上〈歷代眾經傳譯所從錄第一之五・隋朝〉，《續修四庫全書》（上海：古籍出版社，二〇〇二年），第一二八九冊，第九四頁。

120 唐・道宣撰，郭紹林點校，《續高僧傳》（北京：中華書局，二〇一四年）卷第二〈隋西京大興善寺北賢豆沙門闍那崛多傳〉，第三八—三九頁。

由上引文可看出他鉢奉佛相當虔誠，對來到東突厥的佛僧闍那崛多（Jnānagupta）等人安排住宿、資給供養十餘年而未停。[121]北齊對於他鉢可汗的遣使求取佛經，齊主亦命能通四夷語的劉世清譯《涅槃經》以遺他鉢可汗。《北齊書・斛律羌舉傳》記載：

> 代人劉世清，……能通四夷語，為當時第一。後主命世清作突厥語翻《涅盤經》，以遺突厥可汗，敕中書侍郎李德林為其序。[122]

北齊希望透過「佛教外交」拉近與東突厥的關係。[123]在他鉢可汗潛心禮佛的同時，周武帝卻在國內大舉滅佛。《周書・武帝紀》云：

> （建德三年五月）丙子（十七日），初斷佛、道二教，經像悉毀，罷沙門、道士，並令還民。並禁諸淫祀，禮典所載者，盡除之。[124]

周武帝的滅佛禁教規模甚大，成為佛教史上四大浩劫之一，[125]不少沙門因此而滯留於東突厥。[126]東突厥他鉢可汗的侍佛以及收容從南方來的佛僧，對於周武帝的滅佛行為極大的反感，也因此他鉢可汗在周武帝滅佛後，東突厥中斷與北周的使節往來。[127]

東突厥與北周關係的停滯，特別是建德六年（五七七）武帝平滅北齊後，他鉢可汗曾幫助北齊殘餘勢力對抗北周，甚至立齊定州刺史・范陽王高紹義為齊帝，建號武平，將逃往漠北的齊人，悉隸高紹義統管，[128]又加深北周與東突厥關係的惡化，[129]這當然影響阿史那皇后在北周的處境。《舊唐書・高祖太穆皇后竇氏傳》有云：

121 有關他鉢可汗時期，佛教在東突厥的傳播情形，可參看楊富學，〈突厥佛教雜考〉，《中華佛學學報》，第一六期（二〇〇三年七月），第四〇一－四一三頁。蔡鴻生，《唐代九姓胡與突厥文化》，認為他鉢可汗信佛狂熱源自於惠琳說法以「富強」一語打動他鉢可汗的心，使他相信與佛結緣，將會取得突厥富強（第一四八頁）。

122 《北齊書》卷二〇〈斛律羌舉傳〉，第二六七頁。

123 邱忠鳴，〈「佛教外交」——北齊後主對突厥的外交方略〉，《世界宗教文化》，二〇〇九年第二期（二〇〇九年六月），指出北齊後主在後三國時期複雜的政治格局中，另闢「佛教外交」途徑，積極主動與突厥發展關係（第三五－三六頁）。

124 《周書》卷五〈武帝紀上〉，第八五頁。

125 佛教史上素有「三武一宗」滅佛浩劫說法，北周武帝即是其中之一。

126 釋道宣，《大唐內典錄》卷五上〈歷代眾經傳譯所從錄第一之五・隋朝〉記載：「時屬相州沙門寶暹、道邃、智周、僧威、法寶、僧曇、智照、僧律等十有一人，以齊武平六年相結西遊，往還七載，凡得梵經二百六十部，迴到突厥聞周滅齊，併毀佛法，進無所歸，退則不可，遷延彼間（案：指東突厥），遂逢志德……。」（第九四頁）。道宣撰，郭紹林點校，《續高僧傳》卷第二〈隋西京大興善寺北賢豆沙門闍那崛多傳〉記載：「有齊僧寶暹、道邃、僧曇等十人，以武平六年相結同行，採經西域，往返七載，將事東歸，凡獲梵本二百六十部。迴至突厥，俄屬齊亡，亦投彼國，因與同處，講道相娛。」（第三九頁）。

127 北周自建德三年正月以後，東突厥與北周幾無往來，而周武帝滅佛也正是在同年的五月。由此可得知東突厥與北周關係的轉變，與周武帝的滅佛有關。

128 《北齊書》卷一二〈范陽王紹義傳〉，第一五七頁；《周書》卷六〈武帝紀下〉，第一〇一頁、卷五〇〈異域傳下・突厥〉，第九一二頁。王小甫，〈隋初與高句麗及東北諸族關係試探——以高寶寧據營州為中心〉，《國學研究》第四卷（一九九六年），第一五七－一七六頁。

129 平田陽一郎，〈突厥他鉢可汗の即位と高紹義亡命政権〉，《東洋文庫》，第八二卷第二期（二〇〇四年九月），第一五一－一八四頁。

高祖太穆皇后竇氏，京兆始平人，隋定州總管．神武公毅之女也。……周武帝特愛重之，養於宮中。時武帝納突厥女為后，無寵，后尚幼，竊言於帝曰：「四邊未靜，突厥尚強，願舅抑情撫慰，以蒼生為念。但須突厥之助，則江南、關東不能為患矣。」武帝深納之。[130]

上引竇毅女語，時間推測是在建德三年至建德六年，也就是北周與東突厥關係停滯惡化階段，此時周武帝對待阿史那皇后已從原先的「深敬禮」轉變為「無寵」。宣政元年四月，東突厥入寇幽州，殺掠吏民，五月，武帝總戎，出雲陽北伐，兩國已瀕臨軍事交戰，豈料武帝疾甚，班師返回長安，不久崩逝。[131]

宣帝即位後，放縱無道，殘殺宗室，北周政局陷入混亂，不久宣帝傳位給皇太子。大象二年（五八〇）五月，宣帝暴崩，新主靜帝幼弱，政權實際掌握在外戚楊堅手中。次年（五八一）二月，楊堅廢靜帝建隋，北周亡。此時東突厥他鉢可汗亦病逝，由阿史那攝圖嗣東突厥大可汗位，是為伊利俱盧設莫何始波羅可汗（一號沙鉢略可汗，五八一－五八七在位）。周武帝崩逝後，宣政元年（五七八）六月，宣帝立阿史那氏為皇太后；大象元年（五七九）二月，宣帝自稱為天元皇帝，阿史那氏改稱為「天元皇太后」；大象二年二月，宣帝又因改「制詔」為「天制詔」，阿史那氏再改稱為「天元上皇太后」。宣帝崩逝，靜帝尊阿史那氏為「太皇太后」。

楊堅代周建隋後，沙鉢略可汗於開皇元年（五八一）九月遣使向隋入貢，[132]對於沙鉢略的遣使，楊堅態度如何？《隋書．突厥傳》記載道：

沙鉢略勇而得眾，北夷皆歸附之。及高祖受禪，待之甚薄，北夷大怨。[133]

杜佑，《通典．突厥上》記：

周武帝之婚於木杆也，突厥錦衣肉食在長安者且以萬數。至隋初，並遣之。突厥大怨。[134]

楊堅為何甫建政權即待東突厥甚薄，停止居留長安的東突厥人錦衣肉食的供給並將其逐離隋境？推測其中原因是楊堅篡北周前夕，尉遲迥舉兵反叛，並「北結高寶寧以通突厥，南連陳人，許割江、淮之地」；[135]迨隋朝建立後，沙鉢略可汗又聯合北齊營州刺史高寶寧攻陷臨渝鎮。[136]以尉遲迥為首的「三方

130 《舊唐書》卷五一〈后妃傳上．高祖太穆皇后竇氏〉，第二一六三頁。又可參看《新唐書》卷七六〈后妃傳上．高祖太穆順聖皇后竇氏〉，第三四六八頁。

131 《周書》卷六〈武帝紀下〉，第一〇六頁、卷四〇〈宇文神舉傳〉，第七一五頁。

132 《隋書》卷一〈高祖紀上〉，第一六頁。

133 《隋書》卷八四〈北狄傳．突厥〉，第二〇九九頁；《北史》卷九九〈突厥傳〉，第三二九一頁。

134 杜佑撰，王文錦、王永興、劉俊文、徐庭雲、謝方點校，《通典》卷一九七〈邊防典十三．北狄四．突厥上〉，第五四〇五頁。案：《周書》卷五〇〈異域傳下．突厥〉記載：「俟斤死，弟他鉢可汗立。……朝廷既與和親，歲給繒絮錦綵十萬段。東突厥在京師者，又待以優禮，衣錦食肉者，常以千數。」（第九一一頁）；北宋．王欽若等編纂，周勛初等校訂，《冊府元龜（校訂本）》（南京：鳳凰出版社，二〇〇六年）卷九七四〈外臣部（十九）．褒異〉所記與《周書》同（第一一二七三頁）。《通典．突厥上》所記「突厥錦衣肉食在長安者且以萬數」當為「千數」之誤。

135 《周書》卷二一〈尉遲迥傳〉，第三五一頁。

136 《隋書》卷八四〈北狄傳．突厥〉，第二〇九九－二一〇〇頁。據《隋書》卷五一〈長孫覽傳附晟〉記載：「至開皇元年，攝圖……因與高寶寧攻陷臨渝鎮，約諸面部落謀共南侵。高祖新立，由是大懼，修築長城，發兵屯北境，命陰壽鎮幽州，虞慶則鎮并州，屯兵數萬人以為之備。」（第一四九八頁）。可知此事是發生在開皇元年，楊堅即帝位不久之時。

之亂」聲勢浩大，一度危及楊堅及其關隴集團，[137]東突厥支持尉遲迥反叛，其後又聯合北齊殘餘勢力入寇隋境，使楊堅決定改變北周以來厚結東突厥的外交政策，積極抵禦東突厥入侵。

開皇元年，隋與東突厥已有多次軍事衝突；[138]開皇二年，東突厥入侵頻率明顯增加，[139]就在同年五月東突厥大規模侵隋的前夕，[140]阿史那皇后過世。學者指出，從出土的「阿史那皇后墓誌」，體量很小、刻工簡陋，且錯刻卒逝的干支日期，此可能與阿史那氏是作為已亡國的北周皇太后有關。[141]若我們從隋初與東突厥發展的角度檢視，則阿史那皇后的墓誌誌文刻工粗陋，干支錯置，更可能是因為隋朝與東突厥關係緊張所致，我們甚至不能排除阿史那氏在開皇二年四月卒逝，有其他的因素。[142]

三、阿史那氏和親對中原文化的影響

阿史那氏的和親，是北周與東突厥一場政治的聯姻，代表著北周對北齊外交競逐中的勝利。從北周歷史發展的角度觀察，阿史那氏入周後，在政治方面似乎沒有重大的影響力。然而，從文化史的角度觀察，則此次阿史那氏和親，對於中原文化在音樂、舞蹈方面，帶來了重大的影響。《舊唐書・音樂志》記載：

> 周武帝聘虜女為后，西域諸國來媵，於是龜茲、疏勒、安國、康國之樂，大聚長安。胡兒令羯人白智通教習，頗雜以新聲。[143]

《隋書・音樂志》記載：

137 黃永年，《六至九世紀中國政治史》（上海：上海書店出版社，二〇〇四年），第五〇－五四頁。有關尉遲迥為首的「三方之亂」始末及其影響，可參看李鴻賓，〈尉遲迥事變及其結局——新舊時代轉變的表徵〉，《隋唐五代諸問題研究》（北京：中央民族大學出版社，二〇〇六年），第一七五－一八六頁。

138 《隋書》卷三九〈陰壽傳〉記載：「開皇初，（高寶寧）又引突厥攻圍北平。」（第一三〇二頁）、卷五三〈劉方傳附馮昱〉記載：「開皇初，又以（馮昱）行軍總管屯乙弗泊以備胡。突厥數萬騎來掩之，昱力戰累日，眾寡不敵，竟為虜所敗，亡失數千人，殺虜亦過當。」（第一五二九頁）、卷五五〈周搖傳〉云：「開皇初，突厥寇邊，燕、薊多被其患……拜（周搖）為幽州總管六州五十鎮諸軍事。搖修鄣塞，謹斥候，邊民以安。」（第一五五〇頁）、卷七四〈酷吏傳·崔弘度〉記載：「開皇初，突厥入寇，（崔）弘度以行軍總管出原州以拒之。虜退，弘度進屯靈武。月餘而還，拜華州刺史。」（第一九〇五頁）。由此可知開皇元年，東突厥已數度犯隋。

139 《隋書》卷一〈高祖紀上〉記載：「（開皇二年）四月，……庚寅（十七日），大將軍韓僧壽破突厥於雞頭山，上柱國李充破突厥於河北山。」（第一七頁）、卷三九〈豆盧勣傳〉記載：「開皇二年，突厥犯塞，以（豆盧）勣為北道行軍元帥以備邊。」（第一一三一頁）、卷五二〈韓擒虎傳附僧壽〉記載：「尋以行軍總管擊突厥於雞頭山，破之。」（第一五一二頁）、卷五四〈李衍傳〉記載：「明年（開皇二年），突厥犯塞，（李衍）以行軍總管率眾討之，不見虜而還。」（第一五三四－一五三五頁）。又可參看司馬光，《資治通鑑》卷一七五〈陳紀九〉，宣帝太建十四年四月庚寅條，第五四五六頁。

140 開皇二年五月，沙鉢略可汗率五可汗以四十萬之眾侵隋，詳見《隋書》卷一〈高祖紀上〉，第一七頁、卷五一〈長孫覽傳附晟〉，第一四九九頁、卷五三〈達奚長儒傳〉，第一五二〇頁、卷八四〈北狄傳·突厥〉，第二一〇〇頁；司馬光，《資治通鑑》卷一七五〈陳紀九〉，宣帝太建十四年五月己未條，第五四五六頁。

141 曹發展，〈北周武帝陵誌、后誌、后璽考〉，第四四頁；張延峰，〈咸陽渭城北周墓及相關問題〉，第五二頁；侯養民、穆渭生，〈北周武帝孝陵三題〉，第四二頁。

142 侯養民、穆渭生，〈北周武帝孝陵三題〉，指出自阿史那氏和親南嫁周武帝之後十餘年間，突厥未犯周境。是故楊堅代周建隋之後，善待亡周之阿史那皇太后（第四二頁）。我們有不同的看法：阿史那氏和親入周至楊堅代周建隋，突厥並非未曾犯周境，《周書·武帝紀下》記載宣政元年四月「庚申，突厥入寇幽州，殺掠吏民。」（第一〇六頁），而楊堅建隋之初，隋與突厥多次發生衝突。由現存史料及出土文物，我們尚不能得知楊堅如何對待阿史那氏，但從隋初與東突厥雙方關係緊張，阿史那氏又是亡國的皇太后來看，其處境應該十分艱困。

143 《舊唐書》卷二九〈音樂志二〉，第一〇六九頁。

> 先是周武帝時，有龜茲人曰蘇祗婆，從突厥皇后入國，善胡琵琶。……康國，起自周代，帝娉北狄為后，得其所獲西戎伎，因其聲。歌曲有《戢殿農和正》，舞曲有《賀蘭鉢鼻始》、《末奚波地》、《農惠鉢鼻始》、《前拔地惠地》等四曲。樂器有笛、正鼓、加鼓、銅拔等四種，為一部。工七人。[144]

王溥，《唐會要．西戎五國樂》記載：

> 及周武帝聘突厥女為后，西域諸國皆來賀，遂薦有龜茲、疏勒、康國、安國之樂。[145]

王欽若，《冊府元龜．夷樂》又載道：

> 後周武帝保定五年，皇后阿史那氏至自突厥，得其所獲康國、龜茲等樂，更雜以高昌之舊。初，太祖輔魏之時，高昌欵附，乃得其妓，教習以備享宴之禮。又云：康國起自周閔帝（案：當為周武帝）聘北狄女為后，得所獲西戎狄伎，因得其聲。樂器有笛、正鼓、銅鈸等為一部，工七人。並於太樂習焉，採用其聲，被於鐘石，取《周官》制陳之。又云：武帝娉虜女為后，西域諸國來媵，如龜茲、疎勒、康國之樂，大聚長安。胡兒令羯人白智通教習，雜以新聲。[146]

隨著阿史那氏入周，龜茲、疎勒、安國、康國、高昌等大批西域樂舞藝術及藝伎也來到長安，把西域音樂、舞蹈、樂器以及表演藝術傳入中原。[147]受到阿史那皇后與西域樂舞的影響，周武帝也喜愛西域樂舞。《北齊書．廣寧王孝珩傳》記載：

144 《隋書》卷一四〈音樂志中〉，第三七四頁、卷一五〈音樂志下〉，第四一〇頁。

145 王溥，《唐會要》卷三三〈四夷樂．西戎五國樂〉，第七二四頁。

146 王欽若等編纂，周勛初等校訂，《冊府元龜（校訂本）》卷五七〇〈掌禮部（八）．作樂第六．夷樂〉，第六五六五頁。

147 龜茲樂可細分為「土龜茲樂」、「西國龜茲樂」與「齊朝龜茲樂」三種，其源流學者間有不同的看法：岸邊成雄著，梁在平、黃志炯譯，《唐代音樂史的研究》（《唐代音楽の歴史的研究（楽制篇）》，東京：東京大學出版會，一九六〇年，中文譯本為臺北：臺灣中華書局，一九七三年），認為從文化史及音樂史的角度推測，土龜茲即土著龜茲文化，西國龜茲似可解為受印度或伊朗系的西方文化強烈影響下的龜茲文化，齊朝龜茲則係指以高昌為中心，受中國、回紇、西藏文化影響混和而成所謂的「支那回紇文化」（第五二三－五二四、五三六頁）；沈冬，〈隋唐西域樂部與樂律之研究〉（臺北：國立臺灣大學中文研究所，未刊本博士論文，一九九一年），認為西國龜茲指從西域傳入的龜茲新樂，齊朝龜茲是流行於北齊的龜茲音樂，土龜茲為流行於北周關中地區因而習染土風的龜茲樂（第六〇頁）；宋德熹，《陳寅恪中古史學探研——以《隋唐制度淵源略論稿》為例》（臺北：稻鄉出版社，一九九九年），認為齊朝指北齊，西國龜茲樂疑指北周，龜茲樂傳入北周是源於北周武帝娶阿史那皇后，間接由突厥（北狄）獲得（第九六頁）；介永強、穆渭生，〈《隋書》所載三部「龜茲樂」名稱新解〉，《社會科學戰線》，二〇一〇年第七期（二〇一〇年七月），主張土龜茲樂約在後秦時傳入長安；西國龜茲樂是阿史那氏和親所帶來；齊朝龜茲樂是北周滅北齊後傳入（第九三－九八頁）。龜茲樂雖在後秦時已傳入，然從《舊唐書．音樂志》、《唐會要．西戎五國樂》等記載，龜茲、疏勒、安國、康國等大量西域樂舞傳入長安，是在阿史那氏和親之時。畢波，《中古中國的粟特胡人——以長安為中心》（北京：中國人民大學出版社，二〇一一年），研究指出：北周前期長安城中的粟特胡人還很少見，粟特胡人對長安社會的影響也無從看出。隨著周武帝迎娶突厥木杆可汗之女阿史那氏為后，西域諸國的音樂和樂工也一同進入北周宮廷，北周後期，粟特胡人的影響與日俱增，無論是在宮廷或是在社會上，颳起一陣樂舞「胡風」（第四五－四七頁）。

後周武帝在雲陽，宴齊君臣，自彈胡琵琶，命孝珩吹笛。辭曰：「亡國之音，不足聽也。」固命之，舉笛裁至口，淚下嗚咽，武帝乃止。[148]

《周書．蕭詧傳附蕭巋》記載：

及高祖平齊，（蕭）巋朝於鄴。……及酒酣，高祖又命琵琶自彈之。仍謂巋曰：「當為梁主盡歡。」巋乃起，請舞。高祖曰：「梁主及能為朕舞乎？」巋曰：「陛下既親撫五絃，臣何敢不同百獸。」高祖大悅，賜雜繒萬段，良馬數十匹，并賜齊後主妓妾，及常所乘五百里駿馬以遺之。[149]

上述兩條材料，時間都是在阿史那氏和親入周之後。從引文中可知，周武帝善彈胡琵琶，而胡琵琶正是龜茲、疎勒、安國、高昌的重要樂器之一，[150]可見周武帝亦受到西域胡樂的影響，[151]隨之所帶來的結果是龜茲、疏勒、安國、康國等皇后陪嫁樂工「並於太樂習焉」，北周的雅樂也羼用了康國、龜茲、高昌等西域胡聲，[152]使當時關中地區胡俗音樂大為流行。[153]

除了西域音樂、樂器傳入中原，龜茲人蘇祇婆亦帶來西域宮調理論，使中原傳統的宮調發生了變化，《隋書．音樂志》有著詳細的記載：

有龜茲人曰蘇祇婆，從突厥皇后入國，……聽其所奏，一均之中間有七聲。（鄭譯）因而問之，答云：「父在西域，稱為知音。代相傳習，調有七種。」以其七調，勘校七聲，冥若合符。一曰「娑陁力」，華言平聲，即宮聲也。二曰「雞識」，華言長聲，即商聲也。三曰「沙識」，華言質直聲，即角聲也。四曰「沙侯加濫」，華言應聲，即變徵聲也。五曰「沙臘」，華言應和聲，即徵聲也。六曰「般贍」，華言五聲，即羽聲也。七曰「俟利箑」，華言斛牛聲，即變宮聲也。譯因習而彈之，始得七聲之正。然其就此七調，又有五旦之名，旦作七調。以華言譯之，旦者則謂「均」也。其聲亦應黃鍾、太蔟、林鍾、南呂、姑洗五均，已外七律，更無調聲。譯遂因其所捻琵琶，絃柱相飲為均，推演其聲，更立七均。合成十二，以應十二

148 《北齊書》卷一一〈文襄六王傳．廣寧王孝珩〉，第一四五—一四六頁。

149 《周書》卷四八〈蕭詧傳附蕭巋〉，第八六四—八六五頁。

150 《隋書》卷一五〈音樂志下〉記載：「龜茲者，……其樂器有豎箜篌、琵琶、五弦、……等十五種，……疏勒，……樂器有豎箜篌、琵琶、五弦、……等十種，……安國，……樂器有箜篌、琵琶、五弦、……等十種，……。」（第四〇九—四一一頁）；杜佑撰，王文錦、王永興、劉俊文、徐庭雲、謝方點校，《通典》卷一四六〈樂典六．四方樂〉亦有載：「《高昌樂》，……樂用……五絃琵琶二，琵琶二，……《龜茲樂》，……樂用豎箜篌一，琵琶一，五絃琵琶一，……《疏勒樂》，……樂用豎箜篌一、琵琶一、五絃琵琶一，……《安國樂》，……樂用琵琶一、五絃琵琶一，……。」（第三七二三—三七二四頁）。比較兩書〈音樂志〉的記載，《隋書》所記的「五弦」，應該就是《通典》所記的「五絃琵琶」。

151 畢波，《中古中國的粟特胡人——以長安為中心》，推測周武帝可以自彈胡琵琶，其琵琶演奏技藝很可能學自宮廷內那些跟隨突厥皇后前來的粟特胡人，當時胡人、胡樂的影響於此也可略窺一斑（第四六頁）。

152 宋德熹，《陳寅恪中古史學探研——以《隋唐制度淵源略論稿》為例》，第八六—八七頁。

153 沈冬，《唐代樂舞新論》（北京：北京大學出版社，二〇〇四年），指出北周武帝所聘阿史那皇后帶來西域五國胡樂，聚於長安，為隋唐燕樂樂部體制規模奠定了雛形（第四二頁）。

> 律。律有七音，音立一調，故成七調十二律，合八十四調，施轉相交，盡皆和合。[154]

龜茲位處絲綢之路的要衝之地，自古即有好歌舞的傳統，是西域地區樂舞的代表，特別是「管絃伎樂，特善諸國」。[155]蘇祇婆生於龜茲音樂世家，父親在西域即是以「知音」著稱。蘇祇婆隨著阿史那氏和親來到北周，同時將龜茲樂宮調理論帶入中原。隋初，鄭譯曾與蘇祇婆討論過這種融合古印度與伊朗文化的龜茲宮調音樂理論，從而學習龜茲樂中的「五旦」（音階）與「七調」（調式），[156]並在此基礎理論上，更進一步提出十二律旋相為宮和七聲旋相為調的八十四調樂律理論體系。鄭譯將蘇祇婆的龜茲音樂理論修改後，「作書二十餘篇，以明其指」。[157]鄭譯提出的樂律理論，在中國中古音階調式發展演變上，是一個重要的里程碑，對日後隋唐雅樂、燕樂等宮調理論的發展、琵琶推演之法，有著既深且劇的影響。[158]

西域樂多配有舞蹈，史籍在記載四夷樂者，多會記載樂舞人數。[159]北朝隋唐時期，西域地區的樂舞中，以胡騰舞、胡旋舞、柘枝舞三種舞蹈最為著名。「胡舞」何時傳入中原？沒有明確的記載，張騫出使西域時，曾將西域胡舞、胡曲帶入中原。王欽若，《冊府元龜．夷樂》記載：

> 武帝時博望侯張騫入西域得胡角，傳其法於西京，橫吹雙角即胡舞也，惟得摩訶兜勒一曲。李延年因胡曲便造新聲二十八解，乘輿以為樂舞。[160]

《後漢書．五行志》亦記載漢靈帝好「胡舞」，[161]可知至遲在兩漢時代，中原已有胡舞，不過我們不能確知這種「胡舞」是否就是西域的胡騰等三舞。[162]從現存墓葬圖像與史籍的載記，「胡騰舞」大約在北魏遷都洛陽以前已傳入，北朝時期所指的「胡舞」，可能都是胡騰舞。[163]「胡旋舞」傳入中原的時間，

154 《隋書》卷一四〈音樂志中〉，第三七四頁。

155 唐・玄奘、辯機原著，季羨林等校注，《大唐西域記校注》（北京：中華書局，二〇〇〇年）卷一〈屈支國〉，第五四頁。案：屈支國，即是龜茲（kutsi）的不同譯法。范旅，〈「胡楽・胡舞」探究——日・中芸能史研究の課題として——〉，《日本大学芸術学部紀要》，第三二期（二〇〇〇年七月），龜茲是天山北道文化的中心地帶，不僅是西域音樂最大的中心地，龜茲伎也是「十部伎」當中的主軸，從西域地區傳入中原的樂舞，以龜茲樂舞最早（第九六頁）。

156 有關蘇祇婆的「五旦」、「七調」與中原傳統音樂的音階與調式對應與區別，可參看祝波，〈蘇祇婆與「五旦七調」理論〉，《黃鐘（中國・武漢音樂學院學報）》，二〇〇六第S1期（二〇〇六增刊），第四一－四四頁。

157 《隋書》卷一四〈音樂志中〉，第三七四－三七五頁。

158 祝波，〈北周「和親」與隋唐音樂芻議〉，《貴州大學學報（藝術版）》，第二〇卷第四期（總第五〇期）（二〇〇六年十二月），第五一－五四、六五頁；沈冬，〈隋代開皇樂議研究〉，《新史學》，第四卷第一期（一九九三年三月），第一－四二頁。

159 例如《舊唐書》卷二九〈音樂志二〉記載：《高麗樂》舞者四人、《百濟樂》，舞二人、《扶南樂》，舞二人、《天竺樂》，舞二人、《高昌樂》，舞二人、《龜茲樂》，舞者四人、《疏勒樂》，舞二人、《康國樂》，舞二人、《安國樂》，舞二人（第一〇六九－一〇七一頁）。

160 王欽若等編纂，周勛初等校訂，《冊府元龜（校訂本）》卷五七〇〈掌禮部（八）・作樂第六・夷樂〉，第六五五六五頁。

161 《後漢書》卷一三〈五行志一・服妖〉，第三二七二頁。

162 西晉・陳壽撰，南朝宋・裴松之注，《三國志》（北京：中華書局，一九七三年）卷二一〈魏書・邯鄲淳傳〉引魚豢，《魏略》云：「會臨菑侯（曹）植亦求（邯鄲）淳，太祖遣淳詣植。植初得淳甚喜，延入坐，不先與談。時天暑熱，植因呼常從取水自澡訖，傅粉。遂科頭拍袒，胡舞五椎鍛，跳丸擊劍，……。」（第六〇三頁）。曹植所跳「五椎鍛」胡舞，可能不是西域胡騰等三舞。

163 張慶捷，〈北朝隋唐粟特的「胡騰舞」〉，《法國漢學》叢書編輯委員會編，《粟特人在中國——歷史、考古、語言的新探

史籍有明確記載的是在唐玄宗開元七年（七一九），[164]西域諸國中，康國、米國、史國、俱密國等，皆善長胡旋舞，其中又以康國為最，謂之「康國舞」。[165]阿史那氏和親時，帶有安國、康國樂及伎人，胡旋舞可能就在此時傳入長安。[166]不僅西域粟特地區擅長胡旋舞，突厥也有胡旋舞，《舊唐書．武承嗣子延秀傳》記載：

> 延秀，承嗣第二子也。則天時，突厥默啜上言有女請和親，制延秀與閻知微俱往突厥，將親迎默啜女為妻。既而默啜執知微，入寇趙、定等州，故延秀久不得還。……延秀久在蕃中，解突厥語，常於（安樂公主）主第，延秀唱突厥歌，作胡旋舞，有姿媚，主甚喜之。[167]

《新唐書．安祿山傳》記載：

> 安祿山，營州柳城胡也，本姓康，母阿史德，為覡，居突厥中，禱子於軋犖山，虜所謂鬬戰神者，既而妊。……少孤，隨母嫁虜將安延偃。……晚益肥，腹緩及膝，奮兩肩若挽牽者乃能行，作《胡旋舞》帝前，乃疾如風。[168]

武延秀在被拘留突厥期間，學習突厥語及胡旋舞；以擅跳胡旋舞的安祿山是康國與突厥的混血，可見突厥亦流行胡旋舞蹈。突厥的胡旋舞，可能也來自於粟特地區，[169]從土門建國前，宇文泰派遣粟特人安諾槃陁出使東突厥，可知早在突厥建國前後已與粟特胡接觸，及至木杆、他鉢可汗之世，粟特胡在東突厥

已占據要職，粟特文一度是東突厥汗國的官方通行文字。[170]是以，木杆可汗時代，當時的東突厥可能已

索》（北京：中華書局，二〇〇五年），第三九〇－四〇一頁；林春、李金梅，〈古代中亞的胡騰舞考釋〉，《敦煌學輯刊》，二〇一〇年第一期（二〇一〇年三月），第一二七－一三三頁。

164 王欽若等編纂，周勛初等校訂，《冊府元龜（校訂本）》卷九七一〈外臣部（十六）．朝貢四〉記載：「（開元七年）五月，俱密國遣使獻胡旋女子及方物。」（第一一二三八頁）。

165 杜佑撰，王文錦、王永興、劉俊文、徐庭雲、謝方點校，《通典》卷一四六〈樂典六．四方樂〉記載：「《康國樂》，……舞急轉如風，俗謂之胡旋。」（第三七二四頁）。

166 柴劍虹，〈胡旋舞散論〉，《西域文史論稿》（臺北：國文天地雜誌社，一九九一年），周武帝娶阿史那氏時，胡旋舞確已傳入內地（第二〇九－二一〇頁）；羅豐，〈隋唐間中亞流傳中國之胡旋舞——以新獲寧夏鹽池石門胡舞為中心〉，鄭學檬主編，《唐文化研究論文集》（上海：上海人民出版社，一九九四年），胡旋舞大致應當在北周時期就已傳入中國，並與其他樂舞大聚長安（第八三九頁）；謝建忠，〈白居易詩中的西域樂舞考論（一）〉，《四川三峽學院學報》，第一五卷第三期（一九九九年九月），胡旋舞樂傳入中原的時間，可上推到北周（第三九頁）；李金梅、路志峻，〈古代中亞的胡旋舞考釋〉，《敦煌研究》，二〇一〇年第三期（總第一二一期）（二〇一〇年六月），北周時，隨突厥公主阿史那氏來長安的中亞各地胡舞藝人表演曾轟動長安（第四三頁）。

167 《舊唐書》卷一八三〈外戚傳．武承嗣子延秀〉，第四七三三頁。

168 《新唐書》卷二二五上〈逆臣傳上．安祿山〉，第六四一一、六四一三頁。王欽若等編纂，周勛初等校訂，《冊府元龜（校訂本）》卷八八三〈總錄部（一三三）．形貌〉記載：「安祿山垂肚過膝，自稱得三百五十斤。每朝見，玄宗戲之曰：『朕適見卿肚幾垂至地。』祿山每行，以肩膊左右擡挽其身，方能移步。玄宗令前作胡旋舞，疾如風。」（第一〇二六五頁）。

169 羅雄岩，〈「胡旋舞」與綠洲文化傳承新考〉，《北京舞蹈學院學報》，二〇〇二年第四期（二〇〇二年十二月），第四〇－四六、四八頁。除了舞蹈外，粟特人的人物像藝術特點也影響突厥的石刻造像，參看林俊雄，〈突厥の石人に見られるソグドの影響——とくに手指表現に焦点を当てて——〉，《創価大学人文ロンソン》，第五輯（一九九三年三月），第二七－四四頁、林俊雄，《ユーラシアの石人》（東京：雄山閣，二〇〇五年），第一八九－一九二頁。

170 有關粟特胡人進入東突厥的時間，學界有不同的看法，有的主張早在東突厥建國的土門時代，突厥部落已有粟特人活動；有

有胡旋舞，阿史那氏和親時，也極可能將胡旋舞一併與西域樂舞藝伎，帶入北周。

四、武德皇后墓誌及孝陵相關文物發現的重要性

武德皇后阿史那氏墓誌的出土與北周武帝孝陵的發現，對於北周歷史的研究以及北周帝陵墓葬形式及墓葬地點等內容，提供許多新的信息，具有相當的重要性。

史籍僅記載阿史那皇后卒逝於隋文帝開皇二年，「北周武德皇后墓誌」則更加明確記載阿史那氏卒逝的時間是在開皇二年四月二十三日，並於同月二十九日合葬於周武帝孝陵，墓誌內容不僅填補史籍的不足，同時也校正了《北史》載記上的錯誤。「北周武德皇后墓誌」連同「陵誌」，已被中國大陸列為國家一級文物。

周武帝與阿史那皇后合葬的孝陵曾多次被盜掘，陪葬品已大量流失。[171]除了在一九九三年底，追回武德皇后墓誌外，一九九六年六月十三日，咸陽市渭城區公安分局文物派出所，又追回同樣陪葬於孝陵的阿史那皇后「天元皇大（太）后璽」（以下省稱「后璽」），現藏於陝西省咸陽市渭城區文物保護中心（見本文末第一二六頁〔附圖二〕）。[172]阿史那氏被尊稱為「天元皇太后」是在周宣帝大象元年（五七九）二月至二年（五八〇）二月間，[173]因此，「后璽」製作時間應是在周靜帝大象元年，是阿史那氏生前使用的印璽。此璽係純金質地，重達八〇二．五六公克，長四．四五公分，寬四．五五公分，厚一．九五公分，呈近方形台柱型璽體，璽與鈕分模合鑄，通高四．七公分。璽面篆書陽刻「天元皇大（太）后璽」六字，字體大小不等，其中「皇」與「璽」兩字相等而較大，各占璽面下半部一個單獨的字區；「天元」與「大（太后）」四字相等而較小，兩字合占上半部的一個字區。[174]有關北朝皇后印

璽，《隋書・禮儀志》記載道：

河清中，改易舊物，著《令》定制云。……皇太后、皇后璽，並以白玉為之，方一寸二分，螭

的認為直到隋朝時期都藍可汗時代甚至是唐初的頡利可汗，粟特胡人才出現在蒙古地區諸突厥可汗汗庭，詳參護雅夫，〈東突厥国家内部におけるソグド人〉，《古代トルコ民族史研究》，I，第六一－九三頁；江上波夫著，張承志譯，《騎馬民族國家》（《騎馬民族国家：日本古代史へのアプローチ》，東京：中央公論社，一九八四年，譯本為北京：光明日報出版社，一九八八年），第四八－四九頁；拙文，〈大業十一年（六一五）「雁門事變」探微〉，原刊於《東吳歷史學報》，第二四期（二〇一〇年十二月），第二〇一－二二二頁，增訂修改收入《西突厥與隋朝關係史研究（五八一－六一七）》，第三八三－三八四頁。當然，在粟特人樂舞方面影響東突厥的同時，隨著粟特人進入東突厥並長期留居漠北，粟特人生計方式、組織形式、族群認同等方面，也逐漸具有游牧化、突厥化的特徵。參看彭建英，〈東突厥汗國屬部的突厥化——以粟特人為中心的考察〉，《歷史研究》，二〇一一年第二期（二〇一一年六月），第四－一五頁。

171 孝陵曾先後多次被盜墓者盜掘，一九九三年十二月至一九九四年一月，咸陽市考古研究所對陵墓進行鑽探調查，發現有七個舊盜洞；一九九四年九月，孝陵再度遭到盜掘，因此陝西省文物局在上報中國國家文物局後，才開始對陵寢進行搶救性發掘。參看張建林、孫鐵山、劉呆運執筆，〈北周武帝孝陵發掘簡報〉，第八頁；張延峰，〈咸陽渭城北周墓及相關問題〉，第五〇－五一頁。

172 有關阿史那皇后的「天元皇太后璽」追回過程，可參看梁開利，〈北周「天元皇太后璽」盜賣案偵破始末〉，《文博》，一九九七年第二期（一九九七年四月），第八八－八九頁。

173 大象元年二月辛巳（二十日），周宣帝下詔「傳位於皇太子衍」，自稱天元皇帝，並尊皇太后阿史那氏為「天元皇太后」；大象二年二月壬午（二十六日），改尊天元皇太后為「天元上皇太后」。是以，阿史那氏被尊為天元皇太后的時間僅有大象元年二月至二年二月間。上述時間，參看《周書》卷七〈宣帝紀〉，第一一九、一二二頁。

174 曹發展，〈北周武帝陵志、后志、后璽考〉，第四四頁；張延峰，〈咸陽渭城北周墓及相關問題〉，第五二頁；侯養民、穆渭生，〈北周武帝孝陵三題〉，第四二頁。

獸鈕，文各如其號。……（後周）皇后璽，文曰「皇后之璽」，白玉為之，方寸五分，高寸，麟鈕。[175]

出土的「后璽」屬金質，此與史籍載記的玉質不合，但其長度符合「寸五分」的標準（北周一寸約合今〇·二九六公分）。北周宣帝年間，國典朝儀屢有變革，《周書·宣帝紀》即有云：

（宣帝）唯自尊崇，無所顧憚。國典朝儀，率情變改，後宮位號，莫能詳錄。……每召侍臣論議，唯欲興造變革，未嘗言及治政。[176]

是以，北周末年的官印制度，亦處於一種動態的狀態，《隋書》記載並不能完全體現實際的變化。隋唐之制皇后、皇太后印璽採用金質，陽文印式以及印文呈兩行排列的章法等，乃是承接北周使用金璽的變革，反映出北周末年改用金璽，成為隋唐制度的淵源。[177]「后璽」的發現，不僅可以印證北周宣帝改制的歷史，同時此一印璽也是迄今為止，中國大陸所見唯一的一枚金質皇太后之璽，已被鑑定為國家一級藏品，屬國寶級的文物。

孝陵除了有阿史那氏的「北周武德皇后墓誌」、「后璽」以及周武帝的「陵誌」等三件珍貴文物外，其他各類隨葬器物近三百件，也為我們研究北周手工業發展，提供了重要的材料。[178]此外，從孝陵的墓葬構築形式、合葬方式，也使我們對於北周帝陵制度與布局，有了更明確的認識和瞭解，這些都可填補史籍記載上的空白。北周帝陵除了孝陵外，還有孝閔帝宇文覺的靜陵、明帝宇文毓的昭陵、宣帝宇文贇的定陵、靜帝宇文衍的恭陵等，孝陵的發現又為我們日後尋找北周其他帝陵的墓葬地點，帶來了新的可能性。

175 《隋書》卷一一〈禮儀志六〉，第二五八、二六三、二七一頁。
176 《周書》卷七〈宣帝紀〉，第一二五頁。
177 孫慰祖，〈從「皇后之璽」到「天元皇太后璽」——陝西出土帝后璽所涉印史二題〉，《上海文博論叢》，二〇〇四年第四期（二〇〇四年十二月），第九四－九五頁。
178 已有學者開始對孝陵出土隨葬器物，結合北周時期其他墓葬出土的文物展開研究，詳參倪潤安，〈北周墓葬的地下空間與設施〉，第六〇－七九頁；倪潤安，〈北周墓葬俑群研究〉，《考古學報》，二〇〇五年第一期（二〇〇五年三月），第二七－五四頁；倪潤安，〈西魏北周墓葬的發現與研究述評〉，《考古與文物》，二〇〇二年第五期（二〇〇二年一〇月），第八六－九二頁。

誌主世系

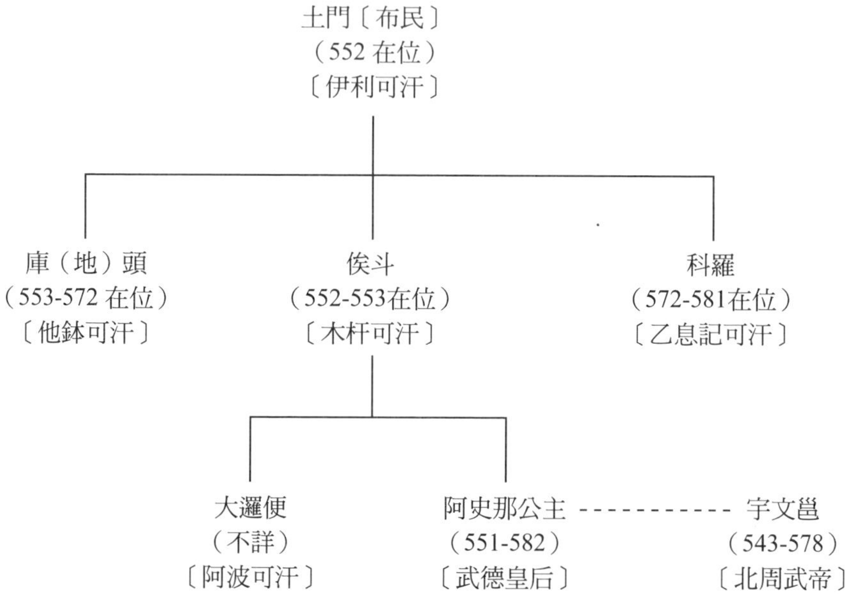

圖例：

———————— 表父子（女）關係

-------------------- 表婚媾關係

〔圖一〕北周武德皇后阿史那氏墓誌蓋及墓誌誌文拓本

墓誌蓋

周武德
皇后誌

墓誌誌文

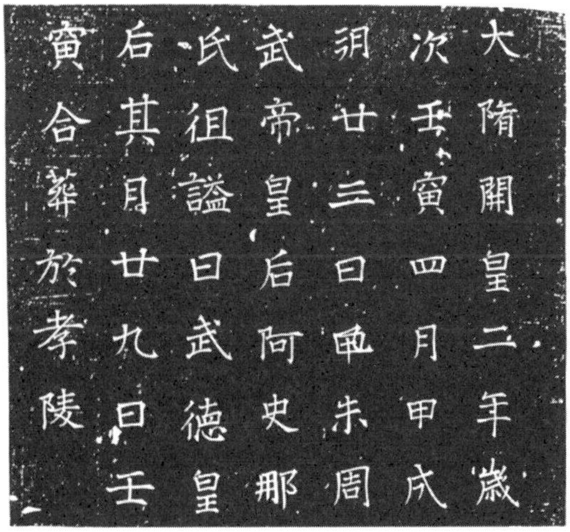
大隋開皇二年歲
次壬寅四月甲戌
朔廿三日丙申周
武帝皇后阿史那
氏祖謚曰武德皇
后其月廿九日壬
寅合葬於孝陵

〔圖二〕天元皇大（太）后璽

〔附表〕西魏北周與東突厥關係大事表

時間	大事	出處	備考
西魏文帝大統六年（五四〇）	宇文忻從北周齊王憲討突厥。	《隋書・宇文忻傳》	
西魏文帝大統八年（五四二）十二月	突厥從連谷入寇，宇文測於要路數百處積柴縱火，突厥遁走。	《周書・宇文測傳》	
西魏文帝大統十一年（五四五）	宇文泰遣酒泉粟特胡安諾槃陁使突厥，商討通市。	《周書・異域傳下・突厥》	西魏首次官方遣使突厥。
西魏文帝大統十二年（五四六）	土門（布民）遣使向西魏獻方物。	《周書・異域傳下・突厥》	突厥首次向西魏遣使。
西魏文帝大統十七年（五五一）三月	西魏文帝元寶炬崩，土門遣使來弔，贈馬二百匹。	《周書・異域傳下・突厥》	
六月	西魏以長樂公主妻土門	《周書・異域傳下・突厥》	西魏與突厥首次和親。
西魏廢帝元年（五五二）正月	土門發兵擊柔然，自號伊利可汗。	《周書・異域傳下・突厥》	東突厥建國。同年，土門卒逝，其子科羅繼立，號乙息記（阿逸）可汗。

時間	大事	出處	備考
西魏廢帝二年（五五三）三月	乙息記（阿逸）可汗遣使向西魏獻馬五萬匹。	《周書・異域傳下・突厥》	同年，乙息記（阿逸）可汗卒逝，其弟俟斗（燕都）繼立，號木杆可汗。
西魏恭帝元年（五五四）五月	西魏遣柱國趙貴擊柔然乙旃達官，斬首數千級，收其輜重而還。	《周書・文帝下》	西魏助突厥擊柔然餘眾。
西魏恭帝二年（五五五）	宇文泰將亡附西魏的柔然鄧叔子餘眾三千餘人，交付突厥使斬殺。	《周書・異域傳下・突厥》；《北史・蠕蠕傳》	柔然西部餘眾悉亡。
西魏恭帝三年（五五六）	西魏遣史寧與木杆可汗襲擊吐谷渾，擄其征南王，俘虜男女、財寶，盡歸諸突厥。	《周書》《史寧傳》、《異域傳下・突厥》、《異域傳下・吐谷渾》	《周書・異域傳下・吐谷渾》記為魏恭帝二年，「二年」應作「三年」。詳見《周書・異域傳下》校勘記一五、二三。
北周孝閔帝元年（五五七）	孝閔帝遣御伯大夫・姚谷縣公楊荐使東突厥請婚。	《周書・楊荐傳》	

時間		大事	出處	備考
北周明帝二年（五五八）十二月辛酉（初二）		東突厥木杆可汗遣使獻方物。	《周書》《明帝紀》、《異域傳下・突厥》	
北周明帝武成二年（五六〇）三月辛酉（十日）		明帝會群公列將卿大夫及突厥使者於芳林園，賜錢帛各有差。	《周書・明帝紀》	
北周武帝保定元年（五六一）	正月辛酉（十四日）	東突厥木杆可汗遣使獻方物。	《周書》《武帝紀上》、《異域傳下・突厥》	
	二月乙未（十九日）	東突厥木杆可汗遣使獻方物。		
	五月戊辰（廿三日）	東突厥木杆可汗遣使獻方物。		
北周武帝保定二年（五六二）		武帝遣大將軍楊荐、左武伯王慶使東突厥請婚。	《周書・王慶傳》	
北周武帝保定三年（五六三）九月戊子（廿七日）		詔柱國楊忠率騎一萬與東突厥伐北齊。楊忠渡陘嶺，木杆可汗率騎十萬來會。	《周書・武帝紀上》	北周與東突厥首次聯軍伐北齊。

時間		大事	出處	備考
北周武帝保定四年（五六四）	五月丁卯（十日）	東突厥木杆可汗遣使獻方物，更請伐北齊。武帝遣楊荐納幣於東突厥。	《周書》《武帝紀上》、《楊荐傳》、《王慶傳》、《異域傳下・突厥》	《周書・竇毅傳》載：時與齊人爭衡，竝交結突厥，以為外援。齊人亦甘言重幣，遣使求婚，朝廷乃令楊荐等累使結之，往返十餘，方復前好。
	八月丁亥（初一）	詔楊忠率兵出沃野，與東突厥伐北齊，宇文護趣洛陽以應之。		
	九月	北齊許送北周皇世母閻氏等還，周、齊通和。東突厥聞之，乃致疑阻，北周遣王慶赴東突厥喻之。		
北周武帝保定五年（五六五）二月辛酉（初八）		詔陳國公宇文純、大司徒・許國公宇文貴、神武公竇毅、南安公楊荐等赴東突厥請和親。	《周書》《武帝紀上》、《宇文貴傳》、《竇毅傳》、《楊荐傳》、《異域傳下・突厥》	
北周武帝天和二年（五六七）五月壬申（初二）		東突厥木杆可汗遣使獻方物。	《周書》《武帝紀上》、《異域傳下・突厥》	

時間	大事	出處	備考
北周武帝天和三年（五六八）三月癸卯（初八）	東突厥木杆女阿史那氏赴北周嫁武帝。甲辰（初九），武帝大赦天下，亡官失爵，並聽復舊。	《周書》《武帝紀上》、《阿史那皇后傳》、《異域傳下・突厥》	
北周武帝天和四年（五六九）七月丁巳（三十日）	東突厥木杆可汗遣使獻馬。	《周書》《武帝紀上》、《異域傳下・突厥》	
北周武帝建德元年（五七二）二月癸酉（初一）	北周遣大將軍・昌城公宇文深使於突厥。	《周書・武帝紀上》	是年，東突厥木杆可汗卒逝，其弟庫（地）頭繼立，號他鉢（佗鉢）可汗。疑此次北周遣宇文深使東突厥為弔祭木杆可汗。
北周武帝建德三年（五七四）正月庚午（初九）	東突厥他鉢可汗遣使獻馬。	《周書》《武帝紀上》、《異域傳下・突厥》	五月丙子（十七日），武帝斷佛、道二教，經像悉毀，罷沙門、道士，並令還民。

時間		大事	出處	備考
北周武帝宣政元年（五七八）	三月壬申（初五）	東突厥他鉢可汗遣使獻方物。	《周書》《武帝紀下》、《異域傳下・突厥》	武帝廢佛、道以來，東突厥首次遣使。
	四月庚申（廿三日）	東突厥入寇幽州，殺掠吏民。柱國劉雄率兵拒戰，敗死。議將討之。		北周建國以來首次與東突厥軍事衝突。
	五月己丑（廿三日）	武帝總戎北伐東突厥，遣柱國・原公姬願、東平公宇文神舉等率軍五道俱入。		癸巳（廿七日），武帝不豫；丙申（三十日），詔停諸軍事。六月丁酉（初一），武帝崩逝；戊戌（初二），宣帝即位。
	十一月	東突厥他鉢可汗寇邊，圍酒泉，殺掠吏民，大掠而去。		
北周宣帝大成元年〔靜帝大象元年〕（五七九）	二月	他鉢可汗復請和親，宣帝冊趙王宇文招女為千金公主嫁之，並遣執高紹義送闕。他鉢可汗不奉詔。	《周書》《宣帝紀》、《異域傳下・突厥》	大象元年二月辛巳，宣帝傳位宇文衍，自稱天元皇帝。
	五月	他鉢可汗寇并州。		

時間		大事	出處	備考
北周靜帝大象二年（五八〇）	二月戊午（初二）	東突厥他鉢可汗遣使獻方物，且逆千金公主。初，東突厥仍留高紹義不遣，宣帝又令賀若誼往諭之。	《周書》《宣帝紀》、《靜帝紀》、《異域傳下・突厥》	
	七月甲申（初一）	東突厥他鉢可汗送還高紹義予北周。		

東突厥啟民可汗阿史那染干生平事蹟探析

一、引言

東突厥汗國（Gök Türk，又稱藍〔天〕突厥、北突厥、突厥第一汗國）享國七十八年（五五二－六三〇），共歷十一任可汗。[1]隋文帝開皇五年（五八五）七月，東突厥伊利俱盧設莫何始波羅可汗（一號沙鉢略可汗、乙史波羅可汗[2]）上表向隋稱臣，[3]隋文帝下詔沙鉢略可汗，兩國建立君臣關係。[4]開皇六年（五八六）正月庚午（十九日），隋朝頒曆於東突厥，[5]確認宗主國的政治地位。[6]隋煬帝大業十一年（六一五）八月，始畢可汗率數十萬大軍圍困煬帝於雁門，史稱「雁門事變」。[7]自此東突厥叛離隋朝，兩國從君臣關係，轉變為敵國關係，東突厥成為隋朝北疆大敵。

在東突厥臣屬隋朝的三十一年間（五八五－六一五），意利珍豆啟民可汗阿史那染干（Ašins Žamqan，以下省稱染干）與隋朝的關係最為特殊，染干本為東突厥小可汗，後被隋文帝冊立為大可汗，這是隋朝唯一一次直接介入、扶立的東突厥大可汗，也是東突厥十一位大可汗中，唯一的一位由隋朝賜予可汗號的國君。[8]由於記載上的歧異，史籍文獻對於染干的出身、卒逝時間、子嗣人數，都有著不同的說法。本文即是探討染干的生平事蹟，研究染干的出身之謎、被隋文帝冊立為東突厥大可汗原因與過程、染干在煬帝時期與隋朝關係變化，以及染干子嗣人數等問題，不當之處，敬請方家不吝就教指正。

1 東突厥汗國立國於西魏廢帝元年（五五二），亡國於唐太宗貞觀四年（六三〇），共歷伊利可汗土門〔布民〕（五五二在位）、乙息記〔阿逸〕可汗科羅（五五二－五五三在位）、木杆可汗俟斗（五五三－五七二在位）、他〔佗〕鉢可汗庫〔地〕頭（五七二－五八一在位）、沙鉢略可汗攝圖（五八一－五八七在位）、莫何〔葉護〕可汗處羅侯（五八七在位）、都藍可汗雍虞閭（五八七－五九九在位）、啟民可汗染干（五九九－六一〇在位）、始畢可汗咄吉（六一〇－六一九在位）、處羅可汗奚純（六一九－六二〇在位）、頡利可汗咄苾（六二〇－六三〇在位）等十一任可汗。

2 河南省洛陽市洛陽碑誌拓片博物館館藏「編號〇〇四〇大唐故左衛將軍弓高侯史公（善應）墓誌銘」記載：「公諱善應，字智遠，河南洛陽人也。……曾祖纈傑娑那可汗，祖乙史波羅可汗，……。」湯燕，〈新出唐史善應、史崇禮父子墓誌及突厥早期世系〉，《唐研究》，第十九卷（二〇一三年十二月）：指出沙鉢略是隋朝官方譯法，突厥自稱為始波羅。沙鉢略原文是 ishbara，「沙鉢略」、「始波羅」兩種譯法都省略了詞首元音，誌文云「乙史波羅」，完整地譯出了詞首的前元音 i-，是更準確的音譯（第五七四頁）。又可參看韓儒林，〈突厥官號考釋〉，《蒙元史與內陸亞洲史研究》（蘭州：蘭州大學出版社，二〇一二年），第一一一頁。

3 唐・魏徵等，《隋書》（北京：中華書局，點校本二十四史修訂精裝本，二〇一九年）卷八四〈北狄傳・突厥〉，第二一〇三－二一〇四頁。

4 唐・許敬宗編，羅國威整理，《【日藏弘仁本】文館詞林校證》（北京：中華書局，二〇〇一年）卷六六四〈隋文帝頒下突厥稱臣詔一首〉，第二四三頁。《隋書》卷八四〈北狄傳・突厥〉，第二一〇三－二一〇四頁。

5 《隋書》卷一〈高祖紀上〉，第二四頁。

6 路易・巴贊（Louis Bazin）著，耿昇譯，《突厥曆法研究》（*Les Systèmes Chronologiques Dans Le Monde Turc Ancien*, Budapest: Akadémiai Kiadó, 1991，中文譯本為北京：中華書局，一九九八年），指出「頒曆」是中國中原的習慣，作為一種宗主權的標誌，向附近地區頒行中國曆法，以至於「受曆」就相當於「承認為其為附庸」（第一六一頁）。伯希和（Paul Pelliot），〈中亞史地叢考〉（"Neuf notes sur des questions d'Asie central"），沙畹等著，馮承鈞譯，《大月氏都城考》（北京：中國國際廣播出版社，二〇一三年），中國之班曆，其目的不在以天文曆數之說輸入突厥，以班曆外國而表示其上邦之權，受曆云者，猶言稱臣（第四七頁）。

7 有關隋煬帝大業十一年雁門之圍始末，可參看拙文，〈大業十一年（六一五）「雁門事變」探微〉，原刊於《東吳歷史學報》，第二四期（二〇一〇年十二月），第五一－一〇七頁，該文修訂後收入《西突厥與隋朝關係史研究（五八一－六一七）》（新北：稻鄉出版社，二〇一五年），第三六一－四〇八頁。

8 自沙鉢略可汗向隋廷稱臣後，隋朝在名義上雖已成為東突厥的宗主國，但是對於東突厥大可汗的繼任人選，隋朝並沒有直接介入干預，僅是新任大可汗繼位後，必須要遣使告知隋朝，並得到隋朝的同意認可，才算是合法的繼承者，莫何〔葉護〕可汗、都藍可汗繼位後的遣使入隋請立，即是如此。但是染干被冊立為東突厥大可汗完全是由隋文帝主導直接介入扶植產生，自有其特殊處。

二、阿史那染干身世之謎

關於阿史那染干的出身，傳統文獻與出土的墓誌有三種不同的記載：

其一，《隋書．突厥傳》：

時沙鉢略子曰染干，號突利可汗，居北方，……。[9]

染干在沙鉢略擔任東突厥大可汗期間，曾被冊封為突利可汗。按照〈突厥傳〉的記載，染干是沙鉢略可汗攝圖之子。

其二，《隋書．長孫晟傳》：

且染干者，處羅侯之子也，……。[10]

若是按照〈長孫晟傳〉的說法，則染干應當是處羅侯之子。[11]

其三，出土於陝西省西安市的〈故右屯衛將軍阿史那公（摸末）墓誌〉（以下省稱〈摸末墓誌〉）載云：

公諱摸末，漠北人也，蓋大禹之後焉。……曾祖阿波設，祖啟民可汗，父啜羅可汗。[12]

是以，依照〈摸末墓誌〉，則染干又為阿波設之子。

漢文史籍之所以對突厥世系會出現如此混亂的記載內容，可能與突厥民族婚俗上採行叔嫂收繼婚

---

9 《隋書》卷八四〈北狄傳・突厥〉，第二一〇六頁。唐・李延壽，《北史》（北京：中華書局，一九九七年）卷九九〈突厥傳〉（第三二九六頁）、北宋・王欽若等編纂，周勛初等校訂，《冊府元龜（校訂本）》（南京：鳳凰出版社，二〇〇六年）卷九六七〈外臣部（十二）・繼襲第二〉，第一一一九九頁、南宋・鄭樵，《通志》，《四庫全書薈要》（臺北：世界書局，一九八八年），第二二三冊，卷二〇〇〈四夷傳七・突厥〉（第六七三頁），所記內容皆與《隋書・突厥傳》相同。

10 《隋書》卷五一〈長孫覽傳附長孫晟〉，第一五〇一頁。《北史》卷二二〈長孫晟傳〉，所記內容相同（第八二〇頁）。此外，唐・杜佑撰，王文錦、王永興、劉俊文、徐庭雲、謝方點校，《通典》（北京：中華書局，一九八八年）卷一九七〈邊防典十三・北狄四・突厥上〉則載：「時突利可汗居北方，沙鉢略之弟、處羅侯之子，名染干。」（第五四〇六頁）；北宋・樂史撰，王文楚等點校，《太平寰宇記》（北京：中華書局，二〇〇七年）卷一九四〈北狄六・突厥傳上〉記載：「時突利可汗居北方，沙鉢略可汗處羅侯之子名染干。」（第三七二二頁）。

11 北宋・司馬光，《資治通鑑》（北京：中華書局，一九九五年）卷一七五〈陳紀九〉，宣帝太建十四年（五八二）十二月條記載：「長孫晟又說沙鉢略之子染干詐告沙鉢略……。」（第五四五九頁）。同書，卷一七八〈隋紀二〉，文帝開皇十三年（五九三）卻記載：「時處羅侯之子染干，號突利可汗，居北方……。」（第五五四三頁）。北宋・司馬光，《資治通鑑考異》（上海：上海書店，一九八九年）卷八，記載：「突厥處羅侯之子染干號突利可汗，〈突厥傳〉云沙鉢略子，今從〈長孫晟傳〉。」司馬光認為染干的出身當從〈長孫晟傳〉，是處羅侯之子，然而並未說明從〈長孫晟傳〉的理由，且在《通鑑》卷一七五中竟又將染干記為沙鉢略可汗之子，一書之中同時存在兩種說法，這在整部《通鑑》中十分罕見。

12 王仁波、吳鋼主編，《隋唐五代墓誌滙編》（天津：天津古籍出版社，一九九一年），陝西卷，第三冊，〈阿史那摸末墓誌〉，第二九頁。「阿史那摸末墓誌」出土於陝西省西安市，誌蓋與誌石皆為正方形，長、寬均六十公分，誌蓋為篆書，共四行，滿行三字，刻寫「唐右屯衛將軍阿史那公墓誌」，共計十二字；誌文為正書，共二十一行，滿行二十一字，標題為「故右屯衛將軍阿史那公墓誌之銘」，無方界格，墓誌全文共計有三百九十字（含銘文），無撰書者姓名。誌石現藏於陝西省西安市小雁塔保管所。有關「阿史那摸末墓誌」內容及其重要性，可參看拙文，〈阿史那摸末墓誌箋證考釋〉，《唐史論叢》，第十五輯（二〇一二年十一月），第一六四－一七七頁。

制度有關。[13]岑仲勉在《突厥集史》一書中曾對染干的出身進行過考證，指出《隋書．長孫晟傳》：「（長孫）晟先知攝圖、玷厥、阿波、突利等叔姪兄弟各統強兵」，不言攝圖、突利是父子關係，又以杜佑《通典》的記載：「沙鉢略之弟、處羅侯之子名染干」，根據這兩條史料推論得出《隋書．突厥傳》殆有奪文，染干當為處羅侯之子為是。[14]現今學界也多從岑仲勉先生的論點。[15]

我們主張染干並非處羅侯之子，而是沙鉢略可汗攝圖之子。茲從下面幾方面論證分析之：

岑仲勉所據《隋書．長孫晟傳》不言攝圖、突利是父子關係，因而認定染干為處羅侯之子。然而細讀此段史料，長孫晟所說的「突利」係指突利設（Šad），也就是被沙鉢略可汗攝圖冊封突利設的處羅侯，並不是被沙鉢略可汗冊封為突利可汗（Qaghan）的染干。[16]史籍明確記載攝圖（沙鉢略可汗）與處羅侯（突利設）皆為乙息記〔阿逸〕可汗科羅之子，兩人是兄弟關係。是故，岑仲勉論證的前提有誤，其推論結果自然是無法成立的。

傳統文獻（不包括〈撲末墓誌〉）記載染干的出身均是依據《隋書》的〈突厥傳〉及〈長孫晟傳〉的兩條記載。杜佑《通典》在論及突利可汗出身時雖自注：「沙鉢略之弟、處羅侯之子，名染干」，但並沒有說明根據的理由，岑仲勉先生依杜佑的自注，認定《隋書．突厥傳》「殆有奪文」，此一推測也有商榷之處。又觀，現存記載染干出身的各種史料，以成書於唐太宗貞觀十年（六三六）的《隋書》最早，[17]其後李延壽參看《隋書》等相關史籍，於高宗顯慶四年（六五九）編修完成《北史》，[18]至於杜佑的《通典》則是編纂完成於代宗大曆元年（七六六），[19]晚於《隋書》與《北史》。然而在《隋

13 盧向前，〈唐代胡化婚姻關係試論——兼論突厥世系〉，《敦煌吐魯番文書論稿》（南昌：江西人民出版社，一九九二

年），以為史籍記載突厥可汗世系呈現出混亂的記載，主要原因是突厥民族的婚姻形態以母系計又有群婚、對偶婚等，中國史家文人常以漢族固有的父系觀點看待、處理突厥世系，因此會產生出不一致的記載（第三七－四四頁）。

14 岑仲勉，《突厥集史》（北京：中華書局，二〇〇四年），下冊，第五二二頁。又可參看岑仲勉，《隋唐史》（石家莊：河北教育出版社，二〇〇〇年），第二〇頁，注釋一、岑仲勉，《通鑑隋唐記比事質疑》（北京：中華書局，二〇〇四年），第二一－三頁。

15 劉義棠，〈隋書突厥傳考註〉，《突回研究》（臺北：經世書局，一九九〇年），第五五〇頁；吳玉貴，《突厥汗國與隋唐關係史研究》（北京：中國社會科學出版社，一九九八年），第一一二頁，注釋六三；劉健明，《隋代政治與對外政策》（臺北：文津出版社，一九九九年），第二二七頁，注釋三〇；王小甫，《唐朝對突厥的戰爭》（北京：華夏出版社，一九九六年），第一一頁；堀敏一，《中国と古代東アジア世界——中華的世界と諸民族》（東京：岩波書店，一九九三年），第一九一頁；石見清裕，《唐の北方問題と国際秩序》（東京：汲古書院，一九九八年），第一八五頁，語釈四；薛宗正，〈突厥可汗譜系疑點新考〉，《中亞內陸大唐帝國》（烏魯木齊：新疆人民出版社，二〇〇五年），第四頁，圖1-1。二〇一九年所出版的點校本二十四史修訂精裝本《隋書．北狄傳．突厥》「校勘記」〔一六〕仍採岑仲勉看法，認為「《隋傳》殆有脫文」（第二一二二頁）。

16 《隋書》卷五一〈長孫覽傳附長孫晟〉記載：「其（案：指沙鉢略可汗攝圖）弟處羅侯，號突利設，……（長孫）晟先知攝圖、玷厥、阿波、突利等叔姪兄弟各統強兵……。」（第一四九八頁）。是以，長孫晟所稱突利，係指突利設處羅侯，不是被封為突利可汗的染干。

17 北宋．王溥，《唐會要》（上海：古籍出版社，二〇〇六年）卷六三〈史館上．修前代史〉記載：唐高祖武德四年（六二一）起居舍人令狐德棻請修梁、陳、北齊、北周、隋五代史，武德五年（六二二）下詔撰修，以中書令封德彝、中書舍人顏師古修隋史，然數載不就。唐太宗貞觀三年（六二九）復敕修撰，以侍中魏徵、太子右庶子孔穎達、中書舍人許敬宗等人任隋史，至貞觀十年（六三六）撰成進上（第一二八七－一二八八頁）。另外，唐．吳兢撰，謝保成集校，《貞觀政要集校》（北京：中華書局，二〇〇三年）卷七〈論文史第二十八〉記載：「尚書左僕射房玄齡、侍中魏徵、散騎常侍姚思廉、太子右庶子李百藥、孔穎達、中書侍郎岑文本、禮部侍郎令狐德棻、舍人許敬宗等，以貞觀十年撰成周、齊、梁、陳、隋等《五代史》奏上。」（第三八九頁）。

18 參看北京中華書局《北史》點校本「出版說明」（第一－二頁）。

19 黃永年，《唐史史料學》（上海：上海書店，二〇〇二年），第六五－六六頁。

書》、《北史》的〈長孫晟傳〉、〈突厥傳〉中對於染干的出身已有不同的記載。[20]換言之，早在初唐時期對於染干究竟是處羅侯之子抑或是攝圖之子已出現分歧的說法。是以，在沒有其他更具權威性的史料佐證前，實難以此判定出《隋書．長孫晟傳》記載是正確的，[21]並認為《隋書．突厥傳》必有脫文。至於〈摸末墓誌〉所記染干為阿波設之子，此一「阿波設」恐非指被沙鉢略可汗冊封為阿波可汗的大邏便，[22]由於此一說法為孤證，亦很難斷定其可靠性。

雖然我們無法從〈長孫晟傳〉、〈突厥傳〉及〈摸末墓誌〉判斷出究竟孰者記載為是，然或可從內考證（internal criticism）以及東突厥政治制度和游牧民族婚俗等面向，重新思考此一問題。《隋書．突厥傳》有一段描述染干與都藍可汗雍虞閭兩人關係的內容：

> 啟民上表（煬帝）曰：「……臣種末為聖人先帝（案：隋文帝楊堅）憐養，臣兄弟妒惡，相共殺臣，……。聖人先帝見臣，大憐臣，死命養活，勝於往前，遣臣作大可汗坐著也。」[23]

染干在被隋朝冊封為啟民可汗前，雍虞閭（都藍可汗）是當時東突厥的大可汗。引文中的內容是敘述開皇十七年（五九七），時任突利可汗的染干與都藍可汗雍虞閭同時向隋朝提出和親請婚的要求。當時，隋朝認為都藍可汗實力已過於強大，恐難羈縻控制，於是利用這次和親機會，離間分化東突厥大小可汗關係，最終決定將安義公主嫁給染干，結果造成染干與雍虞閭之間產生衝突（詳下文）。值得注意者，引文中染干言「臣兄弟妒惡，相共殺臣」，明白指出染干與雍虞閭之間乃是「兄弟」關係，而史籍明確記載雍虞閭是沙鉢略可汗攝圖之子，[24]由此可得出染干同樣也應該是沙鉢略之子。

東突厥自木杆可汗開始，政治制度上採取四部分封制度，其中東部與西部是由大可汗兄弟擔任，北部例由大可汗之子擔任。[25]史籍對於染干的出身雖有不同的記載，但對於染干封地卻沒有疑義，都是記為「居北方」。換言之，染干在沙鉢略可汗擔任大可汗時是被分封為北面小可汗，而北部可汗按照東突厥的分封制度，依例是由大可汗之子擔任。由是，可以推測染干應是沙鉢略可汗之子。

突厥民族採行「收繼婚制」（levirate），意即史籍所記：「父〔兄〕伯叔死者，子弟及姪等妻其後母、世叔母及嫂，唯尊者不得下淫」；[26]「父兄死，子弟妻其群母及嫂」。[27]男性親屬之間的家庭繼承

20 清．趙翼著，王樹民校證，《二十二史劄記（訂補本）》（北京：中華書局，一九八四年）卷一三〈北史全用隋書〉記載：「《北史》於《魏》、《齊》、《周》正史，間有改訂之處，惟於隋則全用《隋書》，略為刪節，並無改正，且多有迴護之處」（第二七二頁）。由此可知《北史》對於染干的記載應是參照《隋書》。

21 盧向前，〈唐代胡化婚姻關係試論——兼論突厥世系〉，認為染干究竟是攝圖子，抑或是處羅侯子，因為此乃叔嫂繼婚制的表現，光憑現有的記載是搞不清的（第三九頁）。

22 葛承雍，〈東突厥阿史那摸末墓誌考述〉，《唐韻胡音與外來文明》（北京：中華書局，二〇〇六年），指出阿史那摸末的祖父啟民可汗（阿史那染干），一說為沙鉢略可汗（攝圖）之子，另一說為莫何可汗（處羅侯）之子，而墓誌上又冒出一個阿波設，孰是孰非，難以斷定。但從墓誌追溯阿史那摸末世系來看，其曾祖父為阿波設，沒有尊稱為阿波可汗，推測阿波設可能與阿波可汗（大邏便）不是同一人，否則贊美和誇耀祖先豐功偉績及血統純正的墓誌文不會不提其稱銜（第一四二頁）。

23 《隋書》卷八四〈北狄傳．突厥〉，第二一〇八頁。

24 《隋書》卷八四〈北狄傳．突厥〉，第二一〇五頁、《北史》卷九九〈突厥傳〉，第三二九五頁。

25 有關東突厥的分封制度，參看拙著，《西突厥與隋朝關係史研究（五八一－六一七）》，第五九－六八頁。

26 唐．令狐德棻，《周書》（北京：中華書局，一九九七年）卷五〇〈異域傳下．突厥〉，第九一〇頁。

27 《隋書》卷八四〈北狄傳．突厥〉，第二一〇九八頁。

關係，存在著父子與兄弟兩種形式，即父、兄死，庶母、寡嫂和相應的家庭關係與家產一起為子、弟所繼承，年長的兄、父、叔、伯輩及平輩兄弟都可能處於父、祖的地位；下代人中，侄、侄孫則都可能處於子女的地位，他們與死者子女皆用同樣的稱謂表示。[28]易言之，子女之間的行輩是隨父而定，親屬關係計算上亦只問行輩，不問直系或旁系。[29]攝圖與處羅侯皆乙息記（阿逸）可汗科羅之子，兩人為兄弟關係。攝圖之妻（可（賀）敦）是隋大義公主，[30]當攝圖死後，其弟處羅侯在繼任大可汗位後，按照突厥收繼婚俗娶大義公主。若染干為沙鉢略可汗攝圖之子，按照游牧民族親屬關係只問行輩，不問直系或旁系，當處羅侯妻大義公主後，作為攝圖之子的染干，亦可以被視為處羅侯之子。由於中原漢人不明突厥民族婚俗上採行收繼婚制度，亦不明瞭游牧民族親屬間稱謂的變化，於是乎對於染干的出身會產生歧異的記載。

王義康根據〈摸末墓誌〉誌文中的阿波設，認為應是大可汗尊號的一部分，而沙鉢略可汗尊號為俱盧設，則「阿波設」就不可能是指攝圖，只能是處羅侯，並以此得出處羅侯可汗名號的全稱排列應為「阿波設莫何葉護可汗」，染干當是處羅侯之子。[31]我們對此有不同的看法：其一，〈摸末墓誌〉稱其祖父為「啟民可汗」，父親為「啜羅可汗」（即處羅可汗），唯獨對其曾祖稱為「阿波設」，設若阿波設是指處羅侯，為何墓誌不直接使用「莫何可汗」或「葉護可汗」，以此對應「啟民可汗」與「啜羅可汗」？其二，傳統史籍文獻及出土墓誌稱攝圖，或者是用全稱「伊利俱盧設莫何始波羅可汗」，或者是以省稱「沙鉢略可汗」，或是「乙史波羅可汗」，尚不見以「俱盧設」指稱攝圖，為何唯獨處羅侯使用「阿波設」？王義康認為〈摸末墓誌〉以阿波設指稱處羅侯，說明阿波設尊崇，作為處羅侯大可汗時的尊號也為人所熟知。然而，《隋書》與相關文獻，從未以阿波設指稱處羅侯，如何得知阿波設作為處羅侯大可汗時的尊號是為人所熟知？且〈摸末墓誌〉刻於唐太宗貞觀二十三年（六四九），上距處羅侯過世（五八八）已超過六十年，何以六十年後的墓誌不使用莫何可汗或葉護可汗，反而採用「阿波設」來彰顯處羅侯的尊崇？其三，從東突厥政治體制中的分封制度來看，自伊利可汗以來，擔任北面可汗者皆是大可汗之子，沙鉢略可汗時期，染干擔任北面可汗，若染干是處羅侯之子，何以沙鉢略不用其子雍虞閭擔任北面可汗，反而是處羅侯之子？其四，若染干不是沙鉢略之子，我們如何解釋《隋書．突厥傳》染干上表隋煬帝所云：「臣兄弟妒惡（指染干與雍虞閭），相共殺臣」？經上述討論，我們認為染干的出身仍當如《隋書．突厥傳》所記是沙鉢略可汗攝圖之子，而非《隋書．長孫晟傳》所言處羅侯之子。[32]

28 H.B.比克布拉托夫著，鄧浩、鄭婕譯，〈突厥民族的親屬制和大家庭問題〉，原刊於《現代突厥學問題》（*Алма-Ата*, 1980），中文譯文收入《民族譯叢》，一九八八年第二期（一九八八年四月），第三九－四〇頁。

29 謝劍，〈匈奴社會組織的初步研究——氏族、婚姻、和家族的分析〉，《中央研究院歷史語言研究所集刊》，第四十本下（一九六九），第六九六－六九九頁。

30 《隋書》卷八四〈北狄傳．突厥〉，第二一〇四頁。

31 王義康，〈突厥世系新證——唐代墓誌所見突厥世系〉，原刊於《民族研究》，二〇一〇年第五期（二〇一〇年十月），第八九－九一頁，該文後收入《唐代邊疆民族與對外交流》（哈爾濱：黑龍江教育出版社，二〇一三年），第九－一一頁。

32 有關染干的出身問題，可參看拙文，〈東突厥啟民可汗阿史那染干出身小考〉，原刊於《中國邊政》，第一六六期（二〇〇六年六月），第六七－七六頁，增訂修改收入《隋唐政治、制度與對外關係》（臺北：文津出版社，二〇一〇年），第三六七－三七六頁。

三、阿史那染干被立為東突厥啟民可汗的原因及過程

隋文帝開皇元年（五八一），沙鉢略繼任東突厥大可汗，同時依木杆可汗所建立的四部分封制度，由其子染干擔任北面小可汗，建號突利可汗。其後，歷經莫何〔葉護〕可汗、都藍可汗，染干皆居北方。開皇十三年（五九三），有隋流人楊欽亡入東突厥，唆使都藍可汗離隋，《隋書．長孫晟傳》記載道：

（開皇）十三年，流人楊欽亡入突厥，詐言彭公劉昶共宇文氏女謀欲反隋，稱遣其來，密告（大義）公主。雍閭〔案：都藍可汗〕信之，乃不修職貢。[33]

同書，〈突厥傳〉云：

時有流人楊欽亡入突厥中，謬云彭國公劉昶與宇文氏謀反，令大義公主發兵擾邊。[34]

都藍可汗因採信楊欽所言劉昶與宇文氏合謀反隋，[35]對隋不修職貢，並出兵侵擾隋境，[36]都藍可汗的擾邊，楊堅如何處理？《隋書．長孫晟傳》記載：

又遣晟出使，微觀察焉。（大義）公主見晟，乃言辭不遜，又遣所私胡人安遂迦共（楊）欽計

議，扇惑雍閭。晟至京師，具以狀奏。又遣晟往索欽，雍閭欲勿與，謬答曰：「檢校客內，無此色人。」晟乃貨其達官，知欽所在，夜掩獲之，以示雍閭，因發公主私事，國人大恥。雍閭執遂迦等，並以付晟。上大喜，加授開府，……。[37]

同書，〈突厥傳〉補充道：

都藍執（楊）欽以聞，并貢葧布、魚膠。……（大義）公主復與西面突厥泥利可汗連結，上恐其為變，將圖之。會主（筆者案：大義公主）與所從胡（筆者案：安遂迦）私通，因發其事，

33 《隋書》卷五一〈長孫覽傳附長孫晟〉，第一五〇一頁。

34 《隋書》卷八四〈北狄傳．突厥〉，第一八〇五頁。

35 《隋書》卷八〇〈列女傳．劉昶女〉記載：「劉昶女者，河南長孫氏之婦也。昶在周，尚公主，……其子居士，為太子千牛備身，……又時有人言居士遣使引突厥令南寇，當於京師應之。上謂昶曰『今日之事，當復如何？』昶猶恃舊恩，不自引咎，直前曰：『黑白在于至尊。』上大怒，下昶獄，捕居士黨與，治之甚急。」（第一〇三一一〇三三頁）。由此觀之，楊欽所言劉昶謀反一事，似有所據，非憑空揑造。

36 都藍可汗不僅對隋不修職貢，甚至出兵侵擾隋境。《隋書》卷五五〈杜彥傳〉載：「歲餘，雲州總管賀婁子幹卒（案：賀婁子幹卒於開皇十三年），上悼惜者久之，……於是徵拜（杜彥）雲州總管。突厥來寇，彥輒擒斬之，北夷畏憚，胡馬不敢至塞。」（第一五四六頁）；王其禕、周曉薇編著，樊波、王慶衛助理，毛漢光、耿慧玲顧問，《隋代墓誌銘彙考》（北京：綫裝書局，二〇〇七年），第二冊，〈楊欽誌〉，記載：「頃歲（開皇十三年），匈羯叛換，侵軼疆境。」（第三二〇頁）。筆者案：〈楊欽誌〉中的楊欽與《隋書．長孫晟傳》中的流人楊欽是不同的兩人。

37 《隋書》卷五一〈長孫覽傳附長孫晟〉，第一五〇一頁。

> 下詔廢黜之。恐都藍不從，遣奇章公牛弘將美妓四人以啗之。[38]

對勘〈長孫晟傳〉與〈突厥傳〉記載，楊堅對於都藍可汗的不修職貢、興兵擾邊，先是派遣長孫晟出使，觀察都藍動靜。長孫晟至東突厥後，大義公主言辭不遜，並從西域粟特胡人安遂迦以楊欽之議，扇惑都藍可汗反隋，同時又私與東突厥西面泥利可汗連結。隋廷認為都藍可汗的反隋，主要是受到楊欽與大義公主的影響，因此，一方面向都藍索求楊欽，一方面揭露大義公主與安遂迦私通，以及與泥利可汗私連等行為，東突厥國人大恥，都藍可汗乃將楊欽、安遂迦交付長孫晟，同時楊堅下詔廢黜大義公主名號，並派遣牛弘出使東突厥，以四美妓為條件，交換都藍可汗廢除大義公主。

開皇十三年東突厥與隋朝的磨擦，表面上隨著都藍可汗交付楊欽、安遂迦，並重新對隋朝貢、依隋廷的要求廢除大義公主等做法，獲得了隋朝的諒解。然而實際上，楊堅已經看出都藍可汗實力過於強大，恐難繼續羈縻控制，於是想利用和親手段，以離間分化方式，支持突利可汗染干抗衡都藍可汗。[39]先將有關史料，迻錄於下，再做分析。《隋書．長孫晟傳》載：

> 雍閭又表請婚，僉議將許之。晟又奏曰：「臣觀雍閭，反覆無信，特共玷厥（案：達頭可汗）有隙，所以依倚國家。縱與為婚，終當必叛。今若得尚公主，承藉威靈，玷厥、染干必又受其徵發。強而更反，後恐難圖。且染干者，處羅侯之子也，素有誠款，于今兩代。臣前與相見，亦乞通婚，不如許之，招令南徙，兵少力弱，易可撫馴，使敵雍閭，以為邊捍。」上曰：「善。」又遣慰喻染干，許尚公主。[40]

同書，〈突厥傳〉記：

> 時沙鉢略之子曰染干，號突利可汗，居北方，遣使求婚。上令裴矩謂之曰：「當殺大義主者，方許婚。」突利以為然，復譖之，都藍因發怒，遂殺公主於帳。[41]

同書，〈裴矩傳〉云：

> 時突厥強盛，都藍可汗妻大義公主，即宇文氏之女也，由是數為邊患。後因公主與從胡私通，長孫晟先發其事，（裴）矩請出使說都藍，顯戮宇文氏。上從之。竟如其言，公主見殺。[42]

---

38 《隋書》卷八四〈北狄傳．突厥〉，第二一〇六－二一〇七頁。

39 和衛國、馬志強，〈隋朝文帝時期與突厥關係發展述略〉，《大同職業技術學院學報》，二〇〇〇年第三期（二〇〇〇年九月），指出隋文帝統治後期對突利、都藍可汗的和親因處理不當，導致突厥都藍可汗的入侵，文帝的舉措可謂顧此失彼，得不償失（第二三頁）。我們認為，文帝發現都藍可汗對隋已有離貳之心，正可利用和親的機會，製造都藍可汗（雍虞閭）與突利可汗（染干）之間的矛盾與衝突，藉由扶弱（突利）、離強（都藍）方式，削弱、打擊都藍可汗力量。

40 《隋書》卷五一〈長孫覽傳附長孫晟〉，第一五〇一頁；司馬光，《資治通鑑》卷一七八〈隋紀二〉，文帝開皇十三年條，第五五四三頁。

41 《隋書》卷八四〈北狄傳．突厥〉，第二一〇六頁。

42 《隋書》卷六七〈裴矩傳〉，第一七七〇頁。

上引史料有幾點很值得注意：第一，當時都藍可汗雍虞閭以及突利可汗染干都想與隋和親，一方面代表染干欲提高自己在東突厥的政治地位，與都藍可汗相抗，[43]另一方面也使得隋朝找到分化東突厥的機會，利用與染干的和親，製造東突厥內部大、小可汗之間的矛盾與衝突，[44]而東突厥內部的不和，對隋而言最為有利。[45]第二，長孫晟認為都藍可汗「反覆無信」。所謂的「反覆無信」是指都藍可汗一方面要求與隋開邊通市，但又收容隋朝流人楊欽，[46]並在楊欽、大義公主的鼓動唆使下，對隋不修職貢，甚至侵擾邊境。第三，長孫晟以為都藍可汗所以要倚賴隋朝，主要目的是因為與西突厥達頭可汗有隙，就算同意都藍可汗的請婚，都藍最後仍必反叛隋朝；但是染干則不同，染干係沙鉢略可汗攝圖之子，隋朝對於沙鉢略有恩，[47]因此與染干和親比較容易控制駕馭。第四，就隋而言，大義公主的存在始終是隋朝與東突厥發展關係上最大的障礙。沙鉢略可汗在位期間，大義公主（當時稱為千金公主）曾鼓動沙鉢略南侵，導致開皇二年（五八二）五月，沙鉢略率六可汗大舉入寇隋境，使隋朝一時震動，產生空前的危機；都藍可汗即位後，大義公主又與流人楊欽合議，扇惑都藍可汗不修職貢、發兵擾隋。若是隋朝與東突厥要長期和平發展，必先除去大義公主。因此，隋文帝派遣裴矩、蘇威分別出使都藍與染干，[48]提出隋朝和親的條件是要先殺大義公主。都藍可汗為能求得與隋朝和親機會，最終將大義公主殺害，為隋去除了一大隱患。第五，大義公主見殺後，楊堅採納長孫晟的建議，認為染干兵少力弱，易於撫馴控制，若與之和親，染干必感念隋恩，可以幫助隋朝就近監視都藍可汗行動，因此最終決定只與染干和親。

隋文帝因與染干和親，趙仲卿又藉此機會離間染干與都藍關係，[49]此舉激怒了都藍可汗，自此斷絕對隋廷的朝貢並開始與西突厥達頭可汗聯兵南侵；染干最終與隋朝宗室女安義公主和親，並得到隋朝大量的賞賜，自此不時派遣使者入隋。[50]在隋朝的支持幫助下，開皇十九年（五九九）四月將牙帳由北方

領地南徙至度斤舊鎮，成為隋朝駐守北境、監視漠北的「斥候」，隨時偵查都藍可汗的動靜，使隋朝可

43 薛宗正，《突厥史》（北京：中國社會科學出版社，一九九二年），認為染干遣使來隋請婚，說明染干已是一支足以同大可汗分庭抗禮的獨立勢力（第一六七頁）。

44 劉春玲，〈試論北周、隋與突厥的「和親」〉，《陰山學刊（社會科學版）》，一九九四年第三期（一九九四年九月），指出安義公主妻染干，它是隋統治者推行其「離強合弱，遠交近攻」政策的重要手段，目的是削弱突厥的勢力（第三四頁）。

45 侯林伯，《唐宋兩朝邊疆史料比事質疑》（臺北：南天書業公司出版，一九七六年），認為此時隋室對突厥的政策，乃利用「傳侄不傳子」兄弟間爭位之隙，故和親的對象是突利可汗染干，若染干非處羅侯之子，則無所利用，以離間突厥內部矣（第八頁）。我們認為此次隋朝的和親目的，是欲藉由與突利可汗和親，製造東突厥內部大、小可汗之間的矛盾與衝突，達到分化東突厥都藍可汗的力量。故此次和親與東突厥傳位問題並不相涉。

46 楊欽北逃東突厥，文帝曾遣長孫晟向都藍可汗索求楊欽，而都藍竟以「檢校客內，無此色人」搪塞長孫晟，後經長孫晟重賄東突厥達官，才得以尋獲楊欽。長孫晟自此認為都藍可汗無信，恐有叛隋之意。

47 沙鉢略可汗在開皇三年（五八三）侵隋兵敗後，隋廷不但沒有藉此聯合達頭可汗或亡奔西突厥的東突厥各方面小可汗共同討擊沙鉢略，相反的隋廷還給予沙鉢略可汗軍事、經濟上的援助，對沙鉢略而言，隋朝對其有恩。都藍可汗雍虞閭在西征達頭可汗時，隋廷不僅未給予軍事上的協助，甚至在達頭可汗遣使下，隋朝派遣長孫平從中介入調解，致使都藍可汗統一東、西突厥的壯舉無法實現。對都藍可汗而言，隋朝對其非但無恩，甚至有仇。

48 《隋書》卷四一〈蘇威傳〉記載：「時突厥都藍可汗屢為邊患，復使（蘇）威至（都藍）可汗所，與結和親。可汗即遣使獻方物。」（第一三四三頁）；同書，卷八四〈北狄傳．突厥〉記載：「時沙鉢略之子曰染干，號突利可汗，居北方，遣使求婚。上令裴矩謂之曰：『當殺大義主者，方許婚。』突利以為然……。」（第二一〇六頁）。由上兩段引文，似可推測蘇威與裴矩兩人分別出使都藍可汗與突利可汗，或兩人同時赴都藍可汗與突利可汗牙帳，提出隋朝和親的條件。

49 《隋書》卷七四〈酷吏傳．趙仲卿〉記載：「會突厥啟民可汗求婚於國，上許之。仲卿因是間其骨肉，遂相攻擊。」（第一九〇三頁）。

50 《隋書》卷二〈高祖紀下〉記載：「（開皇十七年）七月戊戌（二十四日），突厥遣使貢方物。……十一月丁亥（十四日），突厥遣使來朝。」（第四六－四七頁）。

以預先得知而加以防備。《隋書．長孫晟傳》記載：

（開皇）十七年（五九七），染干遣五百騎隨晟來逆女，以宗女封安義公主以妻之。晟說染干率眾南徙，居度斤舊鎮。雍閭疾之，亟來抄略。染干伺知動靜，輒遣奏聞，是以賊來每先有備。[51]

同書，〈突厥傳〉有更完整的記載：

（開皇）十七年，突利遣使來逆女，上舍之太常，教習六禮，妻以宗女安義公主。上欲離間北夷，故特厚其禮，遣牛弘、蘇威、斛律孝卿相繼為使，突厥前後遣使入朝三百七十輩。突利本居北方，以尚主之故，南徙度斤舊鎮，錫賚優厚。雍虞閭怒曰：「我，大可汗也，反不如染干！」於是朝貢遂絕，數為邊患。十八年（五九八），詔蜀王秀出靈州道以擊之。[52]

隋文帝以宗室女安義公主妻染干，目的是在「離間北夷」，製造東突厥大、小可汗之間矛盾。[53]突利可汗南徙度斤舊鎮，成為隋廷看守北方的門戶；都藍可汗在失去隋朝的支持下，斷絕對隋的貢賦，並與西突厥達頭可汗重修舊好，伺機南侵入寇以為報復。[54]

開皇十九年，都藍可汗準備大舉侵隋，染干預先得到情報，向長孫晟稟奏，文帝於是先發制人，以漢王楊諒為行軍元帥，左僕射高熲率將軍王謩、上柱國趙仲卿、段文振自朔州道出發，右僕射楊素率柱國李徹、大都督史射勿以及韓僧壽、劉德自靈州出發，上柱國燕榮自幽州出發，共計六總管討伐都藍可汗。[55]都藍聯合西突厥達頭可汗，共擊染干，染干不敵，都藍於是盡殺其兄弟子侄，染干部眾亡散，

51 《隋書》卷五一〈長孫覽傳附長孫晟〉，第一五〇一頁。

52 《隋書》卷八四〈北狄傳．突厥〉，第二一〇六－二一〇七頁。

53 札奇斯欽，《北亞游牧民族與中原農業民族間的和平戰爭與貿易之關係》（臺北：正中書局，一九七三年），認為一個游牧君長娶得漢地天子之女，是一件可以顯耀的事。在他們強大時，是錦上添花；在他們勢力有遜於南鄰農業帝國之時，更是一個令人羨慕的榮譽（第一八七頁）。隋朝這次將安義公主妻染干，分化東突厥都藍可汗與突利可汗之間的關係，也是利用游牧民族這種心理上的因素。可參看林恩顯，〈隋唐兩代對突厥的和親政策〉、〈隋唐兩代對突厥的離間政策〉，《突厥研究》（臺北：臺灣商務印書館，一九八八年），第一八三－二六八頁。

54 《隋書》卷五三〈達奚長儒傳〉記載：「高祖遣涼州總管獨孤羅、原州總管元褒、靈州總管賀若誼等發卒備胡，皆受（達奚）長儒節度。長儒率眾出祁連北，西至蒲類海，無虜而還。」（第一五二二頁）。岑仲勉，《突厥集史》，上冊，考訂此事發生在開皇十七年間（第六九－七〇頁）。此次出征雖未說明對象，然從「出祁連北」、「西至蒲類海」可知達奚長儒征伐者可能是都藍可汗與達頭可汗聯軍。《隋書》卷四八〈楊素傳〉又載：「（開皇）十八年，突厥達頭可汗犯塞，以（楊）素為靈州道行軍總管，出塞討之，……素奮擊，大破之，達頭被重創而遁，殺傷不可勝計，群虜號哭而去。」（第一四五〇頁）。由上可知，開皇十七年、十八年，都藍與達頭可汗聯軍已連連入寇隋境。可參看吳玉貴，〈西突厥新考——兼論《隋書》與《通典》、兩《唐書》之「西突厥」〉，《西北民族研究》，一九八八年第一期（一九八八年三月），第一二五－一二六頁。

55 《隋書》卷八四〈北狄傳．突厥〉，第二一〇七頁。又可參看《隋書》卷四一〈高熲傳〉、卷四五〈文四子．庶人諒傳〉、卷四八〈楊素傳〉、卷五二〈韓擒虎傳附韓僧壽〉、卷六〇〈段文振傳〉。韓理洲輯校編年，《全隋文補遺》（西安：三秦出版社，二〇〇四年）卷四〈劉德墓誌〉，第二七一頁；羅新、葉煒，《新出魏晉南北朝墓誌疏證》（北京：中華書局，二〇〇五年），〈史射勿墓誌〉，第五六五頁。劉健明，《隋代政治與對外政策》，指出開皇十九年隋廷通過染干得知都藍可汗欲侵隋大同城，此一事件可能是都藍真的有意侵隋，也有可能是染干藉故要求隋軍介入突厥內部衝突（第二三一頁）。我們認為，隋文帝本已有推翻都藍可汗之意，染干通告隋廷都藍欲侵大同城，無論是否有意，都使隋廷找到一個出兵都藍的理由。

東突厥在隋文帝中晚期，因天災之故，國勢驟衰，加上文帝在外交上利用和親手段對其採以離間分化政策，促使東突厥內部分裂，染干拜隋文帝提供武力援助以對抗都藍可汗及西突厥達頭可汗，又供給住所，內徙至隋勝州與夏州間黃河以南之地，使其所部得以重生，又經隋廷支持受冊為啟民可汗，取得東突厥大可汗的汗位。啟民可汗呈奉隋文帝為「莫緣可汗」，即是稱頌隋文帝提供住地與庇護，使其獲得生活上、物質上的滿足，在隋廷慷慨輸送下，染干不但能獲得重生，且生活無虞，進而膺任東突厥大可汗之汗位。[76]從胡漢兩元體制下觀之，「大隋聖人・莫緣可汗」代表著隋文帝一方面是中原農業民族的皇帝（聖人），同時又兼任東突厥人民的國君（莫緣可汗），這是東突厥自立國以來，中原皇帝首次接受域外游牧民族可汗稱號，同時具有「皇帝」與「可汗」兩重尊銜，象徵著東突厥必須遵從隋朝的號令。

四、啟民可汗與隋煬帝關係發展

隋文帝於仁壽四年（六〇四）七月丁未（十三日）崩逝，次子楊廣即皇帝位，是為隋煬帝。啟民可汗與隋煬帝的關係發展，以大業五年（六〇九）為分界，可分為前、後兩個階段。前期啟民可汗事隋甚為恭謹，完全聽從隋廷的指揮與命令。《舊唐書・韋雲起傳》記載：

> 會契丹入抄營州，詔（韋）雲起護突厥兵討契丹部落。啟民可汗發騎二萬，受其處分。雲起分為二十營，四道俱引，營相去一里，不得交雜，聞鼓聲而行，聞角聲而止，自非公使，勿得走

馬，三令五申之後，擊鼓而發。軍中有犯約者，斬紇干一人，持首以徇，於是突厥將帥來入謁之，皆膝行股戰，莫敢仰視。契丹本事突厥，情無猜忌。雲起既入其界，使突厥詐云向柳城郡，與共高麗交易，勿言營中有隋使，敢漏泄者斬之。契丹不為備，去賊營百里，詐引南度，夜復退還，去營五十里，結陣而宿，契丹弗之知也。既明俱發，馳騎襲之，盡獲其男女四萬口，女子及畜產以半賜突厥，餘將入朝，男子皆殺之。[77]

大業元年（六〇五），契丹入寇營州，隋發兵討擊，此次出兵是隋煬帝即位後第一次的派兵出征，煬帝下詔韋雲起率隋軍協同突厥兵出討契丹，啟民可汗因而發騎兵二萬，由此可以看出煬帝繼承其父「大

莫緣應比定為突回語的"bay"，而非"bayan"（第九頁）；羅新，〈虞弘墓誌所見的柔然官制〉，《中古北族名號研究》（北京：北京大學出版社，二〇〇九年），認為「莫緣」一詞，不當是古突厥語"bay"的意譯，而是應該對應蒙古語中的"bayan"，突厥此一稱號的來源是繼承柔然而來（第一二三－一二七頁）；Sanping Chen, "Son of Heaven and Son of God": *Multicultural China in the Early Middle Ages*, Philadelphia: University of Pennsylvania Press, 2012.，認為莫緣、莫何、莫賀弗，語源上分析應當來自於古伊朗語的"Bagapuhr"之對音，表「神之子」（son of God）之意（第一三一－一三四頁）；白鳥庫吉著，方壯猷譯，〈失韋考〉，《東胡民族考》（上海：商務印書館，一九三四年），下編，亦認為「莫賀咄」、「莫何弗」乃"Bagapuhr"之對音，不過白鳥氏認為莫賀、莫何為勇健之義（第四四－四七、五二－五六頁）。

76 林冠群，〈隋文帝「莫緣可汗」汗號考釋〉，第一一－一二頁。

77 後晉．劉昫，《舊唐書》（北京：中華書局，一九九五年）卷七五〈韋雲起傳〉，第二六三一－二六三二頁；司馬光，《資治通鑑》將此事繫於大業元年，第五六二一－五六二二頁。岑仲勉，《通鑑隋唐紀比事質疑》，認為《通鑑》此條附於大業元年，並無他據，然而大業三年四月，煬帝改州為郡，則契丹入寇營州之事，可能是在大業三年以前（第一四頁）。就目前史籍所記，無法判定契丹入寇的確切時間，仍姑從《通鑑》所繫之年。

隋聖人・莫緣可汗」地位，同時兼具隋帝與東突厥可汗雙重身分，煬帝向啟民可汗徵詔東突厥兵馬。此外，韋雲起因東突厥小官紇干犯約而下令斬之，[78]也可以得知東突厥二萬騎兵需要直接聽從韋雲起的指揮與號令，一方面可以在東突厥騎兵中樹立隋朝軍威，同時確保韋雲起的軍令可以順利執行。[79]這次的出兵契丹，在契丹防備不周與隋軍突襲下，大獲全勝，煬帝為褒獎啟民可汗出兵助戰之功，將所獲契丹女子、牲口的一半賜與東突厥。從此可以看出煬帝即位之初與東突厥啟民可汗關係仍十分密切，啟民可汗也服從隋廷的命令。[80]

隨著啟民可汗在東突厥的統治地位漸趨穩固，以及隋朝豐厚的賜物，使東突厥逐漸兵強國富。由於啟民可汗長期留居中原內地游牧，加上國力漸強，引起隋朝有識之士的警覺與不安，深怕啟民可汗的強盛會帶給隋廷新的威脅，因此主張將啟民可汗牙帳從定襄、馬邑遷回漠北，為隋看守北疆。《隋書・高熲傳》記載：

> （高）熲謂太府卿何稠曰：「此虜（指啟民可汗）頗知中國虛實、山川險易，恐為後患。」[81]

同書，〈段文振傳〉又記：

> （段）文振見高祖時容納突厥啟民居于塞內，妻以公主，賞賜重疊；及大業初，恩澤彌厚。文振以狼子野心，恐為國患，乃上表曰：「臣聞古者遠不問近，夷不亂華，周宣外攘戎狄，秦帝築城萬里，蓋遠圖良筭，弗可忘也。竊見國家容受啟民，資其兵食，假以地利。如臣愚計，竊

又未安。何則？夷狄之性，無親而貪，弱則歸投，強則反噬，蓋其本心也。……以臣量之，必為國患。如臣之計，以時喻遣，令出塞外。然後明設烽候，緣邊鎮防，務令嚴重，此乃萬歲之長策也。」[82]

煬帝亦深感東突厥長期留居中原內地，並非良策，因此接受段文振的建議，遣光祿少卿柳謇之，諭令啟民可汗率領東突厥部眾，遷回漠北。《隋書．柳謇之傳》云：

大業初，啟民可汗自以內附，遂畜牧於定襄、馬邑間，帝使（柳）謇之諭令出塞。[83]

---

78 司馬光，《資治通鑑》胡三省注云：「紇干」為東突厥小官（第五六二二頁）。

79 劉健明，《隋代政治與對外政策》，指出由於隋與突厥沒有聯合出兵的經驗，故韋雲起藉殺紇干來建立嚴格的軍令（第二三六頁）。劉氏所論韋雲起殺犯約的突厥小官以建立軍威，我們亦表贊同，但是其所言隋與突厥沒有聯合出兵的經驗，此說似不確。隋文帝仁壽元年，文帝曾下詔遣楊素、長孫晟率領啟民可汗出兵北征達頭可汗，這是文帝第一次以「大隋聖人．莫緣可汗」的身分向突厥徵兵，亦是隋與東突厥第一次的協同出兵作戰。

80 薛宗正，《突厥史》，將此事記為大業四年（六〇八），並認為契丹本為突厥屬國而迫突厥伐之，儘管啟民不得不發兵從征，而其紇干被殺，難免不引起怨恨，不過這種矛盾尚未完全表面化而已（第一九五－一九六頁）。司馬光，《資治通鑑》將契丹入寇之事繫於大業元年（六〇五），薛先生大業四年之說，不知所據為何？又據《隋書》卷八四〈契丹傳〉所記：契丹早在開皇四年（五八四）即已脫離東突厥附屬，歸附隋廷。文帝仁壽年間，為支持啟民可汗，隋廷將內附的契丹部落交由東突厥撫納，「固辭不去」（第一八八一－一八八二頁）。可能因此契丹對隋廷產生不滿，故藉文帝崩逝不久，入寇營州。

81 《隋書》卷四一〈高熲傳〉，第一三四〇頁。

82 《隋書》卷六〇〈段文振傳〉，第一四五九頁。

83 《隋書》卷四七〈柳謇之傳〉，第一六三七－一六三八頁。

啟民可汗還塞的時間大約是在大業二年（六〇六）中葉。[84]隋煬帝將啟民可汗遷回漠北，具有兩個目的：其一，當時漠北尚有西突厥與韋紇、僕骨、同羅、拔野古等鐵勒勢力，啟民可汗的北還可幫助隋廷監視、防守北邊；其二，將啟民可汗遷至漠北，可以防範高熲、段文振等人所提到的隱憂。[85]因此，這不能代表此時隋朝與東突厥呈現緊張關係，也看不出啟民可汗對煬帝所下詔令的不滿。[86]

大業二年四月，啟民可汗入隋東都洛陽，慶賀隋廷東都洛陽完工，煬帝於東都芳華苑以舞曲、幻技向啟民可汗誇耀國富。[87]大業三年（六〇七）正月元旦，煬帝又在東都大陳文物，次日（二日），啟民可汗率左光祿大夫．褥但特勤阿史那職御、左光祿大夫．特勤阿史那伊順、右光祿大夫．意利發史蜀胡悉等人，上表請求改襲中國衣冠服飾。[88]啟民可汗此次率眾上表請求煬帝改易服易飾一事，有一點很值得注意：隋朝不僅冊立東突厥大可汗，東突厥的統治階層，除了具有突厥官銜外，亦兼有隋朝的散官，[89]如特勤（tigin）阿史那職御、阿史那伊順兼有隋左光祿大夫散官；意利發（iltäbär）史蜀胡悉兼領隋右光祿大夫散官，此象徵著啟民可汗時期，隋朝與東突厥已不是僅有形式上「屬國——宗主國」的關係，而是具有實質統治的「天子——內臣」關係，東突厥汗國是隋朝的一部分，東突厥的統治者亦是隋廷的屬臣。[90]

大業三年四月丙申（十八日），煬帝北巡出塞，視察東突厥，[91]這次出巡是隋朝建國以來，皇帝首次到達中原以外的地區，也是煬帝將啟民可汗遷還漠北後，第一次的北巡，格外具有意義。此次出巡目的以及啟民可汗對煬帝的態度，《隋書．長孫晟傳》有詳細記載：

大業三年，煬帝幸榆林，欲出塞外，陳兵耀武，經突厥中，指于涿郡。仍恐染干驚懼，先遣

84 岑仲勉，《突厥集史》，上冊，第八七頁。

85 王光照，〈隋煬帝大業三年北巡突厥簡論〉，《安徽大學學報（哲學社會科學版）》，二〇〇〇年第一期（二〇〇〇年三月），認為隋煬帝將入居漠南的東突厥部族出塞，是中原政權處理游牧部族一種防患生變的舉措，它含有自警並告警藩服的雙重意味（第六八頁）。

86 劉健明，《隋代政治與對外政策》，以為煬帝強令突厥的出塞，引起突厥的不滿，並認為隋與東突厥在大業初年已呈現緊張關係（第二三九頁）。我們認為，煬帝並不是因為啟民可汗有侵隋舉動，才將東突厥遷回漠北；啟民返回漠北後，亦沒有與隋廷關係生變。

87 薛宗正，《突厥史》，將此次染干入朝繫於大業二年七月（第一九二頁）。據《隋書》卷一五〈音樂志下〉記載：「及大業二年，突厥染干來朝，煬帝欲誇之，總追四方散樂，大集東都。」（第四一一頁）。史籍雖未載記染干入隋廷是在大業二年的具體月分，但比照《隋書》卷三〈煬帝紀上〉云：「（大業二年）夏四月庚戌（二十六日），上自伊闕，陳法駕，備千乘萬騎，入於東京。」（第七四頁）。可知此次啟民可汗來隋，可能是在大業二年四月間而非七月。

88 《隋書》卷一二〈禮儀志七〉，第三〇三頁。

89 所謂「散官」，是相對於「執事官」而言，執事官係掌有實務，散官則為虛號，無實際職務，僅為銓敘資格之用。散官又稱「散位」，凡九品以上職事所帶散位，謂之「本品」；凡無職事官者所帶散位，謂之「散品」。散官三品以上者，可給俸祿、預朝會。參看張國剛，《唐代官制》（西安：三秦出版社，一九八七年），第一六四頁。

90 近年新出墓誌或是敦煌文書也有關於突厥人兼帶有隋朝光祿大夫、金紫光祿大夫之職銜者，例如：〈大唐故右屯衛翊府右郎將阿史那勿施墓誌〉記載：「君諱施，字勿施。……祖奚純，單于處邏可汗，隨（隋）拜左光祿大夫，賜婚李夫人，……。」；〈大唐故左衛將軍・弓高侯史公（善應）墓誌〉記載：「公諱善應，字智遠，河南洛陽人也。……大業五年（六〇九），授朝散大夫，頻從煬帝征遼東，累遷右光祿大夫・右武衛武牙郎將，……。」；〈史大奈神道碑〉記載：「大業七年（六一一），奉珎（珍）入侍，襛（禮）同戚屬，寵冠列蕃。……遼東之役，固請先駈（驅）陷陣，功多特超諸校，賞物千段，授金紫光〔祿〕大夫。……。」隋廷授冊散官目的，是作為突厥朝隋時班位、章服之用。

91 《隋書》卷三〈煬帝紀上〉，第七六頁。

（長孫）晟往喻旨，稱述帝意。染干聽之，因召所部諸國，奚、霫、室韋等種落數十酋長咸萃。晟以牙中草穢，欲令染干親自除之，示諸部落，以明威重，乃指帳前草曰：「此根大香。」染干遽嗅之曰：「殊不香也。」晟曰：「天子行幸所在，諸侯躬親灑掃，耘除御路，以表至敬之心。今牙中蕪穢，謂是留香草耳。」染干乃悟曰：「奴罪過。奴之骨肉，皆天子賜也，得效筋力，豈敢有辭？特以邊人不知法耳，賴將軍恩澤而教導之。將軍之惠，奴之幸也。」遂拔所佩刀，親自芟草，其貴人及諸部爭放效之。乃發榆林北境，至于其牙，又東達于薊，長三千里，廣百步，舉國就役而開御道。[92]

學者指出，此次煬帝的北巡，可能帶有幾個目的：其一，煬帝懷有耀武揚威之心；其二，煬帝希望通過北巡來加強隋朝在北亞的影響力；其三，表現出中央王朝對於四邊不作戰戈之爭而收羈控目標的政治精神。[93]除了這三個目的外，我們認為應還有一個目的，即是藉北巡東突厥以試探啟民可汗是否對隋忠心。特別是煬帝在入東突厥可汗牙帳前，先遣長孫晟至啟民可汗所，表面上的理由是「恐染干驚懼」，但實際上煬帝派遣對突厥事務最為熟悉的長孫晟赴東突厥，長孫晟並令啟民可汗親自為天子拔刀除草，目的除了強調宗藩之間的權力義務關係外，也含有試探啟民可汗返回塞北後，是否依然對隋朝效忠誠款。啟民可汗不僅親自拔刀芟草，並在煬帝到達赤岸澤、并州時，分別派遣其子拓（招）特勤、兄子毗黎伽特勤朝見煬帝，甚至欲親自入塞迎接煬帝鑾輿，以示忠心。[94]六月丁酉（二十日），啟民可汗與義成公主率諸胡首領至榆林宮（內蒙古烏盟察右中旗灰騰梁）朝見煬帝，[95]獻牛羊駝馬數千萬頭，[96]又獻兵器、新帳。[97]煬帝大悅，特賦詩，並賜物一萬二千段，以褒獎啟民可汗的忠心誠款。啟民可汗乘此機會，又再次上表請求改服中國衣冠，表云：

已前聖人先帝莫緣可汗存在之日，憐臣，賜臣安義公主，種種無少短。臣種末為聖人先帝憐養，臣兄弟妒惡，相共殺臣，臣當時無處去，向上看只見天，下看只見地，實憶聖人先帝言語，投命去來。聖人先帝見臣，大憐臣，死命養活，勝於往前，遣臣作大可汗坐著也。其突厥百姓，死者以外，還聚作百姓也。至尊今還如聖人先帝，捉天下四方坐也。還養活臣及突厥百姓，實無少短。臣今憶想聖人及至尊養活事，具奏不可盡，並至尊聖心裏在。臣今非是舊日邊

92 《隋書》卷五一〈長孫覽傳附長孫晟〉，第一五〇四頁。

93 劉健明，《隋代政治與對外政策》，第二三七頁；王光照，〈隋煬帝大業三年北巡突厥簡論〉，第六八頁。

94 《隋書》卷三〈煬帝紀上〉，第七六－七七頁；司馬光，《資治通鑑》卷一八〇〈隋紀四〉，煬帝大業三年（六〇七）五月丁巳條、丙寅條、辛未條，第五六二九頁。

95 《隋書》卷三〈煬帝紀上〉，第七八頁。張文生，〈突厥啟民可汗、隋煬帝與內蒙古〉，《內蒙古師大學報（哲學社會科學版）》，第二九卷第五期（二〇〇〇年十月），考證煬帝與啟民可汗會見的地點在今內蒙古烏盟察右中旗的灰騰梁地區（第八三頁）。

96 司馬光，《資治通鑑》卷一八〇〈隋紀四〉煬帝大業三年（六〇七）七月條，第五六三二頁。據《隋書》卷八四〈北狄傳‧突厥〉記載：「啟民及義成公主來朝行宮，前後獻馬三千匹」（第一〇八頁）、王欽若等編纂，周勛初等校訂，《冊府元龜（校訂本）》卷九七八〈外臣部（二十三）‧和親〉所記與《隋書‧突厥傳》相同（第一一三二四頁），我們認為《通鑑》所記「獻牛羊駝馬數千萬頭」的「萬」為衍字。

97 唐‧李吉甫撰，賀次君點校，《元和郡縣圖志》（北京：中華書局，一九八三年）卷四〈關內道四‧勝州〉記載：「隋榆林宮，……煬帝北巡，陳兵塞表，以威北狄，因幸此宮，突厥啟人可汗獻馬及兵器、新帳，因賦詩云云。」（第一一一頁）。

地突厥可汗，臣即是至尊臣民，至尊憐臣時，乞依大國，服飾法用一同華夏。臣今率部落，敢以上聞，伏願天慈不違所請。[98]

此篇表文，除追述文帝對啟民可汗扶立的經過與援助，更進一步請求煬帝「臣今非是舊日邊地突厥可汗，臣即是至尊臣民」、「乞依大國服飾法用，一同華夏」，希望能改變服飾、歸化華夏。啟民可汗為什麼要不斷提出改易衣冠服飾的請求？可能是對中華文物認同，或是藉此表達永維隋朝藩屬的政治態度。[99]對於啟民可汗的請求，煬帝如何表示？《隋書・突厥傳》記載：

先王建國，夷夏殊風，君子教民，不求變俗。斷髮文身，咸安其性，旃裘卉服，各尚所宜，因而利之，其道弘矣。何必化諸削衽，縻以長纓，豈遂性之至理，非包含之遠度。衣服不同，既辨要荒之敘，庶類區別，彌見天地之情。[100]

七月辛亥（初四），煬帝賜啟民可汗璽書，諭以「磧北未靜，猶須征戰，但存心恭順，何必變服？」[101]從此份詔書，可知煬帝未允東突厥改易服飾的理由有二：第一，民族不同，風俗自異，應各安習性，無須求同，況且服飾的改變不僅僅是習俗的變化，更是生活方式、生產方式的改變，東突厥久居漠北，以游牧經濟為生，農業民族服飾，並不適合突厥人民的生活；第二，此時「磧北未靜，猶須征戰」，煬帝希望東突厥能保持騎射、善戰的傳統，為隋廷防守北境。[102]或是如學者所言，反映出中國天下秩序最高最遠的「德化原理」境界，在施以四夷教化、王化的同時，亦允許四夷各遂其性，各安其土。[103]換言之，煬帝希望東突厥在政治上內臣化，而在文化上仍保有游牧民族舊俗。隋煬帝雖不允啟民易冠變服的請求，但對於啟民可汗率諸胡迎駕，深表滿意，除了對啟民及前來朝見的部落酋長三千五百人賜物二十萬段之外，[104]又下詔給啟民可汗，《文館詞林》記載此詔云：

> 門下：德合天下，覆載所以弗遺；功格區宇，聲教所以咸眾。至於梯山航海，請正朔，襲冠解辮，同彼黔黎。是故《王會》納貢，義彰前冊，呼韓入臣，待以殊禮。突厥意利珍豆啟民可

98 《隋書》卷八四〈北狄傳．突厥〉，第二一〇八—二一〇九頁；王欽若等編纂，周勛初等校訂，《冊府元龜（校訂本）》卷九八〇〈外臣部（二十五）．通好〉，第一一三四三頁。

99 王光照，〈隋煬帝大業三年北巡突厥簡論〉，第六八頁。

100 《隋書》卷八四〈北狄傳．突厥〉，第二一〇九頁。

101 司馬光，《資治通鑑》卷一八〇〈隋紀四〉，煬帝大業三年七月辛亥條，第五六三二頁。

102 關於啟民可汗的改服易飾以及隋煬帝不允啟民可汗所請，學者有不同的看法：崔明德，《隋唐民族關係探索》（青島：海洋大學出版社，一九九四年），認為啟民的易服之舉主要是感激文帝對東突厥在政治上、軍事上的支持與援助，並以此承認隋煬帝為天下共主（第二〇九頁）；劉健明，《隋代政治與對外政策》，認為啟民可汗之際是隋朝國勢最強的階段，啟民可汗不得不作改服之請以爭取隋朝的全力支持（第二五一頁，註釋一一）；林幹，《突厥史》（呼和浩特：內蒙古人民出版社，一九八八年），以為煬帝不允啟民可汗改服目的在尊重突厥的習俗與文化（第七四頁）；趙云旗，〈論隋煬帝的民族思想和民族政策〉，《中央民族學院學報》，一九八八年第四期（一九八八年十二月），主張隋煬帝的民族思想是混一夷夏，少數民族與漢族之間可以自由來往，結為一家（第三—一一頁）；王光照，〈隋煬帝大業三年北巡突厥簡論〉，認為煬帝希望啟民可汗及其部落不變其便服騎射的傳統，以負荷起隋王朝戰略需要的軍事用意（第七一頁）。

103 高明士，《東亞古代的政治與教育》（臺北：喜瑪拉雅基金會，二〇〇三年），第一二—一六頁。

104 《隋書》卷八四〈北狄傳．突厥〉，第二一〇九頁。

汗，志懷沈毅，常脩藩職，往者挺身違難，拔足歸仁。先朝嘉此款誠，授以徽號，資其甲兵之眾，牧其殘滅之餘，復祀於既亡之國，繼絕於不存之地，斯固施均亭育，澤漸要荒者矣。朕以寡德，祗奉靈命，思播遠猷，光熙令緒。是以親巡朔野，撫寧藩服，啟民深執誠心，入奉朝覲，率其種落，拜首軒墀，言念丹款，良以嘉尚，宜隆榮數，或復恒典。可賜輅車、乘馬、鼓吹、幡旗，贊拜不名，位在諸侯王上。[105]

煬帝被啟民可汗的忠心、誠款所感動，特賜啟民可汗輅車、乘馬、鼓吹、幡旗等物，並提高啟民可汗地位，可贊拜不名，位在諸侯王之上。八月壬午（六日），煬帝自榆林郡離行前，啟民可汗特飾廬清道，以候乘輿，煬帝再入啟民牙帳，啟民可汗奉觴上壽，跪伏恭甚，王侯以下皆袒割於帳前，莫敢仰視煬帝。煬帝大悅，賦詩、宴賜啟民及義成公主金甕各一及衣服、被褥、錦綵等物，[106]蕭皇后亦入義成公主帳。八月己丑（十三日），啟民可汗亦歸蕃，[107]結束了這次的北巡。大業四年（六〇八），啟民可汗又入隋廷請朝，煬帝遣鴻臚卿史祥迎接，[108]此次入朝，啟民可汗以塞北環境疏陋，請求造房建屋。煬帝於四月乙卯（十三日）下詔：

突厥意利珍豆啟民可汗率領部落，保附關塞，遵奉朝化，思改戎俗，頻入謁覲，屢有陳請。以氈牆毳幕，事窮荒陋，上棟下宇，願同比屋。誠心懇切，朕之所重。宜於萬壽戍置城造屋，其帷帳牀褥已上，隨事量給，務從優厚，稱朕意焉。[109]

大業三年七月煬帝的北巡，以及大業四年啟民可汗的入隋朝見，是隋朝與東突厥關係發展達到最佳階段，但也是雙方關係轉變的開始。

煬帝將啟民可汗遷回漠北後，藉由北巡的機會觀察啟民回塞後對隋的態度有否轉變，雖然啟民可汗對隋廷仍忠款不變，但是煬帝在大臣提醒警告東突厥於隋朝兩代國君不斷厚賜之下，國力已大為強盛，為了防患於未然，煬帝分別在大業三年七月與大業四年七月，連續兩年興築長城，加強北疆的防禦工事。[110]

大業五年（六〇九），隋朝與東突厥的關係似乎開始有所轉變。《隋書．董純傳》記載：

105 許敬宗編，羅國威整理，《【日藏弘仁本】文館詞林校證》卷六六四〈隋煬帝褒顯匈奴詔一首〉，第二四五頁。

106 王欽若等編纂，周勛初等校訂，《冊府元龜（校訂本）》卷九七四〈外臣部（十九）．褒異〉（第一一二七三頁）、同書，卷九七八〈外臣部（二十三）．和親〉（第一一三二四頁）。

107 《隋書》卷三〈煬帝紀上〉，第七八頁；司馬光，《資治通鑑》卷一八〇〈隋紀四〉，煬帝大業三年（六〇七）八月乙酉條、己丑條，第五六三四頁。

108 《隋書》卷六三〈史祥傳〉記：「（史祥）尋遷鴻臚卿。時突厥啟民可汗請朝，帝遣祥迎接之。」（第一六七六頁），未書年月。王欽若等編纂，周勛初等校訂，《冊府元龜（校訂本）》卷九九九〈外臣部（四十四）．入覲〉，將此事繫於大業三年六月（第一一五五四頁）。岑仲勉，《突厥集史》，上冊，考證史祥任鴻臚卿當在大業四年初，《冊府元龜（校訂本）》繫年有誤（第九二頁）。我們採岑氏說法。

109 《隋書》卷三〈煬帝紀上〉，第七九頁。

110 《隋書》卷三〈煬帝紀上〉記載：「（大業三年七月），發丁男百餘萬築長城，西距榆林，東至紫河，一旬而罷。……（四年）秋七月辛巳（十日），發丁男二十餘萬築長城，自榆林谷而東。」（第七八、七九頁）；又可參看王欽若等編纂，周勛初等校訂，《冊府元龜（校訂本）》卷九九〇〈外臣部（三十五）．備禦三〉，第一一四六七頁。

歲餘，突厥寇邊，朝廷以（董）純宿將，轉為榆林太守。虜有至境，純輒擊卻之。[111]

岑仲勉考證認為突厥的寇邊當在大業五年。[112]由於史料並沒有載記東突厥入寇的理由，尚不知東突厥寇邊的原因與經過如何。不過，啟民可汗與隋廷關係的改變，此次的入寇事件似乎不是特例。《隋書‧薛世雄傳》另載：

（薛世雄）從帝征吐谷渾，進位通議大夫。……歲餘，以世雄為玉門道行軍大將，與突厥啟民可汗連兵擊伊吾。師次玉門，啟民可汗背約，兵不至，世雄孤軍度磧。伊吾初謂隋軍不能至，皆不設備，及聞世雄兵已度磧，大懼，請降，詣軍門上牛酒。世雄遂於漢舊伊吾城東築城，號新伊吾，留銀青光祿大夫王威，以甲卒千餘人戍之而還。[113]

隋朝征伐吐谷渾是在大業五年五月，[114]因此薛世雄擊伊吾事應是在大業六年（六一〇）。[115]此次煬帝向啟民可汗征兵，啟民最後竟背約不至，使薛世雄孤軍度磧，征討伊吾。由此可見，啟民可汗已不聽命隋廷號令。

啟民可汗為何會有離隋之意？推測可能是與隋朝通使西突厥，以及出兵吐谷渾有關。《隋書‧煬帝紀》記載：

（大業四年）二月己卯（六日），遣司朝謁者崔毅使突厥處羅，致汗血馬。[116]

煬帝派遣崔毅（君肅）出使西突厥，[117]《隋書．西突厥傳》有詳記：

當大業初，處羅可汗撫御無道，其國多叛，與鐵勒屢相攻，大為鐵勒所敗。時黃門侍郎裴矩在敦煌引致西域，聞國亂，復知處羅思其母氏，因奏之。煬帝遣司朝謁者崔君肅齎書慰諭之。處羅甚踞，受詔不肯起。君肅謂處羅曰：「突厥本一國也，中分為二，自相仇敵，每歲交兵，積

---

111 《隋書》卷六五〈董純傳〉，第一七二五頁。

112 岑仲勉，《突厥集史》，上冊，第九五頁。林靜玉，〈突厥與中原朝廷和戰之研究——和戰因素之探討〉（臺北：國立政治大學邊政研究所，未刊本碩士論文，一九七九年），煬帝在位十三年間，突利可汗（案：此時應稱為啟民可汗）在位期間並未入寇（第一三頁），由上引《隋書．董純傳》即可知大業五年，東突厥已開始有入寇隋境之舉。

113 《隋書》卷六五〈薛世雄傳〉，第一七一八頁。

114 《隋書》卷三〈煬帝紀上〉載：「（大業五年五月），吐谷渾主率眾保覆袁川，帝分命內史元壽南屯金山，兵部尚書段文振北屯雪山，太僕卿楊義臣東屯琵琶峽，將軍張壽西屯泥嶺，四面圍之。」（第八一頁）。

115 司馬光，《資治通鑑》將薛世雄擊伊吾繫年於大業四年（六〇八）十月（第五六四二頁）。《隋書》卷六五〈薛世雄傳〉云：世雄破伊吾後，於漢舊伊吾城東築新伊吾（第一七一八頁）。據李吉甫撰，賀次君點校，《元和郡縣圖志》卷四〇〈隴右道下．伊州〉記載：「伊州……隋大業六年得其地，以為伊吾郡。」（第一〇二九頁）。可證明薛世雄擊伊吾一事是在大業六年。岑仲勉，《隋書求是》（北京：中華書局，二〇〇四年），亦認為薛世雄擊伊吾之歲，《通鑑》置於四年十月不能為定論，推計當在大業六、七年（第三二四—三二五頁）。

116 《隋書》卷三〈煬帝紀上〉，第七九頁。

117 崔毅，《隋書．西突厥傳》作崔君肅。岑仲勉，《突厥集史》，上冊，研究指出：隋、唐人多以字行，「毅」或其名，「君肅」或其字也（第九二頁）；又可參看岑仲勉，《通鑑隋唐紀比事質疑》，第一五頁。本文為行文上之方便，除徵引史料外，均稱崔毅。

數十年而莫能相滅者，明知啟民與處羅國其勢敵耳。今啟民舉其部落，兵且百萬，入臣天子，甚有丹誠者，何也？但以切恨可汗而不能獨制，故卑事天子以借漢兵，連二大國，欲滅可汗耳！百官兆庶咸請許之，天子弗違，師出有日矣。顧可汗母向氏，本中國人，歸在京師，處于賓館。聞天子之詔，懼可汗之滅，旦夕守闕，哭泣悲哀。是以天子憐焉，為其輟策。向夫人又匍匐謝罪，因請發使以召可汗，令入內屬，乞加恩禮，同於啟民。天子從之，故遣使到此，可汗若稱藩拜詔，國乃永安，而母得延壽；不然者，則向夫人為誑天子，必當取戮而傳首虜庭，發大隋之兵，資北蕃之眾，左提右挈，以擊可汗，死亡則無日矣！奈何惜兩拜之禮，剿慈母之命，吝一句稱臣，喪匈奴國也！」處羅聞之，矍然而起，流涕再拜，跪受詔書。君肅又說處羅曰：「啟民內附，先帝嘉之，賞賜極厚，故致兵強國富。今可汗後附，與之爭寵，須深結於天子，自表至誠。既以道遠，未得朝覲，宜立一功，以明臣節。」處羅曰：「如何？」君肅曰：「吐谷渾者，啟民少子莫賀咄設之母家也。今天子又以義成公主妻於啟民，啟民畏天子之威而與之絕。吐谷渾亦因憾漢故，職貢不修。可汗若請誅之，天子必許。漢擊其內，可汗攻其外，破之必矣。然後身自入朝，道路無阻，因見老母，不亦可乎？」處羅大喜，遂遣使朝貢。[118]

案：處羅可汗的全稱為泥撅處羅可汗，本名達漫，是泥利可汗之子，母親向氏，本為中國人，先嫁給泥利可汗，生達漫後，泥利可汗卒逝，向氏依突厥民族的收繼婚俗，又嫁泥利可汗弟婆實特勤。泥利可汗本為東突厥莫何可汗、都藍可汗時代的西面小可汗，[119]後因與大義公主私連一事被長孫晟揭發，泥利唯恐都藍可汗報復，於是亡附西突厥達頭可汗。仁壽三年（六〇三），原臣屬西突厥的鐵勒諸部反叛，泥利可汗出兵征討，反被鐵勒所擊敗，泥利可汗可能就是死於此次戰役中。泥利死後，由其子達漫接任泥利在西突厥的政治地位。仁壽末，婆實特勤與向氏入隋廷，[120]這次朝隋目的可能是要向文帝解釋泥利可汗降附西突厥一事，並尋求隋朝的諒解。由於此時隋朝正積極出兵討擊西突厥達頭可汗，故暫時不處理，並將婆實與向氏等人留置於長安鴻臚寺蕃客館內。迨西突厥內亂，達頭可汗逃至吐谷渾，西突厥國人乃擁立達漫為泥撅處羅可汗。

煬帝即位後，泥撅處羅可汗統御西突厥無方，政苛察多忌，[121]引起西突厥內部的不滿，黃門侍郎裴矩奉煬帝之命，在敦煌招撫西域胡商，聽聞西突厥國亂，又知泥撅處羅可汗思念其母向氏，於是裴矩向煬帝奏報，認為可利用此一機會招納泥撅處羅可汗，使西突厥內附，成為隋朝的屬國，完成東、西突厥同時向隋稱臣、臣屬隋廷的偉大功業。就是在這個背景之下，煬帝在大業四年二月派遣崔毅赴西突厥，

118 《隋書》卷八四〈北狄傳．西突厥〉，第一八七七－一八七八頁；王欽若等編纂，周勛初等校訂，《冊府元龜（校訂本）》卷六五二〈奉使部（一）．宣國威〉，第七五二三－七五二四頁、卷六五七〈奉使部（六）．機變〉，第七五八五頁。

119 開皇六年（五八六），東突厥莫何可汗處羅侯西征阿波可汗並生擒之，東突厥的西面小可汗就由泥利可汗擔任，直至都藍可汗時代。

120 《隋書》卷八四〈北狄傳．西突厥〉載：「其母向氏，本中國人，生達漫而泥利卒，向氏又嫁其弟婆實特勤。開皇末，婆實共向氏入朝，遇達頭亂，遂留京師，每舍之鴻臚寺。」（第二一一一頁）；同卷〈北狄傳．突厥〉記載：「是歲（指仁壽三年），泥利可汗及（咄陸）葉護俱被鐵勒所敗。」（第二一〇八頁）。由此可知仁壽三年時，泥利可汗尚在，婆實特勤與向氏不可能在開皇末年入隋。我們以為〈西突厥傳〉所記「開皇末」，當是「仁壽末」之誤。吳玉貴，〈高昌供食文書中的突厥〉，《西北民族研究》，一九九一年第一期（一九九一年三月），認為泥利可汗去世與泥撅處羅可汗繼位，應同在仁壽三年至四年之間，向氏既然在泥利死後改嫁，則其改嫁時間最早也應在仁壽四年之後，入隋朝時間應該更晚，不應在泥利在位的開皇末年（第五〇－五一頁）。

要求泥撅處羅可汗向隋稱臣。[122]

崔毅至西突厥汗國後，泥撅處羅可汗本踞甚，受詔不肯起拜，崔毅從兩方面入手，使泥撅處羅可汗向隋稱臣：第一，崔毅指出東、西突厥積數十年而不能相滅，原因在於東、西突厥兩國國力相當，東突厥啟民可汗之所以要依附隋廷，對隋忠款，就是要聯合隋朝的力量消滅西突厥，若是泥撅處羅可汗仍不願向隋朝稱臣，則西突厥亡國之日不遠；第二，崔毅深知泥撅處羅可汗思念母親向氏，故對泥撅處羅採取親情攻勢，指出煬帝遣使來西突厥就是向氏所提出的要求，希望泥撅處羅可汗也能內屬隋廷，得到如同東突厥啟民可汗一樣的待遇。如果泥撅處羅可汗肯向隋稱臣拜詔，不僅西突厥必能長保永安，母親向氏也能安享天年；否則等到隋朝與東突厥聯兵擊討西突厥，不僅西突厥因此亡國，向氏也會因欺騙隋帝而被殺戮。泥撅處羅可汗在崔毅勸誘之下，「流涕再拜，跪受詔書」。崔毅見其計奏效，進一步勸說泥撅處羅可汗，因東突厥啟民可汗已先降附隋朝，泥撅處羅可汗若要與啟民可汗爭寵，則必須為煬帝立一大功，以表明忠誠，建功的方法就是發兵出討對隋「職貢不修」的吐谷渾，再親自入隋廷，如此不但能建功，又可見到母親。泥撅處羅可汗大喜，於是派遣使者隨崔毅入隋廷並貢汗血馬。[123]由於泥利本是東突厥小可汗，後叛離依附西突厥，並造成東突厥汗國第二次的分裂，是以，對東突厥而言，泥利——達漫父子實屬叛國集團，此時煬帝派遣崔毅要求達漫內附，並同意在臣屬隋廷後，可享有與啟民可汗相同的待遇，如此做法使啟民可汗無法接受，勢必影響到東突厥與隋朝的關係。[124]此外，崔毅曾遊說達漫出兵擊討吐谷渾以向煬帝立功，而「吐谷渾者，啟民少子莫賀咄設之母家也」。換言之，吐谷渾與東突厥有著姻婭關係。隋朝於大業五年出兵討擊吐谷渾，現今又要求達漫出兵，不僅加深啟民可汗對泥撅處羅可汗的仇恨，也使得啟民可汗對隋廷產生怨懟不滿。

五、啟民可汗卒逝時間

啟民可汗卒逝時間，史籍載記不一：

《隋書．突厥傳》記載：

明年（案：大業四年，六〇八），（啟民可汗）朝於東都，禮賜益厚。是歲，疾終，……。[125]

《資治通鑑》記載：

121 北宋．歐陽修、宋祁，《新唐書》（北京：中華書局，一九九五年）卷二一五下〈突厥傳下〉，第六〇五六頁。

122 金寶祥、李清凌、侯丕勛、劉進寶，《隋史新探》（蘭州：蘭州大學出版社，一九八九年），對於隋煬帝派遣崔毅（君肅）赴西突厥有不同的解釋：東突厥啟民可汗欲與吐谷渾連謀抗隋，當時西突厥稱雄西域，對隋的威脅日益加強，在這種情形下，煬帝為割斷啟民可汗和吐谷渾的往來並離間東、西突厥之間關係，於遣司朝謁者崔君肅齎詔書前往西突厥執行使命（第一一三頁）。我們有不同的看法：史籍從未記載東突厥啟民可汗有聯合吐谷渾抗擊隋朝的任何紀錄，且此時東突厥將西突厥泥撅處羅可汗視為世仇，也因此隋朝無須利用崔毅的出使來「離間」東、西突厥之間關係。

123 司馬光，《資治通鑑》卷一八一〈隋紀五〉，煬帝大業四年（六〇八）二月己卯條，第五六三七頁。

124 有關泥利可汗叛離東突厥，以及東突厥汗國第二次分裂，可參看拙著，《西突厥與隋朝關係史研究（五八一－六一七）》，第一〇八－一一二頁。

125 《隋書》卷八四〈北狄傳．突厥〉，第二一一〇頁。

大業五年（六〇九），春，正月，丙子（初八），改東京為東都。突厥啟民可汗來朝，禮賜益厚。……突厥啟民可汗卒。[126]

《冊府元龜．繼襲第二》則載：

大業（業）十年（六一四），啟民朝於東都，是歲疾終，煬帝為之廢朝三日……。[127]

同書，〈褒異〉卻又記載著：

（大業）四年，四月，突厥啟民可汗朝於東都……，是年疾終。[128]

依上述史料，啟民可汗卒年至少有大業四年、大業五年、大業十年等三種說法。岑仲勉根據《隋書．突厥傳》的記載，斷定啟民可汗卒於大業四年。[129]薛宗正綜合《隋書．音樂志》、《隋書．高麗傳》以及《冊府元龜》的記載，論定啟民可汗當卒於大業十年。[130]吳玉貴以為隋朝在大業五年正月才將東京改稱東都，《隋書．突厥傳》之說法不確，又依據《隋書．煬帝紀》、《隋書．音樂志》、《隋書．高麗傳》等相關的記載，啟民可汗活動止於大業六年，因此判定啟民可汗卒於大業七年，並指出《冊府元龜．入覲》所記「十年」當是「七年」之誤訛。[131]劉健明則認為《隋書．音樂志》所記魚龍曼延等百戲事，若與《隋書．煬帝紀》做比較，則可知道此事應在大業五年六月，不在大業六年，《冊府元龜．入覲》大業十年的說法，也並沒有確切的證據，因此採用了《資治通鑑》大業五年的說法。[132]

綜觀上述說法，可知《隋書・突厥傳》記載啟民可汗卒於大業四年的說法是錯誤的。《冊府元龜》在繫年上常有錯誤，加上〈入覲〉與〈褒異〉說法顯然矛盾，因此「大業十年」的說法也很值得懷疑。究竟啟民可汗卒於何時呢？我們推測最可能的時間應是大業六年。依據《隋書・煬帝紀》、《隋書・音樂志》所記載的內容，大業五年六月，煬帝於觀風行殿，盛陳文物，設魚龍曼（漫）延時，啟民可汗當時尚在東都洛陽。又，《隋書・薛世雄傳》有云：「歲餘，以世雄為玉門道行軍大將，與突厥啟民可汗連兵擊伊吾」。[133]煬帝向啟民可汗徵兵討擊伊吾一事，很可能就是在大業五年六月魚龍曼（漫）延時所

126 司馬光，《資治通鑑》卷一八一〈隋紀五〉，煬帝大業五年條，第五六四二－五六四三、五六四七頁。

127 王欽若等編纂，周勛初等校訂，《冊府元龜（校訂本）》卷九六七〈外臣部（十二）．繼襲第二〉，第一一一九九頁；卷九九九〈外臣部（四十四）．入覲〉亦記：「（大業）十年，突厥啟民可汗率（卒），其子咄言（吉）立。來朝于東都。」（第一一五五四頁）。

128 王欽若等編纂，周勛初等校訂，《冊府元龜（校訂本）》卷九七四〈外臣部（十九）．褒異〉，第一一二七三頁。

129 岑仲勉，《突厥集史》，上冊，第九四－九五頁。

130 薛宗正，《突厥史》，第一九七頁。

131 吳玉貴，《突厥汗國與隋唐關係史研究》，第一七四－一七六頁，注釋一四。

132 劉健明，《隋代政治與對外政策》，第二五二－二五三頁，注釋一六。劉義棠，〈突厥可汗世系考〉，《突回研究》，未對啟民可汗卒年作分析，僅依據《通鑑》所記，認為啟民可汗卒於大業五年（第二一頁）；傅樂成，〈突厥大事繫年〉，《漢唐史論集》（臺北：聯經出版事業股份有限公司，一九七七年），第二四二頁、伊瀨仙太郎，《中国西域経営史研究》（東京：巖南堂書店，一九五五年），第一六七頁，亦將啟民可汗逝時間繫於大業五年。

133 《隋書》卷六五〈薛世雄傳〉，第一七一八頁。

做的決定，大業六年（六一〇）薛世雄「師次玉門，啟民可汗背約，兵不至」，由此可知大業六年時，啟民可汗違背大業五年的約定，不出兵與薛世雄合擊伊吾。現今各種史籍記載啟民可汗的活動均不出大業六年，因此可以推斷啟民可汗卒逝當是在隋煬帝大業六年。

六、阿史那染干子嗣人數

啟民可汗染干有多少子嗣？從史籍的記載，似乎只有三子：《舊唐書．突厥傳上》有云：

始畢可汗咄吉者，啟民可汗子也。……始畢卒，……立其弟俟利弗設，是為處羅可汗。……俄而處羅卒，……遂立處羅之弟咄苾，是為頡利可汗。頡利可汗者，啟民可汗第三子也，初為莫賀咄設，……。[134]

《隋書．西突厥傳》記載：

（崔）君肅曰：「吐谷渾者，啟民少子莫賀咄設之母家也。今天子又以義成公主妻於啟民，啟民畏天子之威而與之絕。吐谷渾亦因憾漢故，職貢不脩。……。」……。[135]

由上引兩段史料可知，啟民可汗染干有三子，按年齡排列依序是：始畢可汗咄吉、處羅可汗奚純、[136]頡利可汗咄苾。頡利可汗是啟民可汗的第三子，也是啟民可汗的「少子」（幼子）。

然而，史籍文獻又有啟民可汗其他子嗣的記載：

《隋書．煬帝紀上》：

> （大業三年）五月丁巳（九日），突厥啟民可汗遣子拓特勤來朝。[137]

同書，〈裴矩傳〉：

---

134 《舊唐書》卷一九四上〈突厥傳上〉，第五一五三－五一五五頁。《新唐書》卷二一五上〈突厥傳上〉所記略同（第六〇二八－六〇二九頁）。

135 《隋書》卷八四〈北狄傳．西突厥〉，第二一一二頁。又據杜佑撰，王文錦、王永興、劉俊文、徐庭雲、謝方點校，《通典》卷一九七〈邊防典十三．北狄四．突厥上〉記載：「渾邪者，頡利之母婆施氏之媵臣也，頡利初誕，以付渾邪，……。」（第五四一二頁）。由此可知，啟民可汗妻吐谷渾婆施氏，生頡利可汗咄苾。

136 毛漢光撰，耿慧玲助理，《唐代墓誌銘彙編附考》（臺北：中央研究院歷史語言研究所，一九八七年），第七冊，〈阿史那施誌〉記載：「君諱施，字勿施。……祖奚純，單于處邏可汗，……。」（第四八九頁）；王仁波主編，《隋唐五代墓誌滙編》（天津：天津古籍出版社，一九九一年），陝西卷，第一冊，〈阿史那哲墓誌〉記載：「君諱自奴，字哲。……曾祖奚純，單于處邏可汗，……。」（第一〇一頁），可知處羅可汗本名奚純。

137 《隋書》卷三〈煬帝紀上〉，第七六頁。王欽若等編纂，周勛初等校訂，《冊府元龜（校訂本）》卷九七〇〈外臣部（十五）．朝貢第三〉將拓特勤記為「招特勒」（第一一二二六頁）。

（裴）矩以始畢可汗部眾漸盛，獻策分其勢，將以宗女嫁其弟叱吉設，拜為南面可汗。叱吉不敢受，始畢聞而漸怨。[138]

《舊唐書‧突厥傳上》：

時太宗在藩，受詔討劉武周，師次太原，處羅遣其弟步利設率二千騎與官軍會。[139]

《新唐書‧突厥傳上》：

頡利之立，用次弟為延陀設，主延陀部，步利設主霫部，……。[140]

從上徵引材料，則啟民可汗似乎又有「拓特勤」、「叱吉設」、「步利設」、「延陀設」等四子。我們雖然尚不知拓特勤等四人的名字，以及這四個稱號是否為咄吉、奚純、咄苾在擔任大可汗以前東突厥的政治名號，然從《舊唐書‧突厥傳上》「處羅遣其弟步利設」與《新唐書‧突厥傳上》頡利「用次弟為延陀設，主延陀部，步利設主霫部」，則頡利可汗似有兩個弟弟（步利設、延陀設），而據《隋書‧西突厥傳》的記載，頡利可汗已是啟民可汗幼子，又如何有二弟？若是頡利可汗有兩弟，則不當是啟民可汗的幼子。究竟孰者為是？

前面討論染干的出身問題時，我們從突厥民族的收繼婚俗分析。因此，有關染干的子嗣問題亦可由此解釋，我們可以確知咄吉、奚純、咄苾是染干之子，至於拓特勤、叱吉設、步利設、延陀設若不是咄吉等三人擔任大可汗之前突厥的政治名號而是另有其人，則他們也可能是因為收繼婚關係，轉而成為染干之子。

七、結論

在隋朝三十七年的歷史中，東突厥始終是隋朝最重要的外交對象，有隋一代，啟民可汗阿史那染干不僅與隋文帝、煬帝兩代都有往來，同時染干亦是東突厥汗國歷史上唯一一位由隋廷扶立，冊授大可汗號的國君，可以說是與隋朝關係最為密切的東突厥國君。然而，傳統文獻關於染干有多處前後矛盾，載記不一的情況。關於染干的身世，本文認為應如《隋書．突厥傳》的記載，當為沙鉢略可汗攝圖之子。開皇十三年以後，隋與東突厥都藍可汗關係生變，於是文帝利用和親手段，以安義公主妻染干，造成東突厥大、小可汗內部分爭，最後文帝罷廢都藍，改以染干為東突厥大可汗，並冊授啟民可汗政治名號，同時，啟民可汗也上尊文帝為「大隋聖人．莫緣可汗」，這是中國歷史上首次中原皇帝同時身兼可汗號

---

138 《隋書》卷六七〈裴矩傳〉，第一七七四頁。葛承雍，〈東突厥阿史那摸末墓誌考述〉，根據此條認為啟民可汗有四個兒子，叱吉設是四子（第一四二一－一四三頁）。《隋書．裴矩傳》僅言以宗女嫁始畢可汗弟叱吉設，並沒有說叱吉設是啟民可汗的第四子。

139 《舊唐書》卷一九四上〈突厥傳上〉，第五一五四頁。

140 《新唐書》卷二一五上〈突厥傳上〉，第六〇三八頁。

的國君，為魏晉南北朝胡漢兩元體制的一大發展，也為日後唐太宗被上尊為「皇帝．天可汗」奠下理論基礎。[141]

隨著煬帝出兵征伐與啟民可汗有婚媾關係的吐谷渾，以及隋廷遣使與東突厥有隙的西突厥泥撅處羅可汗達漫交通，隋朝與東突厥關係逐漸轉惡，啟民可汗不但背約不與隋朝聯兵出擊伊吾，同時也開始侵寇隋邊。大業六年，啟民可汗卒逝，煬帝為其廢朝三日，可見煬帝依然將啟民視為隋廷內臣。[142]

由於游牧社會有時因為現實環境之需要，產生「結構性失憶」（structural amnesia），[143] 造成家族譜系出現混亂現象，加上游牧民族採行收繼婚俗，子女之間的行輩是隨父而定，親屬關係計算上也只問行輩，不問直系或旁系，以致於突厥世系及子嗣人數，常常出現撲朔不明的形態。啟民可汗的子嗣人數問題，亦可由是觀之。目前可以確知咄吉（始畢可汗）、奚純（處羅可汗）、咄苾（頡利可汗）是染干之子，至於史籍中出現的拓特勤、叱吉設、步利設、延陀設等人，若不是咄吉、奚純、咄苾三人擔任大可汗之前東突厥的政治名號，而是另有其人，則他們也可能是因為收繼婚關係，轉變成為染干之子。

141 有關唐太宗被尊為「皇帝．天可汗」的過程及其歷史意義，可參看拙文，〈唐代「皇帝．天可汗」釋義〉，原刊於《漢學研究》，第二一卷第一期（總第四二號）（二〇〇三年六月），第四一三－四三三頁，增訂修改收入《隋唐政治、制度與對外關係》，第一八三－二〇八頁。

142 隋朝有兩次對東突厥國君過世行輟朝禮，一次是開皇七年（五八七）沙鉢略可汗病卒，文帝為之廢朝三日；另一次是大業六年啟民可汗卒逝，煬帝為之廢朝三日。兩次對東突厥行輟朝禮皆是隋朝國勢最強、東突厥向隋稱臣期間。參看拙文，〈隋唐輟朝制度研究〉，原刊於《文史》，二〇一〇年第二輯（總第九一輯）（二〇一〇年五月），增訂修改收入《隋唐政治、制度與對外關係》，第二八九－二九一頁。

143 P.H. Gulliver, *The Family Herds: A Study of Two Pastoral Tribes in East Africa, the Jie and Turkana*, London: Routledge & K. Paul, 1955, pp.108-117.

啟民可汗阿史那染干世系表

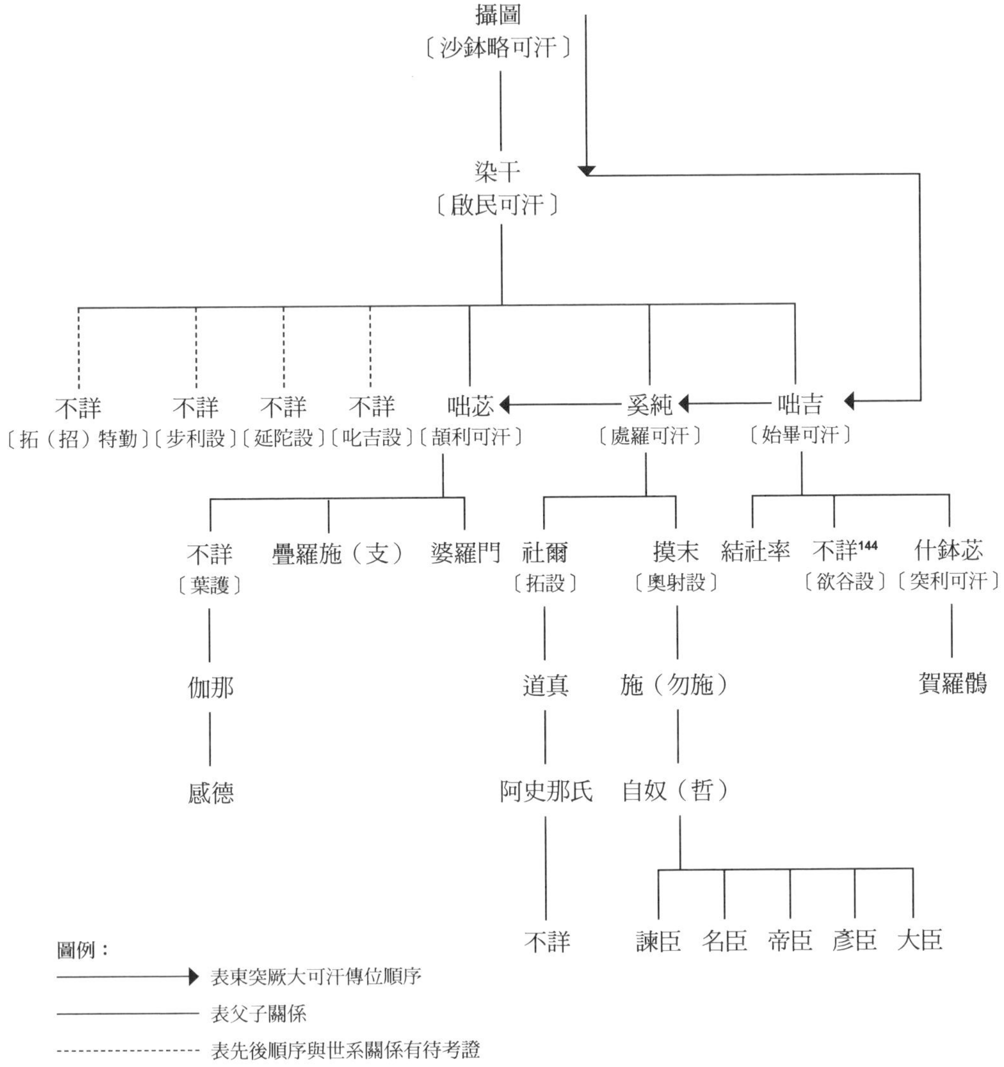

144 欲谷設的名字不詳，欲谷設當為突厥的政治名號。有關欲谷設的出身，史籍文獻載記不同，我們認為欲谷設是始畢可汗咄吉之子，詳參拙文，〈從游牧民族收繼婚俗看漢初「嫚書之辱」——兼論收繼婚俗在歷史研究中的重要性——〉，該文已收到本書第二篇。

上曰：「宋寧宗之事，甚為駭異。朱子進箚，當以虞、舜蒸蒸乂不格奸之道為勉，而乃反以唐太宗抱膝吮乳之事，為言何耶？」（李）仁復曰：「若泛語以蒸蒸乂不格奸之道，則難悟，故以抱膝吮乳之事言之。其所引喻，亦甚切近。蓋唐宗吮乳之事，則亦出於誠心，非假為之者也。」上曰：「抱膝吮乳，亦出於一段油然之心，故朱子引之。」……。[5]

英祖、李仁復以為，唐太宗的吮乳乃是出於自然赤誠之心。

關於李世民「跪而吮上乳」的原因，國內外學術界已有若干討論，主要有以下五種論點：

一是，劉盼遂先生認為，哀痛之際，跪而吮乳，〈鮮卑〉、〈突厥〉傳中皆不見有此類記述，然漢族亦從無此俗，蓋實本蕃禮也。[6]

二是，李宗侗、夏德儀等先生提出，跪而舐上之乳房，以示為孺子時無間之態。[7]

三是，胡戟先生指出，《新唐書．高祖紀》記載，李淵「體有三乳」，跪吮撫玩大概是李世民小時候的習慣，此時此刻當眾重複這個舉動，表現父子間的親昵和好。[8]杜文玉先生承襲了胡戟先生的觀點，同時指出高祖借用曾母投杼的典故，比喻自己如曾參之母一樣聽了別人關於李世民的壞話，實際上是向李世民表示歉意。[9]

四是，陳正榮先生從心理分析學家佛洛伊德（Sigmund Freud）所提人類心理機制的運作原型，按心理動力論人格結構模式（the structural model）分為「本我」（id）、「自我」（ego）、「超我」（super-ego）三部分。李世民跪而吮上乳的表現，是在「超我」抑制下產生道德焦慮之後的心理防衛機制（self-defense mechanism），包括退化作用（退化成極端無助，需要尋求依戀對象，十分無辜，只求吸吮乳頭的嬰兒）、投射作用（父親召見他時提到「曾母投杼」的喻例，同時喚起李世民對母親依戀感。於是嬰兒戀母的情緒坦然呈現，但對象卻換成了生父），其防衛機制在無形之中將宮廷鬥爭的情境轉化為兄弟爭寵的情境，李淵也被迫化入情境，身兼母職，在已有讓位的預期心理之下，無法再苛責懷中依戀母乳的嬰兒。[10]

五是，閻愛民先生指出，唐太宗跪吮父乳舉動，是要再現出他為孺子時與父親的無間之態，唐高祖早年也應有過哺乳嬰兒的舉動，這樣太宗才會由此舉去感動父親，喚起早年的記憶。唐代周邊少數民族存在「產翁乳子」習俗，產翁其狀如乳婦，象徵性地給嬰兒哺乳，表明父權在子女生產和哺育中的主導作用。從子女這方看來，正是父乳的這種作用，加強了他們與父親間的親密聯繫。唐太宗吸吮父乳，向乃父表達了我仍是您哺育長大的最親密孩子的願望，捐棄了父子間的前嫌。閻先生又從古代以男子多乳、大乳為貴吉之徵的「尚乳」崇拜，認為男子多乳、大乳，從父權的生殖崇拜觀念來看，比女子有更

---

5 韓國·國史編纂委員會編，《承政院日記》（漢城：國史編纂委員會，一九六一年），第六六四冊，英祖四年（雍正六年）戊申（一七二八）六月十八日丁酉條，第五三六頁。

6 劉盼遂，〈李唐為蕃姓考〉，《女師大學術季刊》，第一卷第四期（一九三〇年十二月），第八二五頁。

7 李宗侗、夏德儀等校註，《資治通鑑今注》（臺北：臺灣商務印書館，一九八五年），第十冊，第八一五頁，注釋四四。

8 胡戟、胡樂，〈試析玄武門事變的背景內幕〉，原刊於中國唐史學會編，《唐史學會論文集》（西安：陝西人民出版社，一九八六年），第九七－一二五頁，該文後更名為〈唐高祖與玄武門之變〉，收入《胡戟文存（隋唐歷史卷）》（北京：中國社會科學出版社，二〇〇〇年），第一九八－二二三頁。

9 杜文玉，《唐代宮廷史》（天津：百花文藝出版社，二〇一〇年），第四二－四三頁。

10 陳正榮，〈李世民「跪而吮上乳」的心理分析〉，《歷史月刊》，第一三六期（一九九九年五月），第一二九－一三一頁。

強大的哺育子女能力。在中原華夏地區，產翁的風俗，是從婦女產育時男子的直接模擬，轉化到對男子多乳的崇拜和帶有乳子痕跡的成年儀式，由「產翁」的風俗向「乳翁」的禮俗。唐高祖體有三乳，是以唐太宗的「跪而吮上乳」之舉，正是帶有這種「乳翁」遺跡的風俗。[11]孟憲實先生承襲閻愛民先生的論點，李世民跪而吮上乳是來自北方民族「乳翁」的一個習俗，把父親當做母親一樣的尊重，表示確認自己的生命之源。這是李世民對父親的承認和歉意表達，意在表示父子和解。[12]

上述五種意見中，李宗侗、胡戟等先生認為，李世民「跪而吮上乳」之舉，表示欲與父親李淵回到幼兒時期父子親昵無間和好之狀態。然值得注意者，李世民的吮乳行為是在李淵說出「投杼之惑」後所產生，但為何李世民要以「吮乳」的方式回應？此外，「投杼之惑」的原意是指「母子之間」不應謠言受惑而產生誤會，李淵又為什麼要用此一典故，解釋與李世民「父子之間」的嫌隙誤會？閻愛民先生認為唐太宗跪吮父乳舉動，是與少數民族「產翁乳子」的習俗有關。然而，翻檢史籍文獻所記有關「產翁乳子」習俗，皆是來自於獠、越、苗等中國南方地區的少數民族，而李唐皇室雜染著濃厚鮮卑、突厥等北方游牧民族的色彩（詳見下文），匈奴、東胡（烏桓、鮮卑）、高車、突厥等民族，並未見有「產翁乳子」的文化。是以，以南方少數民族「產翁乳子」的習俗，解釋李世民的吮乳行為，實有斟酌商榷之處。陳正榮先生以佛洛伊德所提人格結構模式中的「超我」抑制下產生道德焦慮之後的心理防衛機制，來解釋李世民的「跪而吮上乳」行為，確實有相當的說服力，然而，李世民的吮乳之舉，似又不能單單僅從心理防衛機制來說明。[13]

二

由於傳統史籍文獻記載北方游牧民族風俗習慣失之簡略未詳，加之以漢人對於北族文化認知甚少，使得文獻記載中的一些歷史信息，看似無所依憑，而顯得無法理解，或是產生誤讀。如果我們將研究視角深入到北族，甚至是整個內亞文化傳統（Inner Asia cultural tradition），進行全盤觀察分析，則有助於我們重新解讀熟知的史料，並賦予新的歷史意義。[14]「玄武門事變」後，李淵召見李世民時撫謂「投杼之惑」，而李世民則以「跪而吮上乳」方式回應。從表面上看，李世民吸吮父乳的舉動，確實有不可解之處，因此有「這種效忠禮節，有點莫明其妙，如此匪夷所思的場面，當然相當可笑」的說法。[15]然而，我們從北族的風俗習尚角度進行探析研究，或可對李世民跪吮父乳的行為，求得更為妥適合理的解釋。

中古北方游牧民族有著濃厚崇敬母族的文化傳統：匈奴有「以母名為姓」之習俗，《南齊書・魏虜

---

11 閻愛民，〈《資治通鑑》「世民跪而吮上乳」的解說——兼談中國古代「乳翁」遺俗〉，原刊於《中國史研究》，二〇〇四年第三期（二〇〇四年九月），第七三—七八頁，該文後增訂收入《漢晉家族研究》（上海：人民出版社，二〇〇五年），第四四一—四四九頁。

12 孟憲實，〈玄武門之變被掩蓋的最重要的情節〉，《孟憲實讀史漫記》（北京：鳳凰出版社，二〇〇九年），第八九頁。

13 李世民吮乳之行為，是配合李淵說出「投杼之惑」之後所做，其中蓋有深義，並非單純是心理防衛機制，詳見下文分析。

14 羅新，《黑氊上的北魏皇帝》（北京：海豚出版社，二〇一四年），曾就內亞游牧帝國國君即位儀式進行全方位的考察，分析鮮卑舊俗（即代都舊制）與內亞政治傳統間的聯繫，並以此進一步解讀《遼史》記載耶律阿保機生前曾精準預言三年後死亡的神祕現象。

15 李國文，〈唐朝的「苦迭打」〉，《李國文說唐》（北京：中華書局，二〇〇六年），第三九頁。

傳》記載：

是歲，宏（北魏孝文帝拓跋宏）徙都洛陽，改姓元氏。初，匈奴女名托跋，妻李陵，胡俗以母名為姓，故虜為李陵之後，虜甚諱之，有言其是陵後者，輒見殺，至是乃改姓焉。16

雖然蕭子顯對拓跋鮮卑的祖源發展理解有誤，然其所謂「胡俗以母名為姓」，可見匈奴崇母文化。屬東胡民族的烏桓、鮮卑有不害母親、計從婦人的傳統。王沈，《魏書》云：

貴少賤老，其性悍驁，怒則殺父兄，而終不害其母，以母有族類，父兄以己為種，無復報者故也。……故其俗從婦人計，至戰鬥時，乃自決之。……自殺其父兄無罪。17

《後漢書．烏桓鮮卑傳》記載：

烏桓者，本東胡也。……怒則殺父兄，而終不害其母，以母有族類，父兄無相仇報故也。……其自殺父兄則無罪。……鮮卑者，亦東胡之支也，別依鮮卑山，故因號焉。其言語習俗與烏桓同。18

同卷，又載：

其嫁娶則先略女通情，……壻隨妻還家，……為妻家僕役，一二年間，妻家乃厚遣送女，居處財物一皆為辦。[19]

怒殺父兄，終不害母、俗從婦人計、壻（婿）隨妻還家，皆可看出東胡民族的崇母風俗。東魏、北齊時代，社會上彌漫著強烈的鮮卑化風氣。顏之推，《顏氏家訓．省事》載有：

北齊朗悟士者，天文、畫繪、棋博、鮮卑語、胡書、煎胡桃油、煉錫為銀，如此之類，略得梗概。[20]

不通鮮卑語及胡書者，不得稱為天資聰穎者。《顏氏家訓．教子》又載：

16 南朝梁．蕭子顯，《南齊書》（北京：中華書局，點校本二十四史修訂精裝本，二〇一七年）卷五七〈魏虜傳〉，第一〇九九－一一〇〇頁。
17 西晉．陳壽撰，南朝宋．裴松之注，《三國志》（北京：中華書局，一九七三年）卷三〇〈魏書．烏丸傳〉，第八三二－八三三頁。
18 南朝宋．范曄撰，唐．李賢等注，《後漢書》（北京：中華書局，一九九五年）卷九〇〈烏桓鮮卑傳〉，第二九七九－二九八〇、二九八五頁。
19 《後漢書》卷九〇〈烏桓鮮卑傳〉，第二九七九頁。
20 王利器撰，《顏氏家訓集解（增補本）》（北京：中華書局，一九九三年）卷五〈省事第十二〉，第三二七頁。

與西胡（粟特族）的文化傳統中有「即知有母，不知有父」，是以，安祿山以「先母後父」習俗，先拜楊貴妃，再拜唐玄宗。

李唐皇室無論在生活習慣與倫常觀念方面皆濡染著濃厚鮮卑、突厥等北族風習色彩。從種族上來看，李唐皇室雖自稱是西涼李暠後裔（郡望為隴西李氏），[29]然據現今學術界研究認為，其先世以父系而論，或是鮮卑化極深之漢族，[30]更可能直接是鮮卑族的後裔。彥琮，《唐護法沙門法琳別傳》記載：

> 琳聞：拓拔達闍，唐言李氏，陛下之李，斯即其苗，非柱下隴西之流也。……竊以拓拔元魏，北代神君；達闍達系，陰山貴種。……陛下即其人也；棄北代而認隴西，陛下即其事也。……太宗曰：「法琳雖毀朕宗祖，非無典據。」。[31]

學者指出，法琳言達闍而必及於拓跋，顯然是以達闍出自拓跋氏。今既知宇文氏賜李虎姓大野，而大野即達闍，則拓拔達闍即李虎無疑。李虎為拓跋達闍之唐言，達闍即胡語虎的意思。達闍必非天竺語，而是李虎的鮮卑語名字。李唐先祖就算非拓跋血統，恐怕在李虎這一輩也已濡染北亞風習。[32]另外，李淵祖父李虎的兄長名起頭，弟名乞豆，而起頭的兒子名達摩。這些名字都是胡人的名字。李氏家族中有人的容貌像胡人，如李淵之子李元吉被單雄信曾呼為「胡兒」，[33]李世民「虬鬚」，[34]此皆可作為李唐皇室為鮮卑後裔之明證。[35]若以李唐母系而論，無論是李淵之母獨孤氏，李世民之母竇氏（紇豆陵氏）、外祖母宇文氏，李治之母長孫氏，李隆基之母竇氏，皆雜有鮮卑族之血統。[36]承如錢穆先生所言：「李唐世系之深染胡化，不容諍論。」[37]陳寅恪先生亦云：「李唐一族之所以崛興，蓋取塞外野蠻精悍之

29 後晉・劉昫，《舊唐書》（北京：中華書局，一九九五年）卷一〈高祖紀〉，第一頁。

30 羅龍治，《唐代的后妃與外戚》（臺北：桂冠圖書公司，一九七八年），李唐先世之氏族，究竟是胡是漢，雖然迄今未有定論。但即使是漢族，也是已經胡化之漢族（第一頁）。

31 唐・彥琮，《唐護法沙門法琳別傳》，（《大正新脩大正藏經》，臺北：中華電子佛典協會，二〇〇二年，第五〇冊，第二〇五一號）卷下，第一七－一八頁。

32 卓鴻澤，〈塞種源流及李唐氏族問題與老子之瓜葛：漢文佛教文獻所見中、北亞胡族族姓疑案〉，《歷史語文學論叢初編》（上海：古籍出版社，二〇一二年），第二八－三七頁。

33 唐・劉餗撰，程毅中點校，《隋唐嘉話》（北京：中華書局，二〇〇五年）上，第九頁。

34 北宋・陶穀，《清異錄》（北京：中華書局，一九九一年）卷三〈髭聖〉：「唐文皇虬鬚，壯冠，人號髭聖。」（第一八八頁）；北宋・錢易撰，黃壽成點校，《南部新書》（北京：中華書局，二〇〇二年），〈癸〉：「太宗文皇帝，虬鬚上可掛一弓。」（第一七一頁）。劉盼遂，〈李唐為蕃姓考〉，指出傳世帝王像，唐太宗獨深目高鼻，亦胡貌之徵也（第八二二頁）。

35 陳寅恪著，陳美延輯錄，〈晉南北朝隋唐史研究備課筆記〉，《講義及雜稿》（北京：三聯書店，二〇〇二年），「（十六）唐為鮮卑種」（第六七－六八頁）。

36 繆鳳林，《中國通史要略》（臺北：國立編譯館出版，一九四六年初版，一九八九年重排一版）：「李昞娶獨孤信第四女，生李淵，是高祖為漢胡之混合種也。淵娶竇毅之女，是為太穆皇后，生建成、世民、玄霸、元吉四人。竇氏雖為漢姓，然自漢末已為部落大人，種系混雜，可不待言，而太穆皇后之母，又為宇文氏，是太宗與其同母兄弟，皆漢胡與漢胡配合之混種。其異母兄弟，亦混合種與漢人配合之後裔也。太宗娶長孫晟之女，是為文德長孫皇后，生承乾、治、泰三人。晟妻為高勱之女，勱父岳為高歡從弟，亦漢人而化於鮮卑者，是高宗與其同母兄，弟又混合種之混合種矣。高宗子睿宗娶竇孝諶女，是為昭成皇后，生玄宗，孝諶為毅之三從祖孫，亦混合種之後，是玄宗又混合種與混合種配合之後矣。……唐室諸帝，高祖、太宗、高宗、玄宗為著，而其母氏，皆為鮮卑或鮮卑與他族之混合種，史有明證，……然諸帝多一祖三宗之後，固雜有北族之血族矣。」（第一八八－一八九頁）。

37 錢穆，《國史大綱》（臺北：臺灣商務印書館，一九九四年），第四四八頁。

血，注入中原文化頹廢之軀」。[38]

從風俗文化來看，李唐亦習尚突厥文化，李淵很早就與東突厥有所接觸，至遲在隋煬帝大業中晚期，李淵就將宗室女（平夷縣主）妻東突厥處羅可汗之子郁射設阿史那摸末，兩家建立聯姻關係。[39]大業十三年（六一七）五月，李淵於太原起兵時，首先響應歸附的外族，即是突厥族的史大奈。[40]李淵在改立楊侑為隋帝時，曾自比為「老狼」。溫大雅，《大唐創業起居注》記載：

> 義寧元年（六一七）冬十一月甲子（十七日），少帝以帝為丞相，進封唐王，位在王公上。……帝嘆曰：「王家失鹿，遂使孤同老狼。」乃奉詔受冊。[41]

突厥認為其祖先為與狼交合之「狼種」，旗纛之上，施金狼頭。[42]李世民在武德三年（六二〇）至武德七年（六二四）間也與東突厥始畢可汗之子突利可汗阿史那什鉢苾結為「香火之盟」，兩人約為兄弟。[43]李世民長子李承乾好突厥風俗，《舊唐書．恒山王承乾傳》記載：

> 常命戶奴數十百人專習伎樂，學胡人椎髻，翦綵為舞衣，尋橦跳劍，晝夜不絕，鼓角之聲，日聞於外。[44]

《新唐書．常山王承乾傳》亦載：

> 又好突厥言及所服，……設穹廬自居，使諸部斂羊以烹，抽佩刀割肉相啗。承乾身作可汗死，

使眾號哭剺面，奔馬環臨之。[45]

唐高宗李治的小名「雉奴」，[46]此名即是「叱奴」，意指「狼」。[47]及至中唐，我們仍能看到李唐保有

---

38 陳寅恪，〈李唐氏族之推測後記〉，《金明館叢稿二編》（北京：三聯書局，二〇〇一年），第三四四頁。

39 拙文，〈阿史那自奴（哲）墓誌箋證考釋〉，《成大歷史學報》，第四十四號（二〇一三年六月），第七五－七六、八八－九一頁。

40 拙文，〈史大奈生平事蹟研究〉，《臺灣師大歷史學報》，第五四期（二〇一五年十二月），第一－四四頁。

41 唐・溫大雅撰，李季平、李錫厚點校，《大唐創業起居注》（上海：古籍出版社，一九八三年）卷三，第四四頁。

42 唐・令狐德棻，《周書》（北京：中華書局，一九九七年）卷五〇〈異域傳下・突厥〉，第九〇八－九〇九頁。

43 呂一飛，《胡族習俗與隋唐風韻——魏晉北朝北方少數民族社會風俗及其對隋唐的影響》（北京：書目文獻出版社，一九九四年），北朝胡人有一種盟誓方式，即焚香火結為兄弟，此俗在隋唐之際頗有影響。唐初李世民與突厥結「香火之情」即是兄弟之情。李唐王室頗染胡俗，此為證明（第二一六頁）。盧向前，《金鑰匙漂流記——古代中西交通猜想》（北京：商務印書館，二〇一六年），指出在胡人看來，既為香火兄弟，就是同一部落、同一家子的了。唐太宗、突利他們這種香火兄弟，也就有《教坊記》中的「兄弟憐愛」的意義在的（第一八九頁）。Sanping Chen, "The Legacy of the Tuoba Xianbei: The Tang Dynasty", *Multicultural China in the Early Middle Ages*, Philadelphia: University of Pennsylvania Press, 2012，指出唐太宗平滅東突厥後，獲得「天可汗」的稱號，太宗接受此新稱號的關鍵原因即是對突厥的認同。此外，太宗的陵墓「昭陵」仿傚突厥墓葬習俗，置有大量石雕，所體現的也是對突厥文化的身分認同（PP. 35-36）。

44 《舊唐書》卷七六〈恒山王承乾傳〉，第二六四八頁。

45 《新唐書》卷八十〈常山王承乾傳〉，第三五六四頁。

46 《新唐書》卷八十〈濮王泰傳〉，第三五七一頁。

47 北齊・魏收，《魏書》（北京：中華書局，點校本二十四史修訂精裝本，二〇一七年）卷一一三〈官氏志〉記載：「叱奴氏，後改為狼氏」（第三二七四頁）。白鳥庫吉著，方壯猷譯，〈托跋氏考〉，《東胡民族考》（上海：商務印書館，一九三四年），第一三四頁。

濃厚胡人的習尚。《舊唐書．肅宗紀》記載：

（至德二載，七五七）十二月丙午（三日），上皇至自蜀，上至望賢宮奉迎。上皇御宮南樓，上望樓辟易，下馬趨進樓前，再拜蹈舞稱慶。上皇下樓，上匍匐捧上皇足，涕泗嗚咽，不能自勝。[48]

肅宗見太上皇玄宗時，匍匐捧玄宗足，元人胡三省云：「夷禮以拜跪捧足為敬」。[49]是以，肅宗跪捧玄宗足之行為乃胡人之風俗。[50]

此外，李唐宮闈不受儒家倫常禮教之束縛，玄武門事變後，李世民納四弟元吉之妃楊氏；唐高宗李治納太宗才人武則天；唐玄宗納其子壽王李瑁之妃楊氏等，是以，朱熹有云：「唐源流出於夷狄，故閨門失禮之事，不以為異。」之語。[51]凡此也是李唐深受北族盛行收繼婚俗（levirate）影響有關。[52]《隋唐嘉話》、《唐語林》、《芝田錄》、《太平廣記》，皆記載李淵在隋煬帝時與妻子竇氏的一則故事：

隋煬帝與神堯高祖俱是獨孤外家，因是神堯與煬帝常侮狎。每朝謁退，煬帝皆有詞謔。後因賜宴，煬帝於眾因戲神堯。神堯高顏面皺，帝目為阿婆面，神堯忿恚不樂。洎歸就第，怏悵不已。見文皇已下，但流涕而不言。次告竇皇后曰：「某身世可悲，今日更被上顯毀云阿婆面，據是兒孫不免飢凍矣。」竇后欣躍曰：「此言可以室家相賀。」神堯不喻，謂是解免之詞。后曰：「公封於唐，阿婆乃是堂主，堂者唐也。」神堯渙然冰釋。喜悅，與秦、齊諸王，私相賀焉。[53]

這則故事本在讚賞李淵妻子竇氏的機智，以「阿婆堂（唐）主」，一語雙關慰解李淵，因此王讜的《唐語林》將其置於〈賢媛〉。值得注意者「阿婆乃是堂主」一語，阿婆者，女性也；堂主者，家長也。無論是上引「婦持門戶」、「從婦人計」，抑或是「阿婆堂主」，皆表明鮮卑文化中，女性在家庭的地位遠遠高於男性。是以，具有濃厚鮮卑、突厥色彩的李唐皇室，女性（母親）是有極大的影響力。陳寅恪先生曾云：「女系母統對（唐）後代的影響，無論在遺傳因素上或政治上均極為重要。即使無直接之關係，間接之影響亦不小，應加注意。」[54]所言甚是。

---

48 《舊唐書》卷一〇〈肅宗紀〉，第二四九頁。

49 司馬光，《資治通鑑》卷二二〇〈唐紀三十六〉，至德二載（七五七）九月壬寅條，胡三省注文，第七〇三四頁。

50 劉盼遂，〈李唐為蕃姓考〉，指出《續高僧傳》卷四〈玄奘傳〉內有高昌「麴氏流淚執足而別」的記載，此執足涕泣，中土前載所未見，則肅宗與麴母之事蓋蕃俗矣（第八二五頁）。Sanping Chen, "The Legacy of the Tuoba Xianbei: The Tang Dynasty"，指出肅宗「捧足」的行為與古代伊朗「服從禮」（proskynesis）習俗可能有關連性（PP. 11）。此外，隋唐盛行的「蹈舞禮」也來自於鮮卑文化，參看朱熹，《朱子全書》，第拾捌冊，《朱子語類》卷一二八〈本朝二・法制〉，第三九九四－三九九五頁。

51 朱熹，《朱子全書》，第拾捌冊，《朱子語類》卷一三六〈歷代三〉，第四二二四頁。

52 Sanping Chen, "The Legacy of the Tuoba Xianbei: The Tang Dynasty"，分別從語言、姻親關係、氏族關係、服飾、社會風俗、胡名、藝術（音樂、舞蹈、戲劇等）七個面向，分析李唐非漢族的文化特徵與身分認同（PP. 9-14）。有關李唐在安史亂前的胡化之風，可參看李松濤，《唐代前期政治文化研究》（臺北：臺灣學生書局，二〇〇九年），第八八－一〇五頁。

53 北宋・李昉等編，張國風會校，《太平廣記會校》（北京：燕山出版社，二〇一一年）卷一六三〈讖應・神堯〉，第二三二七頁。又可參看劉餗撰，程毅中點校，《隋唐嘉話》，〈補遺〉，第五七頁；北宋・王讜撰，周勛初校證，《唐語林校證》（北京：中華書局，一九九七年）卷四〈賢媛〉，第四〇三頁。

54 陳寅恪著，石泉、李涵整理，〈聽寅恪師唐史課筆記一則〉，《講義及雜稿》，第四九三頁。

三

李世民參與晉陽起兵謀劃，待李唐建立國後，又相繼平滅薛仁杲、劉武周、竇建德、王世充等各割據勢力，期間薛頤、王遠知等方伎術士倡言秦王當有天下，[55]使其開始有了奪取大位野心。世民與太子建成之衝突，約起於武德四年（六二一）洛陽平定之後，[56]大約在武德五年（六二二），建成討平劉黑闥勢力後，世民與建成、元吉之間的鬥爭趨於白熱化。對於世民與建成之間的矛盾衝突，李淵最初是採取中立調和態度，對於李世民歷次戰功，李淵不斷加官進爵，也給予極高的地位和重賞，但自始至終李淵從未有過改易更換太子之心。[57]然李世民利用多年來統兵征戰機會，各處網羅人才於秦王府，藉由文學館、天策上將府等名義，召納了大量文武名士驍將，[58]以重金收買常何、敬君弘、呂世衡等禁軍

55 《舊唐書》卷一九一〈方伎傳．薛頤〉記載：「武德初，追直秦府。頤嘗密謂秦王曰：『德星守秦分，王當有天下，願王自愛。』秦王乃奏授太史丞，累遷太史令。」（第五〇八九頁）；同書，卷一九二〈隱逸傳．王遠知〉記載：「武德中，太宗平王世充，與房玄齡微服以謁之，遠知迎謂曰：『此中有聖人，得非秦王乎？』太宗因以實告，遠知曰：『方作太平天子，願自惜也。』……。」（第五一二五頁）。

56 傅樂成，〈玄武門事變之醞釀〉，《漢唐史論集》（臺北：聯經出版事業股份有限公司，一九七七年），指出武德四年前建成留居長安，世民專征於外，頗少共處之機會，及四年世民「擒充戮竇」，功業日隆，其遭建成之忌，洛陽平定之後不久，雙方之鬥爭，遂即展開（第一四四－一四五頁）。

57 史載，武德元年李淵以世民首謀起義有功、武德五年十一月應將佐之請，以及武德七年（六二四）六月楊文幹事件，曾先後三次許立李世民為太子。牛致功，《唐高祖傳》（北京：人民出版社，一九九八年），承襲史料記載，指出李淵進入長

安後，特別是做了皇帝以後，有意立李世民為太子。從太原起兵前後到做皇帝的過程中，李淵竭力促使李世民的成長與發展，當然是有目的（第二七六—二七七頁）。李樹桐，〈唐高祖三許立太宗辨偽〉，《唐史考辨》（臺北：臺灣中華書局，一九六五年初版，二〇一五年四版二刷），研究認為史書關於唐高祖三次許立太宗的記載，全係許敬宗在實錄裡為迎合太宗政治上的需要而偽造出來的（第一九二—二一三頁）。傅樂成，〈玄武門事變之醞釀〉，建成位居嫡長，又無大過；而世民才華駿發，甚類隋煬；遠懲前代之禍源，近憂倫常之失序，所以始終欲維持現狀，其意不外如此（第一四九頁）。劉東社，〈玄武門事變史事發覆〉，《陝西教育學院學報》，第二八卷第二期（二〇一二年六月），在唐高祖三子相互爭鬥的文獻記載中，高祖曾在多種場合私下許諾冊立李世民為太子，此類記錄或純屬子虛烏有，或係歪曲加工而誇大其詞，並不具備歷史真實性和可信性（第七〇—七一頁）。雷豔紅，《唐代君權與皇族地位之關係研究》（北京：中國社會科學出版社，二〇一四年），指出武德年間，高祖自始至終都在努力維護太子李建成的地位，同時採取讓三子各司其職、重用建成元吉，牽制李世民、避免李世民與突厥單獨接觸、避免李世民勢力坐大危及儲君等一系列措施，試圖限制李世民的勢力擴張，提高太子建成的威望（第二五—三二頁）。胡戟，〈唐高祖與玄武門之變〉，史籍上多處關於李淵早有立李世民為太子意的記載，除楊文幹兵變時那次外，大都是後來史家為抬高太宗的身價編造出來的（第二〇二頁）。胡如雷，《李世民傳》（北京：中華書局，一九八四年），認為楊文幹作亂時，高祖於盛怒之下草率私許世民為太子，似屬可信。關於楊文幹事件牽連太子李建成一事，李樹桐先生認為史籍所記楊文幹案的辭連太子，皆是在楊文幹伏誅以後（武德七年七月初五），實際上李建成不曾與楊文幹同反，但因與李世民有隙而被人妄告，待太宗即帝位後，房玄齡、許敬宗等人刪改國史為高祖、太宗實錄，編造出李建成與楊文幹同反，詳參李樹桐，〈唐高祖三許立太宗辨偽〉（第二〇五—二〇九頁）、〈唐楊文幹反辭連太子建成案考略〉，《唐史考辨》，第九九—一一七頁。黃永年，《六至九世紀中國政治史》（上海：上海書店出版社，二〇〇四年），認為楊文幹的舉兵更顯然是宇文穎在其中起了挑撥作用，對李世民說要「立汝為太子」另「封建成為蜀王」，自全出《實錄》所編造（第一三九頁）。

58 《新唐書》卷二〇一〈文藝傳上．袁朗〉記載：「武德初，隱太子與秦王、齊王相傾，爭致名臣以自助。……秦王有友于志寧、記室參軍事房玄齡、虞世南、顏思魯、諮議參軍事竇綸、蕭景、兵曹杜如晦、鎧曹褚遂良、士曹戴胄、閻立德、參軍事薛元敬、蔡允恭、主簿薛收、李道玄、典籤蘇勖、文學姚思廉、褚亮、燉煌公府（案：當為秦王府）文學顏師古、右元帥府司馬蕭瑀、行軍元帥府長史屈突通、司馬竇誕、天策府長史唐儉、司馬封倫、軍諮祭酒蘇世長、兵曹參軍事杜淹、倉曹李守素、參軍事顏相時。……。」（第五七二七頁）。布目潮渢，《隋唐史研究——唐朝政権の形成》（京都：東洋史研究會，昭和四三年（一九六八年）），考察李世民在武德時代最重要的三個機構（秦王府、陝東道大行臺、天策上將府）下的五十二位文武官僚，分析對其權力形成過程及演變（第二三一—二五〇頁）。

將領，[59]在外又私蓄八百餘名勇士，以提升自己武裝力量，[60]同時又以陝東道大行臺尚書令身分，委其心腹溫大雅、張亮等人積極經營洛陽，出金帛陰結山東豪傑，培植地方實力。[61]自武德七年（六二四）起，隨著李世民權力日益膨脹，李淵的態度逐漸改變，開始對李世民有了戒懼之心，轉以支持建成、元吉，除了驅斥世民重要僚屬外，[62]對於建成、元吉幾度欲加害世民，李淵也採袒護的態度以抑之。[63]

李世民雖然蓄謀奪嫡已久，然「玄武門兵變」的發動，卻是在倉促之下的臨時舉事，而促使李世民不得不反者，正是李淵不斷威逼的結果。武德九年五月，也就是事變發生前的一個月，太史令傅奕曾向李淵密奏：「太白晝見于秦，秦國當有天下。」（「太白見秦分，秦王當有天下」），[64]此前李世民因自言有天命，受到過李淵嚴厲的斥責與猜忌，《資治通鑑》記載：

上校獵城南，太子、秦、齊王皆從，上命三子馳射角勝。建成有胡馬，肥壯而喜蹶，以授世民曰：「此馬甚駿，能超數丈澗，弟善騎，試乘之。」世民乘以逐鹿，馬蹶，世民躍立於數步之外，馬起，復乘之，如是者三，顧謂宇文士及曰：「彼欲以此見殺，死生有命，庸何傷乎！」建成聞之，因令妃嬪譖之於上曰：「秦王自言，我有天命，方為天下主，豈有浪死！」上大怒，先召建成、元吉，然後召世民入，責之曰：「天子自有天命，非智力可求；汝求之一何急邪！」世民免冠頓首，請下法司案驗。上怒不解，會有司奏突厥入寇，上乃改容勞勉世民，命之冠帶，與謀突厥。閏月，己未（閏七月二十一日），詔世民、元吉將兵出豳州以禦突厥，上餞之於蘭池。上每有寇盜，輒命世民討之，事平之後，猜嫌益甚。[65]

59 〈常何墓碑〉記載：「（武德）七年，奉太宗令追入京。賜金刀子一枚，黃金卅挺，令於北門領健兒長上，仍以數十金刀子委公錫驍勇之夫。」參看朱雷、程喜霖、陳國燦，〈《常何墓碑》寫本錄文〉，《魏晉南北朝隋唐史資料》，第二輯（一九八〇年十二月），第九頁。陳寅恪，《唐代政治史述論稿》，常何舊曾隸屬建成，而為太宗所利誘。迨太宗既殺其兄弟之後，常何遂總率北門之屯軍矣。至於敬君弘、呂世衡則觀太宗數馮立罪所言，殆與常何同為太宗之黨歟？（第二四一頁）。

60 《舊唐書》卷六八〈尉遲敬德傳〉記載，事變發生前，尉遲敬德曾對太宗言「且在外勇士八百餘人，今悉入宮，控弦被甲，事勢已就，王何得辭！」（第二四九八頁）。

61 《舊唐書》卷六一〈溫大雅傳〉記載：「太宗以隱太子、巢刺王之故，令大雅鎮洛陽以俟變。大雅數陳密策，甚蒙嘉賞。」（第二三六〇頁）；同書，卷六九〈張亮傳〉記載：「會建成、元吉將起難，太宗以洛州形勝之地，一朝有變，將出保之。遣亮之洛陽，統左右王保等千餘人，陰引山東豪傑以俟變，多出金帛恣其所用。」（第二五一五頁）。黃永年，〈論武德貞觀時統治集團的內部矛盾和鬥爭〉，《唐代史事考釋》（臺北：聯經出版事業股份有限公司，一九九八年），自李淵正式稱帝、建成為皇太子後，由次子李世民統帥出征，客觀上給李世民創造了擴充實力的條件，經略山東地區，汲引人材，培殖私黨，大大擴充實力（第一三一—一八頁）。

62 《舊唐書》卷六六〈房玄齡傳〉記載：「隱太子以玄齡、如晦為太宗所親禮，甚惡之，譖之於高祖，由是與如晦並被驅斥。」（第二四六〇頁）；同卷〈杜如晦傳〉記載：「隱太子深忌之，謂齊王元吉曰：『秦王府中所可憚者，唯杜如晦與房玄齡耳。』因譖之於高祖，乃與玄齡同被斥逐。」（第二四六八頁）；同書，卷六八〈程知節傳〉記載：「武德七年，建成忌之，搆之於高祖，除康州刺史，知節白太宗曰：『大王手臂今並翦除，身必不久，知節以死不去，願速自全。』……。」（第二五〇四頁）。

63 胡戟，〈唐高祖與玄武門之變〉，第二〇六—二〇九頁。黃永年，〈敦煌寫本常何墓碑和唐前期宮庭政變中的玄武門〉，《唐代史事考釋》，武德二年十二月李世民充任陝東道行臺尚書令到武德四年五月消滅王世充、竇建德這段時間內，大量吸收山東的人材作為秦府私黨，秦府私甲也迅速擴充起來，其實力確已超越東宮、齊府。這不僅使建成、元吉感到威脅，並且引起李淵的疑忌（第四七頁）。

64 《舊唐書》卷三六〈天文志下〉，第一三二一頁、同書，卷七九〈傅奕傳〉，第二七一六頁；北宋．王溥，《唐會要》（上海：古籍出版社，二〇〇六年）卷四三〈五星凌犯〉，第九〇一頁。

65 司馬光，《資治通鑑》卷一九一〈唐紀七〉，武德七年（六二四）七月條、閏七月己未條，第五九九〇頁。此事亦見於南宋．邵博撰，劉德權、李劍雄點校，《邵氏聞見後錄》（北京：中華書局，一九八三年）卷七，第五〇頁。

引文中可注意者有二：一是，對於世民自言天命一事，李淵非常在意，不僅大怒責讓，在世民自請下法司按驗下，仍猶「怒不解」，且自此「猜嫌益甚」；二是，以往突厥入寇，多是由世民率軍討擊。在此次突厥入寇不久前，建成與妃嬪曾向李淵進言「秦王外託禦寇之名，內欲總兵權，成其篡奪之謀」，[66]言猶在耳，連繫到世民自言天命，李淵雖仍與世民商議如何防禦突厥入侵，但最後卻是由世民與元吉一同出兵抵禦，可見李淵對世民已有猜忌防備之心，欲以元吉來監視牽制世民，深怕世民真是以禦寇之名，行篡奪之實。如今深曉天文曆數，又受李淵禮敬的太史令傅奕奏言「太白見秦分，秦王當有天下」，這是「天下革，民更王」的天象，[67]於是李淵將傅奕的奏狀拿給李世民看，以儆效尤。[68]

武德九年六月丁巳（一日），突厥郁射設以數萬騎圍烏城，[69]而就在同一時間（一日、三日），又接連兩次出現「太白經天」更王、不臣的天象，[70]李淵為防範李世民有不軌之舉，聽從建成的建議，改以元吉代替世民督軍北征，同時元吉奏請秦王府驍將尉遲敬德、程知節、段志玄、秦叔寶等人偕行，並徵調秦王帳下精兵，皆得到李淵的同意，他們都希望利用此次出征突厥機會，一舉瓦解李世民的力量，徹底解決李世民的威脅。[71]建成與元吉甚至想藉由給出征大軍餞行之際，密謀殺害李世民、坑殺尉遲敬德等人。[72]面對這突如其來的政治變局，秦王府內謀臣，各個惶惶不安，認為倘若一旦行動，則「府朝塗地」，[73]咸主張與其束手待斃，不如採取非常手段。[74]李世民最初仍想暫避洛陽，以圖日後東山再起

66 司馬光，《資治通鑑》卷一九一〈唐紀七〉，武德七年（六二四）七月條，第五九九〇頁。

67 東漢·班固，《漢書》（北京：中華書局，一九九五年）卷二六〈天文志第六〉，第一二八三頁。

68 李樹桐，〈玄武門之變及其對政治的影響〉，《唐史考辨》，指出高祖以傅奕之奏狀授太宗，目的想是借此以警告太宗，使

太宗知有防備而不敢發動（第一五九頁）、李樹桐，《隋唐史別裁》（臺北：臺灣商務印書館，一九九五年），第八五頁。趙貞，《唐宋天文星占與帝王政治》（北京：北京師範大學出版社，二〇一六年），當時李世民受封秦王，正好與「秦分」聯繫起來，經過太史令傅奕的占驗分析，高祖隨即認為秦王李世民圖謀不軌，似有奪取天下之心（第三七六頁）。李軍，〈北門禁軍與武德九年玄武門政變之關係考辨——以常何為中心的考察〉，《早期中國史研究》，第八卷第二期（二〇一六年十二月），傅奕密奏採用石申《石氏星經》所言的「太白經天，見午上，秦國王，天下大亂」，正可與所謂的「國易政」相對應，目標直指世民。雖然高祖此時並無殺世民之心，但其以傅奕密奏出示世民，警告的意味非常明顯（第一四二頁）。

69 北宋・王欽若等編纂，周勛初等校訂，《冊府元龜（校訂本）》（南京：鳳凰出版社，二〇〇六年）卷九九〇〈外臣部（三十五）・備禦第三〉，第一一四七〇頁；司馬光，《資治通鑑》卷一九一〈唐紀七〉，武德九年（六二六）六月丁巳條，第六〇〇七頁。

70 《新唐書》卷三三〈天文志三〉記載：「六月丁巳（一日），（太白）經天；己未（三日），又經天。在秦分。」（第八五二頁）。胡三省注《通鑑》引劉向，《五紀論》曰：「（太白）經天則晝見，其占為兵喪，為不臣，為更王，強國弱，小國強。」，見司馬光，《資治通鑑》卷一九一〈唐紀七〉，武德九年（六二六）六月丁巳條，胡三省注文，第六〇〇三頁。

71 黃永年，〈論武德貞觀時統治集團的內部矛盾和鬪爭〉，建成、元吉這麼做，顯然是得到李淵的同意和支持，取代李世民出任統帥、讓秦府精銳轉屬元吉等，很可能本來就是李淵的主意（第二三頁）；胡戟，〈唐高祖與玄武門之變〉，認為武德九年突厥兵圍烏城，李淵不用李世民而用元吉領兵抵禦，並盡奪秦府兵馬交予齊王，使李世民及整個秦王府面臨滅頂之災，主因在於他放心不下李世民和突厥的關係，防範他們之間祕密勾結顛覆自己（第二〇九－二一四頁）。李軍，〈北門禁軍與武德九年玄武門政變之關係考辨——以常何為中心的考察〉，高祖在建成的建議下，用元吉督軍北征，還將房玄齡、杜如晦驅逐出秦府，證明世民已失去高祖的信任。元吉利用此次北征的機會，將秦王府驍將及精銳抽調一空，則世民必然束手就擒（第一三九頁）。

72 《舊唐書》卷六四〈高祖二十二子傳・巢王元吉〉，第二四二一－二四二二頁；司馬光，《資治通鑑》卷一九一〈唐紀七〉，武德九年（六二六）六月丁巳條，第六〇〇七頁。

73 司馬光，《資治通鑑》卷一九一〈唐紀七〉，武德九年（六二六）六月丁巳條，第六〇〇五頁。

74 《舊唐書》卷六五〈長孫無忌傳〉：「武德九年，隱太子建成、齊王元吉謀將害太宗，無忌請太宗先發誅之。」（第二四四六頁）；同書，卷六八〈尉遲敬德傳〉：「雖存仁愛之小情，忘社稷之大計，禍至而不恐，將亡而自安，失人臣臨難不避之節，乏先賢大義滅親之事，非所聞也。以臣愚誠，請先誅之。」（第二四九八頁）。

之機會。《舊唐書・隱太子建成傳》記載：

（高祖）乃謂太宗曰：「發跡晉陽，本是汝計；克平宇內，是汝大功。欲升儲位，汝固讓不受，以成汝美志。建成自居東宮，多歷年所，今復不忍奪之。觀汝兄弟，終是不和，同在京邑，必有忿競。汝還行臺，居於洛陽，自陝已東，悉宜主之。仍令汝建太子旌旗，如梁孝王故事。」太宗泣而奏曰：「今日之授，實非所願，不能遠離膝下。」言訖嗚咽，悲不自勝。高祖曰：「昔陸賈漢臣，尚有遞過之事，況吾四方之主，天下為家。東西兩宮，塗路咫尺，憶汝即往，無勞悲也。」及將行，建成、元吉相與謀曰：「秦王今往洛陽，既得土地甲兵，必為後患。留在京師制之，一匹夫耳。」密令數人上封事曰：「秦王左右多是東人，聞往洛陽，非常欣躍，觀其情狀，自今一去，不作來意。」高祖於是遂停。[75]

學者已指出，以高祖深沉有謀略，絕不可能昏聵到提出讓李世民赴洛陽另建太子旌旗，此無疑是讓好不容易統一的國家再次陷入分裂局面。[76]推測主動提出避赴洛陽者是李世民，希冀藉由離開長安，返還洛陽陝東道大行臺駐地，避免兄弟同在京邑而忿競日深，以遊說李淵。李淵一時未能深察，以為兄弟隔離，分居兩地，可避免直接衝突，不失為一時權宜之計，[77]率然同意李世民的方案，待建成、元吉與近幸之臣點出其中要害，加上接連出現「太白經天」的天象，於是又斷然拒絕了李世民的提案。[78]《舊唐書・隱太子建成傳》未載明此事明確時間，《資治通鑑》將其繫於武德九年六月一日。[79]我們以為，李世民提出返還洛陽的時間，很可能是在第一次出現「太白經天」的六月一日，建成、元吉等人指出萬不可行是在六月二日，[80]待六月三日第二次出現「太白經天」，李淵拒絕了李世民的請求後，李世民萌發採行武力政變，[81]於是而有「臣於兄弟無絲毫負，今欲殺臣，似為世充、建德報仇。臣今枉死，永違君

---

75 《舊唐書》卷六四〈高祖二十二子傳．隱太子建成〉，第二四一七－二四一八頁。

76 杜文玉，《唐代宮廷史》，第三一頁。明．于慎行著，清．黃恩彤參訂，李念孔、郭香圃、劉淑賢、張茂華點校，《讀史漫錄》（濟南：齊魯書社，一九九六年）第七卷〈唐高祖至玄宗〉有云：「高祖之才雖不及太宗，而其器度汪洋，驅策豪杰，尚出太宗之上，未可以為愚暗也。太宗欲自擅開創之功，故善則歸己，史臣欲成就太宗之志，故過則歸親。」（第二〇八頁）。也有學者主張李淵確實有意讓李世民出還洛陽，一方面欲支開李世民，使其與十二衛分開，以免在長安日久生事；另一方面則是安撫李世民，讓他出居陝東道大行台的大本營，既握有事權，增加安全感，降低兄弟間忿競疑忌，參看雷家驥，《隋史十二講》（北京：清華大學出版社，二〇一二年），第二九五頁。

77 傅樂成，〈玄武門事變之醞釀〉，第一五二－一五四頁。

78 劉嘯，〈「玄武門事變」新考——以「事變」時李世民的職權為中心〉，《中華文史論叢》，第九十八期（二〇一〇年二月），李世民擁有絕大之軍權，如以「陝東道大行臺、益州行臺尚書令、雍州牧、涼州總管」的官銜分司洛陽，則號令一下，自陝以東，更兼益、涼、雍等三州齊聽之，朝廷立即面臨危機，建成、元吉甚至高祖恐怕俱非敵手。但留在長安，只能是「籠中一獸」，所謂「一匹夫耳」（第一七三頁）。

79 司馬光，《資治通鑑》卷一九一〈唐紀七〉，武德九年（六二六）六月丁巳條，第六〇〇四頁。

80 司馬光，《資治通鑑》卷一九一〈唐紀七〉，武德九年（六二六）六月丁巳條記載：「建成、元吉與後宮日夜譖訴世民於上，上信之，將罪世民。」（第六〇〇五頁），可能就是指世民赴洛陽一事。

81 李軍，〈北門禁軍與武德九年玄武門政變之關係考辨——以常何為中心的考察〉，認為促使李世民決意通過武力手段解決爭鬥的，應該是武德九年六月一日，建成和元吉借突厥郁射設入圍烏城之機，通過高祖全面剝奪世民的權力（第一三八頁）。我們則推測六月三日第二次出現太白經天的天象，以及李淵斷絕李世民赴洛陽，李世民才決定以武力政變方式解決與父兄之間問題。

親，魂歸地下，實恥見諸賊。」之語。同時，世民又以「建成、元吉淫亂後宮」為由，[82]為自己爭取最後的時間與機會。

之所以不殫繁瑣地詳述「玄武門事變」爆發前夕過程，主要是在說明由於李淵對李世民的猜疑加深，使其對三子態度從原先的中立立場，轉變為完全倒向支持建成、元吉，企圖消滅李世民一切力量，並斷絕李世民可能的退路，使其只能坐困長安。換言之，真正迫使李世民不得不發動政變的就是李淵。胡戟先生指出，秦王府謀士以瞽瞍和舜的故事啟示李世民，即明白說明造成今日面臨滅頂局面者，不是因兄弟之間的爭鬥，而是父親李淵要加害於他的結果。[83]

李世民在發動「玄武門事變」前，雖擁有天策上將．太尉．司徒．尚書令．中書令．陝東道大行臺．益州行臺尚書令．雍州牧．涼州總管．左右武侯大將軍領左右十二衛大將軍等眾多官職，然而仔細分析這些官銜職權，實際上並無多大權力，其真正所能依賴者，僅有秦王府舊部以及玄武門一班不算忠誠的禁軍。[84]也就是因為如此，事變前夕即使秦王府僚屬近臣不斷勸進鼓勵，李世民對於是否要發動政變，始終游移不定，依違兩可，甚至一度要用占卜以定決疑，在張公謹以「今既事在不疑，何卜之有？縱卜之不吉，勢不可已」，[85]才決定孤注一擲。[86]因此，「玄武門事變」可說是李世民處於極端不利的困境中一種冒險行動，承如陳寅恪先生所言：此次事變是「太宗一生最艱危之苦鬥也。」[87]

「玄武門事變」在李世民倉促之下臨時舉事發動，其得勝的過程也充滿著變數與僥倖，[88]直至尉遲敬德出示建成、元吉首級，導致東宮、齊王府兵潰散，以及李淵降敕令南衙、北門，以及東宮、齊府諸軍並受秦王處分而後定。[89]

82 《舊唐書》卷六四〈高祖二十二子傳．隱太子建成〉，第二四一八頁。

83 胡戟，〈唐高祖與玄武門之變〉，第二一五－二一六頁。

84 劉嘯，〈「玄武門事變」新考——以「事變」時李世民的職權為中心〉，研究指出玄武門事變時李世民雖然擁有眾多高級官銜，若論李世民有實際職權的話，只有十二衛大將軍，然而十二衛大將軍之職，都是掌統領宮廷警衛之法令，李世民擔任的左右武候大將軍也僅是掌車駕出入的官，而此時李元吉也占有左衛大將軍、左領軍大將軍、右武候大將軍，可與李世民平分秋色。李世民除秦王舊部外，惟一能依賴的僅有玄武門一班對他並不十分忠心的禁軍。在某種意義上，李世民可說是一被困於京城的高級皇族（第一七一－一七七頁）。

85 《舊唐書》卷六八〈張公謹傳〉，第二五〇六頁。

86 黃永年，〈論武德貞觀時統治集團的內部矛盾和鬪爭〉，第二四頁。

87 陳寅恪，《唐代政治史述論稿》，第二三九頁。陳寅恪，〈論隋末唐初所謂「山東豪傑」〉，《金明館叢稿初編》（北京：三聯書店，二〇〇一年），亦云：「武德九年六月四日玄武門之事變為太宗一生中最艱苦之奮鬥」（第二五二頁）。汪籛，〈唐太宗傳〉，《汪籛漢唐史論稿》（北京：北京大學出版社，二〇一七年），認為李世民競勝這個對手（李建成），並不是輕易的，他的得勝帶有很大程度的偶然性（第九四頁）。

88 牛致功，《唐高祖傳》，認為李世民發動玄武門事變，事前的準備非常充分，李世民動員了所有可以發揮作用的力量，一切準備妥當後才行事（第三〇七－三〇九頁）。我們以為李世民是在毫無把握的情況下，倉促發動玄武門事變，即使在事變當天，李世民能否順利伏擊建成與元吉，也充滿不可知的變數。例如：史載，事變前夕張婕妤已探知世民動靜而向建成報告，元吉曾勸建成「請勒宮甲，託疾不朝」（《新唐書》卷七九〈高祖諸子傳．隱太子建成〉，第三五四四頁）。因此，直至事變當天，李世民都無法確知建成、元吉是否一同赴會朝參。又如，北門禁軍諸將領在事發時會採取何種態度因應，李世民也完全沒有把握；事變過程中，李元吉曾一度奪下世民弓「垂欲相扼」，幸賴尉遲敬德「躍馬叱之」，才得以脫險解危（《舊唐書》卷六八〈尉遲敬德傳〉，第二四九九頁）。

89 《舊唐書》卷六八〈尉遲敬德傳〉，第二四九九頁。

四

整個「玄武門事變」過程，李世民除了要誅殺建成、元吉外，另一個重要關鍵是如何處理與父親李淵關係。關於事變當時李淵的態度，《舊唐書・尉遲敬德傳》記載：

是時，高祖泛舟於海池。太宗命敬德侍衛高祖。敬德擐甲持矛，直至高祖所。高祖大驚，問曰：「今日作亂是誰？卿來此何也？」對曰：「秦王以太子、齊王作亂，舉兵誅之，恐陛下驚動，遣臣來宿衛。」高祖意乃安。南衙、北門兵馬及二宮左右猶相拒戰，敬德奏請降手敕，令諸軍兵並受秦王處分，於是內外遂定。90

同書，〈隱太子建成傳〉記載：

高祖大驚，謂裴寂等曰：「今日之事如何？」蕭瑀、陳叔達進曰：「臣聞內外無限，父子不親，當斷不斷，反受其亂。建成、元吉，義旗草創之際，並不預謀，建立已來，又無功德，常自懷憂，相濟為惡，釁起蕭牆，遂有今日之事。秦王功蓋天下，率土歸心，若處以元良，委之國務，陛下如釋重負，蒼生自然乂安。」高祖曰：「善！此亦吾之夙志也。」91

《資治通鑑》又云：

（尉遲）敬德請降手敕，令諸軍並受秦王處分，上從之。天策府司馬宇文士及自東上閤門出宣敕，眾然後定。上又使黃門侍郎裴矩至東宮曉諭諸將卒，皆罷散。[92]

從引文中可知，事變後，李世民遣尉遲敬德，藉以宿衛之名，探察李淵態度。當李淵看到尉遲敬德「擐甲持矛」，又聽聞建成、元吉已被殺害後（同時被殺者，尚有建成五子、元吉五子），首要之務是要知道李世民派尉遲敬德前來的目的（所謂「卿來此何也?」），如何才能保全一命。[93]蕭瑀、陳叔達等人認為唯有立世民為太子，並交出一切權力，李淵才可能全身而退。在事無可為情況下，李淵也只能同意，「國家庶事，皆取秦王處分」。[94]在一切處置妥當後，就有了本文開頭的「上召世民，撫之曰：『近日以來，幾有投杼之惑。』世民跪而吮上乳，號慟久之」一幕。

「投杼之惑」，又稱「曾母投杼」、「曾參殺人」，典出《戰國策・秦武王謂甘茂》：

---

90 《舊唐書》卷六八〈尉遲敬德傳〉，第二四九九頁。

91 《舊唐書》卷六四〈高祖二十二子傳・隱太子建成〉，第二四一九頁。

92 司馬光，《資治通鑑》卷一九一〈唐紀七〉，武德九年（六二六）六月庚申條，第六〇一一－六〇一二頁。

93 清・趙翼著，王樹民校證，《廿二史劄記校證（訂補本）》（北京：中華書局，一九八四年）卷一九〈建成元吉之子被誅〉記載：「謀反者族誅，秦、漢、六朝以來，皆用此法。太宗為秦王時，殺建成、元吉，不過兄弟間互相屠害，其時太宗尚未為帝，不可以反論也。乃建成子安陸王承道、……元吉子梁郡王承業、……俱坐誅，除其屬籍。是時高祖尚在帝位，而坐視其孫之以反律伏誅，而不能不救，高祖亦危極矣。」（第四〇九頁）。

94 司馬光，《資治通鑑》卷一九一〈唐紀七〉，武德九年（六二六）六月庚申條，第六〇一二頁。

昔者曾子處費，費人有與曾子同名族者而殺人，人告曾子母曰：『曾參殺人。』曾子之母曰：『吾子不殺人。』織自若。有頃焉，人又曰：『曾參殺人。』其母尚織自若也。頃之，一人又告之曰：『曾參殺人。』其母懼，投杼，踰牆而走。[95]

投杼之惑原指曾參母親受惑於謠言，終疑曾子殺人，投杼踰牆而逃，以此比喻謠言眾多，就連最親信的人也會動搖堅定的信念。所值注意者，李世民的吮乳行為是在李淵說出「投杼之惑」後所產生。孟憲實先生以為，此意在表示父子和解。[96]陳正榮先生認為，父親李淵召見他時提到「曾母投杼」的喻例，喚起李世民對母親依戀感。於是嬰兒戀母的情緒坦然呈現，但對象卻換成了生父，此為心理的投射作用（projection）。[97]我們則認為李淵特別用「曾母投杼」之典故，並不是單純表達母子之情或是受惑謠言，其深層涵意更可能是與鮮卑、突厥族中崇敬母族的文化意識有關。上文已論述鮮卑族有「怒則殺父兄，而終不害其母」的風尚，突厥族亦有「先母後父」（「知母不知父」）文化。李世民是在父親李淵威逼加害，使其退無可退的情況下發動玄武門事變，如今李世民已誅殺兄弟，會不會更進一步弒殺父親，李淵是完全沒有把握的，因此以「曾母投杼」之喻，欲喚起李世民血液中鮮卑族「終不害其母」的文化意識，而李世民的吮乳行為，正是在理解李淵用「投杼之惑」典故的一種回應。換言之，李世民藉由吮父乳之實際行動，表達出同意將李淵視如母親，終不害之。

95 西漢．劉向集錄，《戰國策》（臺北：里仁書局，一九九〇年）卷四〈秦策二．秦武王謂甘茂〉，第一五〇頁。
96 孟憲實，〈玄武門之變被掩蓋的最重要的情節〉，第八九頁。
97 陳正榮，〈李世民「跪而吮上乳」的心理分析〉，第一三一頁。

史學篇

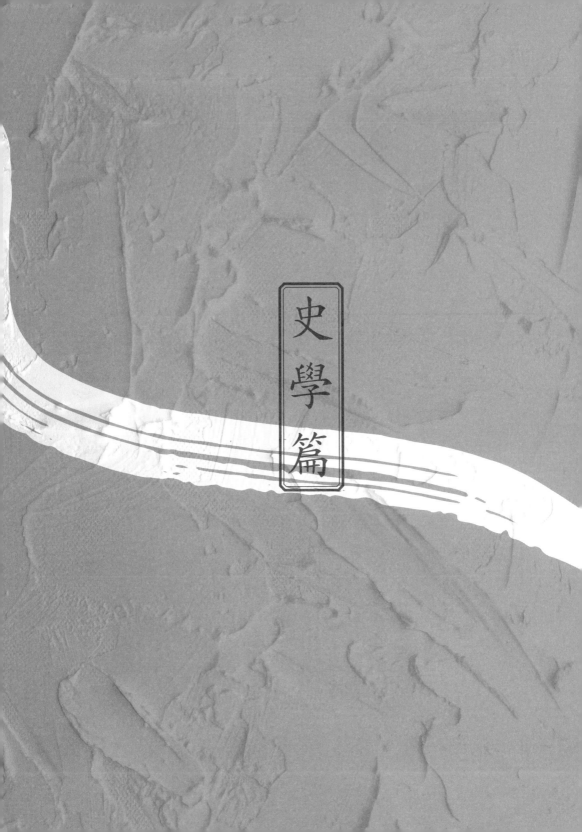

今所見《大唐創業起居注》成書時間小考

一、前言

溫彥弘（大雅）所撰《大唐創業起居注》（以下省稱《創業注》）不僅是唐代第一部起居注，也是現今所存唯一的一部唐代起居注，內容記載唐高祖李淵自太原起兵至代隋建唐即帝位將近一年的歷史。[1]由於溫彥弘在李淵起兵時即擔任大將軍府記室參軍，直接參與見證李唐創建的整個過程，故其所撰《創業注》具有重要的史料價值，北宋司馬光編纂《資治通鑑》有關隋末唐初部分，就曾多次反覆徵引本書。[2]研究初唐歷史的學者已指出，由於太宗貞觀年間敬播、房玄齡、許敬宗等人編修《高祖實錄》時，篡改刪削高祖、建成等人事蹟，對於李唐創業之功，獨歸太宗一人，以致真相失之甚夥，[3]而《創業注》作於高祖武德之世，是時太子建成與秦王世民之間政治鬥爭尚未白熱化，所記內容較符合當時客觀史實，其與兩《唐書》、《資治通鑑》所記迥異，藉由《創業注》更可重新發覆探究初唐歷史，由此則更顯示出《創業注》所具有的重要價值。[4]

二、學術史回顧

關於《創業注》的成書時間，已有不少學者撰文討論，然得出的結論卻有極大的差異，大抵而言，有以下六種觀點：

1 唐．溫大雅撰，李季平、李錫厚點校，《大唐創業起居注》（上海：古籍出版社，一九八三年）「點校說明」有云：「《大唐創業起居注》自隋大業十三年五月始，止於武德元年五月，記述了李淵從太原起兵到正式建唐稱帝三百五十七日的歷史事實。」（第二頁）。

2 據筆者檢索統計，司馬光，《資治通鑑考異》（上海：上海書店，四部叢刊初編史部，一九八九年）卷八－卷九，從隋恭帝義寧元年（六一七）二月至唐高祖武德元年（六一八）十二月，共計徵引《創業注》次數達十九次，是司馬光編纂《資治通鑑》卷一八三－卷一八六徵引最頻繁的史料。

3 關於太宗貞觀時期修撰《高祖實錄》，纂改、刪削李唐建國期間高祖、建成的歷史記載，可參看李樹桐，〈李唐太原起義考實〉，《唐史考辨》（臺北：臺灣中華書局，一九六五年初版，二〇一五年四版二刷），第一－四二頁，特別是第二七－四〇頁；李樹桐，〈論唐高祖之才略〉，《唐史考辨》，第四三－九八頁，特別是第八五－九〇頁；李樹桐，〈唐隱太子建成軍功考〉，《唐史考辨》，第二七六－三〇九頁。

4 羅香林，〈大唐創業起居注考證〉，原刊於《史學集刊》第二期（一九三六），後收入《唐代文化史研究》（重慶：商務印書館初版，一九四四年；臺北：臺灣商務印書館，一九九六年臺一版第一次印刷），第一七－五六頁；李季平，〈大唐創業功當屬誰——讀《大唐創業起居注》〉，原刊於《文史知識》一九八六年第十一期（一九八六年十一月），後收入《古史探微》（濟南：齊魯書社，二〇〇三年），第二二四－二三四頁；福井重雅，〈大唐創業起居注考〉，《史觀》第六十三．四合冊（一九六二年三月），第八二－九四頁；杜希德（Denis Twitchett）著，黃寶華譯，《唐代官修史籍考》（*The Writing of Official History under the T'ang*, New York: Cambridge University Press, 2009，中文譯本為上海：古籍出版社，二〇一〇年），第二三四－二三七頁。

第一：義寧（六一七－六一八）、武德年間（六一八－六二六）。羅香林，〈大唐創業起居注考證〉，[5]指出《史通．外篇．正史篇》所云：「惟大唐之受命也，義寧武德間，工部尚書溫大雅，首撰《創業起居注》三篇」。《史通》的作者劉知幾至武后長安二年（七〇二），以著作郎兼修國史，又八年，作《史通》，其時去李唐創業未遠，所云「義寧武德間」「首撰」事，自是可信。溫書既撰於義寧武德交接之際，則其所述事必至高祖即位而止。此與傳本起居注，斷限正合。李季平，〈溫大雅與《大唐創業起居注》〉，[6]亦採此說。

第二：武德元年（六一八）。牛致功，〈溫大雅與《大唐創業起居注》〉，[7]根據劉知幾《史通》云《創業注》「紀高祖起義至受隋禪，用師、符讖、受命、典冊事」，認為本書是在武德元年所撰。

第三：武德三年（六二〇）初至武德八年（六二五）底。宋大川，〈《大唐創業起居注》成書年代考〉，[8]認為溫大雅著作《創業注》是在李唐王朝政權鞏固、天下基本安定之後才開始實現，從《創業注》內容中輕描儲君，重墨秦王的筆法，反映出溫大雅黨於李世民的政治傾向，而書中又有記載李建成的功績，因此成書最晚不會過於武德九年初。推斷溫大雅出任陝東道大行臺工部尚書的時間大體在武德三年初至武德九年，因此本書的撰成當在武德三年至八年底之間。

第四：武德三年（六二〇）三月至武德九年（六二六）五月。岳純之，《唐代官方史學研究》，[9]提出從《創業注》卷三記錄隋恭帝楊侑進李淵為相國，加九錫的冊文是由侍中陳叔達撰寫觀之，武德三年三月，唐將門下省長官由納言始改為侍中。因此，《創業注》必成書於武德三年三月以後。又從陳叔達從武德二年（六一九）兼納言，武德九年十月坐事免職，則《創業注》成書時間可限定於武德三年三月至九年五月。

第五：武德四－五年（六二一－六二二）至武德八年（六二五）。福井重雅，〈大唐創業起居注考〉，[10]從《創業注》卷首所提「唐陝東道大行臺工部尚書上柱國樂平郡開國公臣溫大雅撰」，由此可見，《創業注》是溫大雅擔任陝東道大行臺工部尚書時所撰，時間約是從武德四、五年至八年之間。

第六：武德四年（六二一）至武德九年（六二六）。氣賀澤保規，〈《大唐創業起居注》的性格特點〉，[11]從溫大雅的頭銜「唐陝東道大行臺工部尚書」考察，認為該書是在溫大雅任黃門侍郎時間開始執筆，在就任陝東道大行臺工部尚書後不久完成。杜希德（Denis Twitchett），

---

5 羅香林，〈大唐創業起居注考證〉，第二一一頁。

6 李季平，〈溫大雅與《大唐創業起居注》〉，原刊於《文史哲》，一九八四年第二期（一九八四年三月），後收入《古史探微》，第二〇六頁；李季平，〈大唐創業功當屬誰——讀《大唐創業起居注》〉，第二二七頁。

7 牛致功，〈溫大雅與《大唐創業起居注》〉，《史學史研究》，一九八三年第一期（一九八三年三月），第五五頁、牛致功，《唐代的史學與「通鑑」》（西安：陝西師範大學出版社，一九八九年），第一〇〇頁。

8 宋大川，〈《大唐創業起居注》成書年代考〉，《史學史研究》，一九八五年第四期（一九八五年十二月），第五七－六〇頁。

9 岳純之，《唐代官方史學研究》（天津：人民出版社，二〇〇三年），第一五三－一五四頁。

10 福井重雅，〈大唐創業起居注考〉，第八六頁。

11 氣賀澤保規，〈《大唐創業起居注》的性格特點〉，原刊於《鷹陵史學》第八號（一九八二），後收入劉俊文主編，《日本中青年學者論中國史（六朝隋唐卷）》（上海：古籍出版社，一九九五年），第二一九頁。

《唐代官修史籍考》（*The Writing of Official History under the T'ang*），[12]也從陝東道大行臺的置廢時間，推測《創業注》的成書時間，認為陝東道大行臺始建於武德四年十月，「玄武門之變」以後不久，這一臨時性的行政機構即被廢止，這就意味著《創業注》寫在武德四年之末與武德九年之間。

上述諸說中，岳純之、福井重雅、氣賀澤保規等人，分別從門下省長官官銜名稱變化、《創業注》卷首所提溫彥弘的職官，以及陝東道大行臺置廢時間等三方面，分析《創業注》的成書時間，很具說服力，我們也同意《創業注》的完成，大約是在武德五年至九年初這段時間，最可能是在武德五年（詳見文末「餘論」）。

三、今本《創業注》非最原始的版本

我們認為《創業注》的完成與現今所見《創業注》的成書，應是兩個不同的時間。前面所述武德四年底至九年六月之間，是指溫彥弘撰寫完成《創業注》的時間，但這並不是現今所見的《創業注》。所持理由有三，茲分析考證如下：

其一，《創業注》卷一記載：

> 有鄉長劉龍者，晉陽之富人也。先與宮監裴寂引之謁帝。帝雖知其微細，亦接待之以招客。君雅又與龍相善。龍感帝恩眄，竊知雅等密意，具以啟聞。帝謂龍曰：「此輩下愚，闇于時事，

同惡違眾，必自斃也。然卿能相報，深有至誠，幸勿多言，我為之所。」[13]

案：無論是現今《舊唐書》〈高祖紀〉、〈劉世龍傳〉，[14]抑或是未經修訂、保留今本《舊唐書》刪略資料的《太平御覽・唐高祖神堯皇帝》，[15]皆將「劉龍」記為「劉世龍」。杜佑，《通典・卒哭後諱及七廟諱字議》記載：

> 大唐武德九年（六二六）六月，太宗居春宮總萬機，下令曰：「依《禮》，二名義不偏諱。尼父達聖，非無前旨。近代以來，曲為節制，兩字兼避，廢闕以多，率意而行，有違經誥。今其

12 杜希德（Denis Twitchett）著，黃寶華譯，《唐代官修史籍考》，第三五頁，注釋一一。

13 溫大雅撰，李季平、李錫厚點校，《大唐創業起居注》卷一，第七頁。

14 後晉・劉昫，《舊唐書》（北京：中華書局，一九九五年）卷一〈高祖紀〉，第二頁、同書，卷五七〈劉世龍傳〉，第二二九一頁。

15 北宋・李昉，《太平御覽》（北京：中華書局，一九八五年）卷一〇八〈皇王部（三十三）・唐高祖神堯皇帝〉，第五一九頁下－五二〇頁上。吳玉貴，《唐書輯校》（北京：中華書局，二〇〇八年），研究指出，現今所見《舊唐書》是宋真宗咸平三年（一〇〇〇）下詔做了大量修訂工作後的《舊唐書》，而《太平御覽》所徵引的《唐書》內容，則是來自未經修訂的《舊唐書》，更多保留了劉昫原書的面貌（第一二－一三頁）；孟彥弘，〈《太平御覽》所引「唐書」的輯校與研究〉，原刊於《唐研究》，第十六卷（二〇一〇年十二月），後收入《出土文獻與漢唐典制研究》（北京：北京大學出版社，二〇一五年），研究指出《太平御覽》所引「唐書」與劉昫的《舊唐書》是同出一源，有一個共同的、類似於紀傳體唐國史那樣一部完整的底本或母本，劉昫根據這個底本，稍作統稿、潤色，修纂今名《舊唐書》的這本部；《太平御覽》也是據此底本，選錄其中一些內容，分條按類輯入。換言之，雙方都是據同一部書而編就完成（第二六〇頁）。

官號人名及公私文籍，有『世』及『民』兩字不連讀者，並不須諱避。」[16]

「玄武門事變」後，唐高祖李淵於武德九年六月癸亥（七日）立秦王李世民為皇太子，[17]在李世民任太子後的第五天，[18]即下此〈二名不偏諱令〉，[19]明言只要「世」、「民」兩字不連讀者，無須避諱。然而，成書於貞觀十年（六三六）的《隋書》，[20]已有多處改「世」為「代」、改「民」為「人」者。[21]然考察「世」與「民」在武德年間（六一八—六二六），確實是無須避諱。史載，劉世龍曾改名為劉義節，但更名的原因與避太宗名諱無關。[22]是以，成書於武德之時的《創業注》，將「劉世龍」書為「劉龍」，殊不合理。[23]

其二，《創業注》卷三云：

（義寧元年，六一八）十二月，隴西金城郡奴賊薛舉等，破賊率唐弼于扶風，自稱天子。……帝遣援兵往扶風，未至，弼黨在郡城外為舉所圖。弼遂被郡守竇璡所殺。俄而璡及河池郡守蕭瑀，相繼歸京師。於是拜璡為戶部尚書、上柱國，封燕國公；瑀拜禮部尚書，封宋公。[24]

案：隋自開皇三年（五八三），將度支尚書改稱為民部尚書，[25]歷經唐武德、貞觀，皆名民部尚書，直到

16 唐．杜佑撰，王文錦、王永興、劉俊文、徐庭雲、謝方點校，《通典》（北京：中華書局，一九八八年）卷一〇四〈禮典六

十四·凶禮二十六·卒哭後諱及七廟諱字議〉，第二七二七頁。又可參看北宋·王溥，《唐會要》（上海：古籍出版社，二〇〇六年）卷二三〈諱〉，第四五二頁。

17 關於李世民被立為太子的時間，兩《唐書》有不同的記載：《舊唐書》卷二〈太宗紀上〉：「（武德九年六月）甲子（八日），立為皇太子，庶政皆斷決。」（第二九頁）；北宋·歐陽修、宋祁，《新唐書》（北京：中華書局，一九九五年）卷一〈高祖紀〉：「（武德九年六月）癸亥（七日），立秦王世民為皇太子，聽政。」（第一九頁）。王溥，《唐會要》卷一〈帝號上〉：「太宗文武大聖大廣孝皇帝，諱世民。……（武德）九年六月七日，冊為皇太子；……。」（第二頁）、北宋·司馬光，《資治通鑑》（北京：中華書局，一九九五年）卷一九一〈唐紀七〉，高祖武德九年（六二六）六月癸亥條記載：「癸亥，立世民為皇太子。」（第六〇一二頁）。今從《新唐書》、《唐會要》、《資治通鑑》的記載。

18 《舊唐書》卷二〈太宗紀上〉，將此令繫於武德九年六月己巳（十三日），第二九頁。

19 北宋·王欽若等編纂，周勛初等校訂，《冊府元龜（校訂本）》（南京：鳳凰出版社，二〇〇六年）卷三〈帝王部（三）·名諱〉，第三三頁。

20 王溥，《唐會要》卷六三〈史館上·修前代史〉，第一二八七－一二八八頁；唐·吳兢撰，謝保成集校，《貞觀政要集校》（北京：中華書局，二〇〇三年）卷七〈論文史第二十八〉，第三八九頁。

21 清·顧炎武著，清·黃汝成集釋，欒保羣、呂宗力點校，《日知錄集釋（全校本）》（上海：古籍出版社，二〇〇六年）卷二三〈二名不偏諱〉，第一三二七頁。南宋·周密撰，張茂鵬點校，《齊東野語》（北京：中華書局，一九八三年）卷四〈二名不偏諱〉記載：「唐太宗名世民，在位日，戴胄、唐儉為民部尚書，虞世南、李世勣皆不避。高宗時，改民部為戶部，世南已卒，世勣去世字。或云：『卒哭乃諱。』」（第六〇頁）。然則，清人閻若璩已指出：「吾邑晉祠有唐太宗御製碑，碑陰載當日從行諸臣姓名，內有李勣，已去『世』字，是唐太宗在日已如此，不待永徽初也。」見《日知錄集釋（全校本）》卷二三〈二名不偏諱〉「閻氏曰」，第一三一八頁。

22 《新唐書》卷八八〈劉義節傳〉記載：「義節本名世龍，或言世龍子名鳳昌，父子非人臣兆，高祖不聽，更賜今名。」（第三七四三頁）。

23 今本《創業注》不將「劉世龍」書為「劉義節」，而是省稱為「劉龍」，推測與避「世」名諱有關。若此，則今本《創業注》就絕不可能是在武德年間完成。

24 溫大雅撰，李季平、李錫厚點校，《大唐創業起居注》卷三，第四四－四五頁。

25 唐·李林甫等撰，陳仲夫點校，《唐六典》（北京：中華書局，二〇〇五年）卷三〈戶部尚書〉，第六三頁。

唐高宗即帝位後，於貞觀二十三年（六四九）六月辛巳（八日），因避太宗世民名諱，遂改民部尚書為戶部尚書。[26]因此，在高祖、太宗主政期間，當時只有「民部尚書」，而沒有「戶部尚書」。[27]《舊唐書．竇璡傳》記載：

> 璡，字之推，抗季弟也。大業末，為扶風太守。高祖定京師，以郡歸國，歷禮部、民部二尚書。[28]

《新唐書．竇璡傳》亦記載：

> 抗弟璡，字之推，性沉厚。隋大業末，為扶風太守。唐兵起，以郡歸，歷民部尚書。[29]

兩《唐書．竇璡傳》皆云竇璡擔任「民部尚書」即是明證。是以，若是今本《創業注》是成書於高祖武德年間，絕不可能出現「拜璡為戶部尚書」字句。

其三，據筆者管見，現存唐代文獻中，最早著錄《創業注》者，即是劉知幾的《史通》，該書在卷十二〈外篇．古今正史第二〉有云：「惟大唐之受命也，義寧、武德間，工部尚書溫大雅，首撰《創業起居注》三篇。」[30]此後，唐人毋煚的《古今書錄》、宋人晁公武的《郡齋讀書志》、陳振孫《直齋書錄解題》、陳騤《中興書目》等，皆云《創業注》的作者為溫大雅，《創業注》自唐宋以來，並無別本。[31]現存《創業注》的刊本，無論是明毛晉汲古閣《津逮秘書》本，還是胡震亨《祕冊彙函》本、清張海鵬《學津討原》本、繆荃孫《藕香零拾》本，也都將《創業注》的作者書為溫大雅。《舊唐書．溫大雅傳》記載：

> 溫大雅，字彥弘，太原祁人也。父君悠，北齊文林館學士，隋泗州司馬。……大雅弟彥博。……大雅弟大有，字彥將，性端謹，少以學行稱。[32]

26《舊唐書》卷三〈太宗紀下〉，第六六頁。杜佑撰，王文錦、王永興、劉俊文、徐庭雲、謝方點校，《通典》卷二三〈職官典五．尚書下．戶部尚書〉記載：「開皇三年，改度支為民部……國家修隋志，謂之戶部，蓋以廟諱故也。……大唐永徽初〔筆者案：當為貞觀二十三年六月八日〕，復改民部為戶部，廟諱故也。太宗在位，詔官號人名及公私文籍有『世』『民』兩字不相連者，並不諱。至高宗始諱之。」（第六三六頁）。

27《新唐書》卷一〈高祖紀〉有云：「（武德二年）九月辛未（六日），殺戶部尚書劉文靜。」（第九頁）。尤煒祥，《兩唐書疑義考釋（《新唐書》卷）》（杭州：西泠印社出版社，二〇一二年），已指出武德二年不當有戶部尚書一說，此「戶部尚書」當為「民部尚書」（第二頁）。

28《舊唐書》卷六一〈竇璡傳〉，第二三七一頁。

29《新唐書》卷九五〈竇璡傳〉，第三八四九頁。

30 唐．劉知幾撰，清．浦起龍釋，《史通通釋》（臺北：里仁書局，一九九三年）卷一二〈外篇．古今正史第二〉，第三七三頁。

31 羅香林，〈大唐創業起居注考證〉，第二一頁；杜希德（Denis Twitchett）著，黃寶華譯，《唐代官修史籍考》，第三四頁。

32《舊唐書》卷六一〈溫大雅傳〉，第二三五九－二三六二頁。

《新唐書．溫大雅傳》記載：

溫大雅字彥弘，并州祁人。父君攸，北齊文林館學士，入隋為泗州司馬，……大雅性至孝，與弟彥博、大有皆知名。……彥博字大臨，通書記，警悟而辯。……大有字彥將。隋仁壽中，李綱薦之，授羽林騎尉。33

同書，〈宰相世系表〉又云：

（溫）彥將字大有，中書侍郎、清源敬公。34

案：兩《唐書》關於溫君攸（悠）三子間的名與字載記不一，宋人洪邁《容齋隨筆．溫大雅兄弟名字》對此一問題，有精闢的考證：

《新唐書》溫大雅字彥弘，弟彥博字大臨、大有字彥將。三溫，兄弟也，而兩人以大為名，彥為字，一以彥為名，大為字。〈宰相世系表〉則云彥將字大有。而博、雅與〈傳〉同，讀者往往致疑。歐陽公《集古錄》引顏思魯〈制中書舍人彥將行〉，證〈表〉為是，然則惟彥博異耳，故或以為誤。予少時因文惠公得歐率更所書虞公志銘，乃彥博也，其名字實然。後見《大唐創業起居注》其中云：「溫彥將宿於城西門樓上，首先見之，喜其靈速，報兄彥弘，馳以啟帝。帝時方臥，聞而驚起，執彥弘手而笑。」據此，則三溫之名皆從彥，而此書首題乃云大雅奉勑撰，不應於其間敢自稱字。已而詳考之，高宗太子弘，為武后所酖，追尊為孝敬皇帝，廟曰義宗，列於太廟，故諱其名。……則大雅之名，後人追改之也。顏魯公作〈顏勤禮碑〉，敘顏、溫二家之盛，曰：思魯、大雅、愍楚、彥博、游秦、彥將。以雅為名，亦由避諱耳。[35]

由此觀之，則溫氏三兄弟皆以「彥」為名，以「大」為字，《創業注》的作者應是名「彥弘」，字「大雅」。[36]洪邁指出，大雅之名為後人追改，原因是在於避唐高宗子孝敬皇帝李弘的名諱。案：李弘生於

---

33 《新唐書》卷九一〈溫大雅傳〉，第三七八一－三七八三頁。

34 《新唐書》卷七二中〈宰相世系表中．溫氏〉，第二六六四頁。

35 宋．洪邁撰，孔凡禮點校，《容齋隨筆》（北京：中華書局，二〇〇五年），《容齋四筆》卷一一〈溫大雅兄弟名字〉，第七六一－七六二頁。陳垣（新會），《史諱舉例》（臺北：文史哲出版社，一九九七年）卷六〈不講避諱學之貽誤．不知為避諱而致疑例〉，亦採此說，第九四頁。北宋．趙明誠撰，金文明校證，《金石錄校證》（上海：上海書畫出版社，一九八五年）卷二三〈跋尾十三．唐溫彥博碑〉則有不同的看法：歐陽公《集古錄．跋〈顏勤禮碑〉後》云：「案《唐書》，溫大雅，字彥弘。弟彥博，字大臨。弟大有，字彥將。兄弟義當一體，而名『大』者字『彥』，名『彥』者字『大』，不應如此。蓋唐世諸賢名、字，可疑者多。……。」余案顏之推《家訓》云：「古者，名終則諱之，字乃可以為孫氏。江南至今不諱字也。河北士人全不辨之，名亦呼為字，字固為字。……。」又顏師古《匡謬正俗》載，或問人有稱字而不稱名者，何也？師古考諸典故，以稱名為是。蓋當時風俗相尚如此，初無義理也。然師古既立論以稱名為是，而乃以字行，殆不可曉也（第四二四－四二五頁）。今從洪邁、陳垣說法。

36 筆者尚有一旁證：清．陸耀遹纂，《金石續編》，《石刻史料新編（五）》（臺北：新文豐出版社，一九八二年）卷一一〈唐故太常丞贈諫議大夫溫府君神道碑并序〉有云：「先生（溫佶）之先，在世多才，曰：博、弘、將，三英彥聯，黎公、

高宗永徽二年（六五二），顯慶元年（六五六）正月被立為太子，[37]上元二年（六七五）四月薨逝，[38]次月謚為孝敬皇帝。[39]《舊唐書．門下省》記載：

弘文館：後漢有東觀，……武德初置修文館，後改為弘文館。後避太子諱，改曰昭文館。開元七年（七一九），復為弘文館，隸門下省。[40]

《唐會要．州縣改置上．河東道》亦載：

虢州，弘農縣，顯慶二年（六五七），避孝敬諱，改為恒農縣。開元十六年（七二八）二月二十八日，復改弘農縣。[41]

唐代避諱「弘」字，應始於顯慶元年（六五六）李弘被立為太子之時。[42]然則，《創業注》完成於武德年間，是時尚無須避諱「弘」字，何以書名之作者卻仍是用溫大雅，而不是溫彥弘？可見，現今所見《創業注》並非完成時最初的版本。

這裡有一點須釋疑：關於溫彥弘的卒逝時間，兩《唐書．溫大雅傳》並無明載，僅云：太宗即位後「歲餘而卒」。[43]據羅香林考證，彥弘卒逝時間當在貞觀二、三年間（六二八－六二九）。[44]清人趙翼《二十二史箚記》有云：《舊唐書》所記代宗以前之史事，多抄自於實錄國史原文。[45]若此，則卒逝於貞觀二、三年間的溫彥弘，當時並不需要避「弘」諱，何以《舊唐書．溫大雅傳》仍是稱大雅而非彥

瀛州，行口而羶。」（第三三二六頁），「溫佶神道碑」稱佶之先祖「博、弘、將」，亦可證明三人之名為彥博、彥弘、彥將。亦可參看岑仲勉，《金石論叢》（北京：中華書局，二〇〇四年），〈貞石證史・溫佶無隱曾孫〉，第一七八頁。

37 《舊唐書》卷四〈高宗紀上〉記載：「（永徽七年〔顯慶元年〕）春正月辛未（六日），廢皇太子忠為梁王，立代王弘為皇太子。」（第七五頁）。

38 《舊唐書》卷四〈高宗紀上〉記載：「（上元二年）夏四月己亥（二十五日），皇太子弘薨于合璧宮之綺雲殿。」（第一〇〇頁）。

39 司馬光，《資治通鑑》卷二〇二〈唐紀十八〉，高宗上元二年（六七五）五月戊申條記載：「（上元二年）五月，戊申（五日），下詔：『朕方欲禪位皇太子，而疾遽不起，宜申往命，加以尊名，可謚為孝敬皇帝。』」（第六三七七頁）。

40 《舊唐書》卷四三〈職官志二・門下省〉，第一八四七—一八四八頁。

41 王溥，《唐會要》卷七〇〈州縣改置上・河東道・虢州〉，第一四八九頁。

42 唐高宗時避太子名諱始於李忠被立為太子之時。《舊唐書》卷四〈高宗紀上〉記載：「（永徽三年，六五三）秋七月丁巳（二日），立陳王忠為皇太子，大赦天下。……九月丁巳（三日），改太子中允為內允，中書舍人為內史舍人，諸率府中郎將改為旅賁郎將，以避太子名。」（第七〇—七一頁）、王溥，《唐會要》卷七一〈十二衛〉記載：「諸衛中郎將，永徽三年八月二十日，避太子諱，改中郎為旅賁，改郎將為翊軍。」（第一五二三頁）。從李忠在被立為太子之後的次月即改官名以避「中」字諱觀之，推測李弘被立為太子之後，旋即有避「弘」字諱。陳垣（新會），《史諱舉例》卷五〈避諱學應注意之事項・已廢不諱例〉，認為顏真卿書《東方畫贊碑》，民字缺末筆，弘字不缺，《金石萃編》以為異。考《新唐書》卷四七〈百官志〉：「弘文館，神龍初避太子追謚孝敬皇帝諱，改昭文，二年改修文，開元七年，復為弘文。」是孝敬之諱，避於神龍，廢於開元。此碑以天寶十三載立，孝敬之諱，不避固已久矣，所謂已廢不諱也（第七八頁）。陳垣先生的說法恐有商榷處，唐代避孝敬皇帝李弘諱不始於中宗神龍初，從《唐會要・州縣改置上・河東道》的記載，最遲在高宗顯慶二年即避李弘名諱。

43 《舊唐書》卷六一〈溫大雅傳〉，第二三六〇頁；《新唐書》卷九一〈溫大雅傳〉，第三七八二頁。

44 羅香林，〈大唐創業起居注考證〉，第二五頁。

45 清・趙翼著，王樹民校證，《二十二史劄記（訂補本）》（北京：中華書局，一九八四年）卷一六〈舊唐書前半全用實錄國史舊本〉，第三四五—三四九頁。

弘？唐代所修第一部武德、貞觀兩朝的紀傳體國史，始於高宗顯慶元年七月。《唐會要．修國史》記載：

顯慶元年七月三日，史官太尉无忌、左僕射于志寧、中書令崔敦禮、國子祭酒令狐德棻、中書侍郎李義府、崇賢學士劉胤之、著作郎楊仁卿、起居郎李延壽、秘書郎張文恭等，修國史成，起義寧，盡貞觀末，凡八十一卷，藏其書於內府。[46]

因此，在顯慶元年七月編修國史時，已有避諱「弘」字，故當時書寫溫彥弘事蹟，將其稱之為溫大雅。此後，林寶編撰《元和姓纂》[47]、五代後晉修纂《舊唐書》時，皆承襲沿用。

四、今本《創業注》成書時間蠡測探析

現今所見的《創業注》究竟成書於何時呢？我們認為應是在唐中宗神龍元年（七〇五）至景龍四年（七一〇）這段時間。茲論證說明如下：

從因避諱而改名稱言之。《唐六典．戶部尚書》記載：

戶部尚書一人，正三品。……開皇三年改為民部，皇朝因之。貞觀二十三年改為戶部，明慶（顯慶）元年改為度支，龍朔二年（六六二）改為司元太常伯，咸亨元年（六七〇）復為戶部。光宅元年（六八四）改為地官尚書，神龍元年復故。[48]

自貞觀二十三年六月八日，改民部尚書為戶部尚書後，從高宗顯慶元年到中宗神龍元年這五十年間，名稱變動頻仍，直到神龍以後才穩定的稱戶部尚書。再以避諱「弘」字考查，陳垣《史諱舉例》指出：「凡太子、外戚之諱，皆不久即復」，[49]弘文館因避太子李弘名諱而更名為昭文館，據《舊唐書．玄宗紀上》記載，至開元七年九月甲子（九日），復名為弘文館，[50]可見唐諱「弘」字，是從顯慶元年至開元七年約六十四年。唐稱「戶部尚書」與避諱「弘」字兩者同時存在的時間，有高宗咸亨元年至武后光宅元年（六七〇－六八四），以及中宗神龍元年至玄宗開元七年（七〇五－七一九）這兩個時段。前面已述，現今最早著錄《創業注》的唐代文獻是劉知幾的《史通》，據《史通．序》記載，劉知幾撰寫《史通》起始於武周長安二年（七〇二），至中宗景龍四年（七一〇）仲春之月完成。[51]因此，今本《創業注》的成書時間，即是落在咸亨元年至光宅元年，或是神龍元年至景龍四年之間。

我們認為，上述兩個時間點，又以神龍元年至景龍四年的可能性最高，而今本《創業注》就是劉知

---

46 王溥，《唐會要》卷六三〈史館上．修國史〉，第一二八九－一二九〇頁。關於唐初紀傳體國史的編撰，可參看杜希德（Denis Twitchett）著，黃寶華譯，《唐代官修史籍考》，第一四一－一四八頁、謝保成，《隋唐五代史學》（北京：商務印書館，二〇〇七年），第一二五－一二七頁。

47 唐．林寶撰，岑仲勉校記，郁賢皓、陶敏整理，孫望審訂，《元和姓纂（附四校記）》（北京：中華書局，一九九四年）卷四〈二十三魂．溫〉，第四七〇頁。

48 李林甫等撰，陳仲夫點校，《唐六典》卷三〈戶部尚書〉，第六三頁。

49 陳垣（新會），《史諱舉例》卷五〈避諱學應注意之事項．已廢不諱例〉，第七七頁。

50 《舊唐書》卷八〈玄宗紀上〉，第一八〇頁。

51 劉知幾撰，浦起龍釋，《史通通釋》，〈史通原序〉，第一－二頁。

幾據溫彥弘的原書改定而成，這不僅僅是因為劉知幾是第一個提到《創業注》的人，也是因為劉知幾曾任史官，最可能接觸看到溫彥弘的《創業注》。

劉知幾生於高宗龍朔元年（六六一），[52]永隆元年（六八〇），以弱冠之齡舉進士，授獲嘉縣主簿，[53]武周聖曆二年（六九九），轉定王府倉曹，至長安二年，知幾四十二歲時，始以「著作佐郎兼修國史，尋遷左史，於門下撰起居注。」[54]案：著作佐郎隸屬於秘書省著作局，與著作郎分掌修撰碑誌、祝文、祭文之事，[55]並不職掌修史之事。[56]「左史」，即是「起居郎」或是「起居舍人」，專掌錄天子言行，以修記史事。《唐六典》對此有詳載：

> 起居郎二人，從六品上。起居郎因起居注以為名。起居注者，記錄人君動止之事。……貞觀二年（六二八），省起居舍人，移其職於門下，置起居郎二員。明慶〔顯慶〕中，又置起居舍人，始與起居郎分在左、右。龍朔二年（六六二），改為左史，咸亨元年（六七〇）復故。天授元年（六九〇），又改為左史，神龍元年（七〇五）復故。……起居郎掌錄天子之動作法度，以修記事之史。[57]

劉知幾任左史後，開始了史官的生涯，長安三年（七〇三）正月，與武三思、李嶠、朱敬則、徐彥伯、魏知古、崔融、徐堅、吳兢等人共修《唐書》，[58]中宗神龍元年（七〇五），知幾除著作郎、太子中允、率更令，兼修國史，受敕撰修《則天大聖皇后實錄》，[59]又與徐堅、吳兢等人，重修《則天實錄》。[60]是年十月，中宗自東都洛陽返還京師長安，知幾乞留東都，繼續私撰《史通》。景龍二年（七〇八），知幾驛召至京師，專知史事，遷秘書少監，[61]不久，知幾以史館監修者眾，宗楚客、崔湜、鄭愔等人又嫉其正直，責以著述無課，於是求罷史職，[62]轉任修文館（弘文館學士）。[63]景龍四年，《史通》始編次成書。

---

52 傅振倫，《劉知幾年譜》（北京：中華書局，一九六三年），第三七頁。

53 《舊唐書》卷一〇二〈劉子玄傳〉，第三一六八頁。

54 劉知幾撰，浦起龍釋，〈史通原序〉，第一頁。

55 李林甫等撰，陳仲夫點校，《唐六典》卷一〇〈秘書省·著作局〉，第三〇二頁。

56 杜佑撰，王文錦、王永興、劉俊文、徐庭雲、謝方點校，《通典》卷二一〈職官典三·中書省·史官〉記載：「大唐武德初，因隋舊制，史官屬秘書省著作局。至貞觀三年閏十二月，移史館於門下省北，宰相監修，自是著作局始罷史職。」（第五六八頁）。

57 李林甫等撰，陳仲夫點校，《唐六典》卷八〈門下省〉，第二四八頁。王溥，《唐會要》卷五六〈起居郎起居舍人〉，內容大抵相同，唯將左右史更名時間繫於龍朔三年（六六三），第一一二七頁。

58 劉知幾撰，浦起龍釋，《史通通釋》卷一二〈外篇·古今正史第二〉，第三七四頁、王溥，《唐會要》卷六三〈史館上·修國史〉，第一二九一頁。

59 劉知幾撰，浦起龍釋，《史通通釋》卷一〇〈內篇·自敘第三十六〉，第二九〇頁。

60 劉知幾撰，浦起龍釋，《史通通釋》卷一二〈外篇·古今正史第二〉，第三七四頁、《舊唐書》卷一〇二〈吳兢傳〉，第三一八二頁。

61 劉知幾撰，浦起龍釋，〈史通原序〉記載：「今上即位，……又屬大駕還京，以留後在東都。無幾，驛徵入京，專知史事，仍遷秘書少監。」（第一頁）；《新唐書》卷一三二〈劉子玄傳〉記載：「會天子西還，子玄自乞留東都，三年，或言子玄身史臣而私著述，驛召至京，領史事。遷秘書少監。」（第四五二〇頁）。

62 王溥，《唐會要》卷六四〈史館下·史館雜錄下〉，第一三〇六－一三〇八頁；劉知幾撰，浦起龍釋，《史通通釋》卷二〇〈外篇·忤時第十三〉，第五八九、五九四頁。

63 王溥，《唐會要》卷六四〈史館下·弘文館〉，第一三一六頁。

劉知幾擔任史官時，直接參與修撰《唐書》、《則天實錄》等國史，為修史上的需要，期間必定會遍覽參考高祖至高宗時期公私編撰的起居注、實錄、國史，其中自然包括溫彥弘的《創業注》。另有一點很值得注意，前面已述，溫彥弘撰寫完成《創業注》的時間是在武德四年底至九年六月間，當時溫彥弘以陝東道大行臺工部尚書之名鎮守洛陽，由於溫彥弘並非起居官，該書是其以大行臺工部尚書之名執筆撰述，因此，《創業注》就與正式史官的起居注不同，該書之性質可視為溫彥弘個人私家紀錄，並非官方作品，其書完成之時可能並未進獻，[64]推測溫彥弘直接將該書藏於洛陽，也就是因為如此，《創業注》才能僥倖逃過太宗期間許敬宗等人的纂改，否則，太宗在編纂高祖實錄的同時，必然會將《創業注》湮滅，而不使其留存。[65]劉知幾在任史官期間（七〇二－七〇八），絕大多數的時間是在東都洛陽，特別是中宗自洛陽返還長安後，劉知幾仍留居洛陽長達三年，專注於撰寫《史通》，因此，很有機會能看到溫彥弘的《創業注》。由於劉知幾擔任史官期間，唐廷已將民部尚書改稱為戶部尚書，又避太宗李世民及孝敬皇帝李弘名諱，因此，知幾就將《創業注》的作者溫彥弘改稱其字為溫大雅；內容上，也將「鄉長劉世龍」，省稱為劉龍、「拜竇璡為民部尚書」，改成戶部尚書，成為現在我們所看到的版本。

五、結論

經由上述的討論，我們可以歸結出以下幾點，作為本文的結論：

一、《創業注》約是在唐高祖武德四年底至武德九年初，溫彥弘擔任陝東道大行臺工部尚書期間，在洛陽修撰完成。由於溫彥弘並非史官，故《創業注》之修撰，只能視為溫彥弘個人的私家紀錄。也因此，該書完成後，沒有進獻上呈朝廷，而是置於洛陽。

二、今本《創業注》出現「戶部尚書」，以及避諱唐太宗李世民名諱（劉世龍省稱為劉龍）、孝敬皇帝李弘名諱（溫彥弘改以字行，稱為溫大雅）等太宗朝以後才會有的官稱和避諱情形，由此可知，今所見《創業注》並非是武德年間溫彥弘所撰的最初版本。

三、從民部尚書更名為戶部尚書，以及唐朝避諱弘字的時間推斷，今本《創業注》最早出現是在咸亨元年至光宅元年，或是神龍元年至景龍四年，這兩段時間。

四、唐代文獻中首次提及《創業注》者是劉知幾的《史通》。我們從劉知幾擔任史官、參與修纂國史實錄，以及撰述《史通》的時間推定，今本《創業注》很可能就是劉知幾在洛陽擔任史官期間，看到溫彥弘《創業注》的最初版本而逕自修改，並於撰寫《史通》時予以公開，時間是在神龍元年至景龍四年間。

---

64 杜希德（Denis Twitchett）著，黃寶華譯，《唐代官修史籍考》，第三六頁、羅香林，〈大唐創業起居注考證〉，第五三頁、福井重雅，〈大唐創業起居注考〉，第八六、九三頁。

65 明人胡震亨在〈跋津逮秘書本〉有云：「大抵（溫大雅）載筆時，建成方為太子，故凡言結納賢豪，攻略城邑，必與太宗並稱，其後，雖太宗即位，豈書藏禁祕，不遑竄改耶？」，溫大雅撰，李季平、李錫厚點校，《大唐創業起居注》，〈附錄·津逮秘書本胡震亨跋〉，第六三頁。

餘論

若上述所論分析不誤，則可知今所見《創業注》並非是最原始的版本，依循著本文推測的脈絡及所得結論，或可進一步探究《創業注》最初的完成時間。

以往學界多著眼於溫彥弘所任陝東道大行臺置廢時間，討論《創業注》的成書問題，如果我們從《創業注》最初的文本角度重新思考，或能有新的觀點。《創業注》卷一中所提「鄉長劉龍」，最初的版本應該是「鄉長劉世龍」。兩《唐書》皆云「劉世龍」曾改名為「劉義節」，既然《創業注》是寫劉世龍，則成書的時間應該是在劉世龍改名之前。關於劉世龍改名的時間，兩《唐書》並沒有明確的記載。《舊唐書．劉世龍傳》記載：

> 劉世龍者，并州晉陽人。……從平京城，累轉鴻臚卿，仍改名義節。……再遷太府卿，封葛國公。貞觀初，轉少府監，以罪配流嶺南，尋授欽州別駕，卒。[66]

《新唐書．劉義節傳》記載：

> 劉義節，并州人。……從平京師，為鴻臚卿。……遷太府，封葛國公。義節本名世龍，或言世龍子名鳳昌，父子非人臣兆，高祖不聽，更賜今名。貞觀初，轉少府監，坐貴入賈人珠及故出署丞罪，廢為民，徙嶺南，終欽州別駕。[67]

從《舊唐書》敘述的文脈判斷，劉世龍改名為劉義節，是介於鴻臚卿與太府卿之間。[68]劉世龍擔任鴻臚卿的時間是在武德元年，[69]而遷太府卿的時間是在武德九年。[70]再從「高祖不聽，更賜今名」，以及太宗李世民即帝位後所頒〈功臣實封差第〉敕書，[71]可知劉世龍更名為劉義節是在「玄武門事變」前，李淵在位期間。《舊唐書．皇甫無逸傳》有一條史料很值得注意：

> 皇甫無逸字仁儉，……無逸宣揚朝化，法令嚴肅，蜀中甚賴之。有皇甫希仁者，見無逸專制方

66 《舊唐書》卷五七〈劉世龍傳〉，第二二九五頁。

67 《新唐書》卷八八〈劉義節傳〉，第三七四三頁。

68 《新唐書．劉義節傳》將更名寫在「遷太府（卿），封葛國公」之後，主要是在說明劉世龍更名的原因，並不代表劉世龍任太府卿之後才更名。

69 《唐會要》卷四五〈功臣〉記載：「武德元年八月六日，詔曰：……左驍衛大將軍長孫順德、……鴻臚卿劉世龍、吏部侍郎殷開山……並恕一死。」（第九三五頁）；王欽若等編纂，周勛初等校訂，《冊府元龜（校訂本）》卷一三三〈帝王部（一百三十三）．褒功第二〉記載：「唐高祖武德元年八月下詔曰：『……劉政會、劉世龍、殷開山……並恕一死。』」（第一四六五頁）。黃永年，〈論武德貞觀時統治集團的內部矛盾和鬪爭〉，《唐代史事考釋》（臺北：聯經出版事業股份有限公司，一九九八年），研究指出唐高祖下詔「太原元謀功臣」名單的時間，應不是在武德元年八月六日，推測是在武德元年五月稱帝後不久就公布（第八頁，注釋六）。

70 郁賢皓、胡可先，《唐九卿考》（北京：中國社會科學院出版社，二○○三年），第五一六頁。

71 王溥，《唐會要》卷九○〈食實封數〉記載：「安興貴、安修仁、……劉義節各六百戶，武德九年十月八日勅。」（第一九四八頁），以及《舊唐書》卷五七〈劉文靜傳〉記載：「武德九年十月，太宗始定功臣實封差第，……封德彝、劉義節八人各食六百戶，……。」（第二二九四頁），可知李世民即帝位後，已稱劉世龍為劉義節。

> 面，徼倖上變，……高祖審其詐……於是斬希仁於順天門，遣給事中李公昌馳往慰諭之。俄而又告無逸陰與蕭銑交通者，無逸時與益州行臺僕射竇璡不協，於是上表自理，又言璡罪狀。高祖覽之曰：「無逸當官執法，無所迴避，必是邪佞之徒，惡直醜正，共相搆扇也。」因令劉世龍、溫彥博將按其事，卒無驗而止，所告者坐斬，竇璡亦以罪黜。無逸既返命，高祖勞之曰：「公立身行己，朕之所悉。比多譖訴者，但為正直致邪佞所憎耳。」尋拜民部尚書，累轉益州大都督府長史。[72]

皇甫無逸接連遭人誣告，又與竇璡不協，上表自清並言竇璡罪狀。關於皇甫無逸與竇璡不協原因，以及奏言竇璡罪狀，《舊唐書．竇璡傳》記載：

> 璡字之推，抗季弟也。……時皇甫無逸在蜀，與之不協，璡屢請入朝，高祖徵之，中路詔令還鎮。璡不得志，遂於路左題山，以申鬱積。有使者至其所，璡宴之臥內，遺以綾綺。無逸奏其事，坐免官。未幾，拜秘書監，封鄧國公。[73]

唐高祖雖對皇甫無逸慰勞，但仍令劉世龍、溫彥博按查，終因查無實據而止，竇璡則因罪黜免益州行臺僕射。劉世龍、溫彥博按查皇甫無逸事的時間，史雖無明載，但可從竇璡、皇甫無逸的任宦推測之。《唐會要．修前代史》記載：

> 武德四年十一月，起居舍人令狐德棻嘗從容言於高祖曰：近代已來，多無正史……至五年十二月二十六日詔，司典序言，史官紀事，考論得失，究盡變通。所以裁成義類，懲惡勸善。……秘書監竇璡、給事中歐陽詢、秦王府文學姚思廉，可修《陳史》，綿歷數載，竟不就而罷。[74]

竇璡仕秘書監的時間，當不會晚於武德五年十二月。而皇甫無逸拜為民部尚書的時間，嚴耕望先生推測應當在武德五、六年間。[75]由於史籍用「未幾」、「尋拜」，因此，我們認為劉世龍、溫彥博按查皇甫無逸一事，很可能就是在武德五年。換言之，劉世龍更名為劉義節的時間，應當是在武德六年至九年「玄武門事變」發生之前這段期間。

學界一致主張，溫彥弘完成《創業注》是在任陝東道大行臺工部尚書期間，唐置陝東道大行臺是在武德四年十一月，九年六月辛未（十六日）罷行臺。[76]考量到自武德六年（六二三）起，秦王李世民與太子李建成之間的權力鬥爭趨於白熱化，作為秦王府重要幕僚之一的溫彥弘，恐已無力從容撰寫《創業注》。我們再結合劉世龍更名時間，或許可以推斷，《創業注》最初完成的時間是在武德五年。

---

72 《舊唐書》卷六二〈皇甫無逸傳〉，第二三八五—二三八六頁。《新唐書》卷九一〈皇甫無逸傳〉所記略同，第三七八九頁。

73 《舊唐書》卷六一〈竇璡傳〉，第二三七一頁。《新唐書》卷九一〈皇甫無逸傳〉所記略同，第二八四九—二八五〇頁。

74 王溥，《唐會要》卷六三〈史館上．修前代史〉，第一二八七頁。

75 嚴耕望，《唐僕尚丞郎表》（臺北：中央研究院歷史語言研究所，一九九七年景印一版），第六二五頁。

76 《舊唐書》卷三八〈地理志一．十道郡國．河南道．河南府〉，第一四二一頁。

武德五年，李唐基本完成中原統一，作為創業起義的元謀功臣，同時擔任李淵記室參軍的溫彥弘，藉由撰述《創業注》，一則回顧李淵創業開國之歷程，再者慶賀統一大業之完成！

「津逮秘書本」《大唐創業起居注》書影

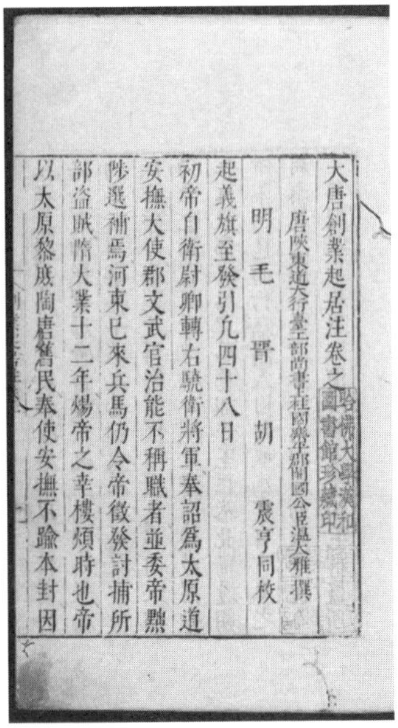
大唐創業起居注卷之一
唐陝東道大行臺工部尚書上柱國莒國公臣溫大雅撰
明　毛　晉　胡　震亨同校
起義旗至發引凡四十八日
初帝自衛尉卿轉右驍衛將軍奉詔爲太原道
安撫大使郡文武官治能不稱職者並委帝黜
陟選補焉河東已來兵馬仍令帝徵發討捕所
部盜賊隋大業十二年煬帝之幸樓煩時也帝
以太原黎庶陶唐舊民奉使安撫不踰本封因

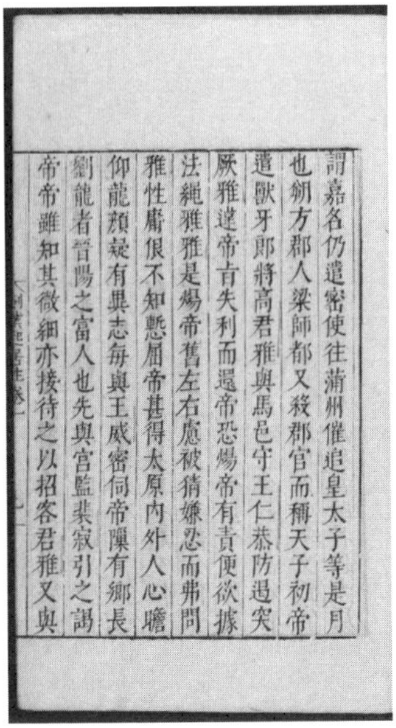
詞嘉名仍遣密使往蒲州催追皇太子等是月
也朔方郡人梁師都又殺郡官而稱天子初帝
遣歐牙郎將高君雅與馬邑守王仁恭防遏突
厥雅違帝旨失利而還帝恐煬帝有責便欲據
法繩雅雅是煬帝舊左右慮被猜嫌恐而弗問
雅性庸佷不知慙屈帝甚得太原內外人心瞻
仰龍顏疑有異志每與王威密伺帝隙有鄉長
劉龍者晉陽之富人也先與宮監裴寂引之謁
帝帝雖知其微細亦接待之以招客君雅又與

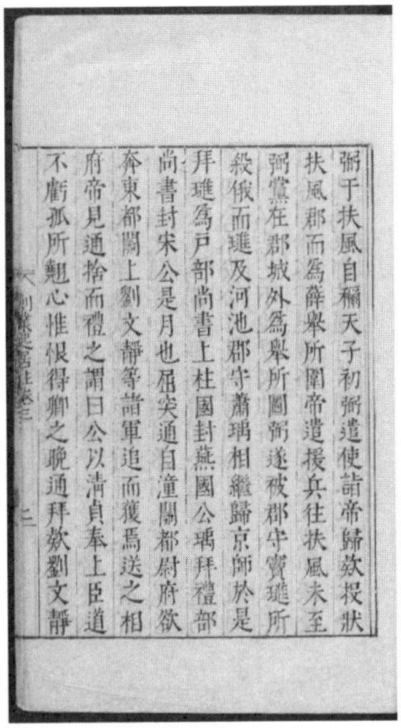
弼于扶風自稱天子初弼遣使詣帝歸欵授狀
扶風郡而爲薛舉所圍帝遣援兵往扶風未至
弼黨在郡城外爲舉所圖弼遂被郡守竇璡所
殺俄而璡及河池郡守蕭瑀相繼歸京師於是
拜璡爲戶部尚書上柱國封燕國公瑀拜禮部
尚書封宋公是月也屈突通自潼關都尉府欲
奔東都關上劉文靜等諸軍追而獲焉送之相
府帝見通揜而禮之謂曰公以清貞奉上臣道
不虧孤所翹心惟恨得卿之晚通拜欵劉文靜

司馬光《資治通鑑目錄》各卷進呈時間研究

一

《資治通鑑》是司馬光最重要的史學代表著作，由《資治通鑑》所衍生而與之相輔成行的派生書計有：《資治通鑑目錄》、《資治通鑑考異》、《資治通鑑舉要歷》、《資治通鑑節文》、《歷年圖》、《國朝百官公卿表》、《稽古錄》、《涑水記聞》、《通鑑釋例》等九種，[1]而其中尤以《資治通鑑目錄》（以下省稱《通鑑目錄》）[2]與《資治通鑑考異》（以下省稱《通鑑考異》）兩書與《資治通鑑》的關係最為密切，三者可視為一個整體觀之。[3]《通鑑目錄》與《通鑑考異》原是各自獨立成書，其後元人胡三省音注《資治通鑑》時，將《通鑑考異》內容分散於《資治通鑑》相關正文之下，此後《通鑑考異》鮮有單行本，然而《通鑑目錄》自始至終皆是單行本刊行。[4]歷代「通鑑學」[5]的研究成果中，學術界對《通鑑目錄》尚未引起應有的重視，研究成果仍少，除了一般探討《資治通鑑》或是中國史學史專業書籍會稍略順帶介紹《通鑑目錄》外，據筆者管見，對《通鑑目錄》進行系統而全面性的研究，似僅有汪受寬先生的〈《通鑑目錄》初探〉一文。[6]

據司馬光〈進《資治通鑑》表〉所記，《通鑑目錄》是隨《資治通鑑》與《通鑑考異》一同進呈給

宋神宗，[7]全書完成的時間是在元豐七年（一〇八四）十二月戊辰（三日）。[8]然從《通鑑目錄》各卷

---

1 張須，《通鑑學》（臺北：臺灣開明書店，一九八二年），第一四六－一五六頁；宋衍申，《司馬光傳》（北京：北京出版社，一九九〇年），第四〇〇－四〇八頁；李昌憲，《司馬光評傳》（南京：南京大學出版社，一九九八年），第三九四－三九六頁。

2 本文所據《通鑑目錄》，係為《四部備要．史部》，中華書局據江蘇書局刻本校刊，陸費逵總勘，高時顯、吳汝霖輯校，丁輔之監造，臺北：臺灣中華書局，一九六五年。

3 司馬光，〈進《資治通鑑》表〉，司馬光撰，李文澤、霞紹暉校點，《司馬光集》（成都：四川大學出版社，二〇一〇年）《補遺》卷二〈表〉：「臣光言：先奉敕編集《歷代君臣事蹟》，又奉聖旨賜名《資治通鑑》，……上起戰國，下終五代，凡一千三百六十二年，修成二百九十四卷。又略舉事目，年經國緯，以備檢尋，為《目錄》三十卷。又參考群書，評其同異，俾歸一塗，為《考異》三十卷。合三百五十四卷。」（第一六四六－一六四七頁）。是以，司馬光將《資治通鑑》與《通鑑目錄》、《通鑑考異》視為一個整體。

4 張須，《通鑑學》指出：「（《通鑑目錄》與《通鑑考異》）兩者本皆自為卷帙，自胡三省為《通鑑》作注，始以《考異》散入《通鑑》各文之下；又隨《目錄》所者，附注曆法天文其中。自是《目錄》雖單行如故，而《考異》則傳刻者絕少。」（第一四七－一四八頁）。

5 「通鑑學」此一術語最早源於元人胡三省的《通鑑釋文辨誤．序》。所謂「通鑑學」即是對《資治通鑑》及其衍申的相關書籍進行研究，或是對《資治通鑑》加以注釋、改編、續修、評論、節選等，皆可視之。參看王錦貴著，張希清審定，《司馬光及其《資治通鑑》》（鄭州：大象出版社，一九九七年），第一〇八－一四一頁。

6 汪受寬，〈《通鑑目錄》初探〉，劉乃和、宋衍申主編，《司馬光與資治通鑑》（長春：吉林文史出版社，一九八六年），第一七五－一九八頁。

7 司馬光，〈進《資治通鑑》表〉，第一六四七頁。清．永瑢等編纂，《四庫全書總目提要》（臺北：臺灣商務印書館，一九八五年）卷四七《史部三．編年類．通鑑目錄》：「《資治通鑑目錄》三十卷，宋司馬光撰。此書亦與《通鑑》同奏上。」（第一〇三二頁）。

8 南宋．楊仲良，《資治通鑑長編紀事本末》（臺北：文海出版社，一九六七年）卷五三〈編修通鑑〉，第一七〇九頁。

司馬光以資政殿大學士知青州・翰林學士・右諫議大夫兼侍讀・權受御史中丞的時間是在治平四年（一〇六七）四月癸酉（二十六日），至同年九月癸卯（二十八日）罷御史中丞，改為翰林學士兼侍讀學士。[16]《宋史・御史台・中丞》記載：「中丞，一人，為台長，舊兼理檢使。」[17]又據《宋會要輯稿・中書省・登聞院》記載：「（天聖）七年（一〇二九）……專命御史中丞為理檢使。」又云：「理檢使一人，以御史中丞兼領。……天聖七年置。」[18]是以，司馬光權任御史中丞時即兼領理檢使。

《通鑑目錄》卷一至三最值注意者的結銜是「權受御史中丞」。司馬光權受御史中丞的時間是在治平四年四月二十六日至九月二十八日。[19]因此，《通鑑目錄》卷一至三進呈的時間就是在這五個月間。

《通鑑目錄》卷四

結銜：翰林學士・朝散大夫・右諫議大夫・知制誥・兼侍講・同提舉萬壽觀公事・兼判集賢院・上護軍・河內郡開國侯，食邑一千三百戶，賜紫、金魚袋

神宗始命司馬光任翰林學士是在治平四年閏三月二十六日，司馬光屢辭，直至同年四月十三日始受命。[20]宋制，翰林學士例帶知制誥。徐度，《卻掃編》記載：

> 翰林學士，……故銜內必帶知制誥，則掌詔命者也。官制後雖不領他職，然猶帶知制誥如故。[21]

司馬光於治平四年四月二十六日罷翰林學士權任御史中丞，同年九月二十八日罷御史中丞後，又改受為翰林學士。梁太濟先生指出，比較司馬光權任御史中丞前後翰林學士結銜的差別，權御史中丞除命前的結銜是「翰林學士・右諫議大夫・兼侍講」；復任翰林學士除命所書結銜是「翰林學士・兼侍讀學士」，[22]本卷的結銜是「兼侍講」可見應是任權御史中丞前所進呈。

按宋制，食邑達千戶者封郡侯，[23]司馬光食邑一千三百戶，故封為河內郡開國侯。又據司馬晰，《涑水司馬氏源流集略》所收〈溫國文正公自御史中丞改翰林學士敕〉記載，司馬光自御史中丞改翰林學士前的結銜為「朝散大夫・右諫議大夫・權御史中丞・充理檢使・上護軍・河內郡開國侯，食邑一千三百戶，賜紫、金魚袋」，[24]因此，「河內郡開國侯，食邑一千三百戶」也當是在任權御史中丞之前已

16 楊仲良，《資治通鑑長編紀事本末》卷五三〈講筵〉，第一六九三頁、卷五七〈宰相不押班〉，第一八七二頁、卷五八〈司馬光彈劾〉，第一八五四頁、第一八六五頁。
17 《宋史》卷一六四〈職官四・御史台・中丞〉，第三八七〇頁。
18 清・徐松、陳垣，《宋會要輯稿》（臺北：世界書局，一九六四年）〈中書省・登聞院〉，職官三之六六、職官三之六七。
19 司馬晰輯，《涑水司馬氏源流集略》卷二〈溫國文正公自御史中丞改翰林學士敕〉，記司馬光罷御史中丞的時間是在治平四年九月二十四日（史八四－八二）。
20 司馬光撰，李文澤、霞紹暉校點，《司馬光集》卷三五〈章奏二〇〉〈辭翰林學士第一狀〉、〈第三上殿箚子〉，第八一九－八二〇頁、第八二一－八二二頁。
21 南宋・徐度，《卻掃編》卷下，上海古籍出版社編，《宋元筆記小說大觀》（上海：古籍出版社，二〇〇七年），第四五二〇頁。
22 梁太濟，〈從每卷結銜看《資治通鑑》各紀的撰進時間〉，第一〇〇頁。
23 北宋・宋敏求撰，誠剛點校，《春明退朝錄》（北京：中華書局，一九八〇年）卷上，記載：「凡食邑三百戶，封縣開國男，五百戶封子，七百戶封伯，千戶封郡侯，二千戶封公。」（第一六頁）。
24 司馬晰輯，《涑水司馬氏源流集略》卷二〈溫國文正公自御史中丞改翰林學士敕〉，史八四－八一、史八四－八二。

有，《通鑑目錄》卷一至三卷所列結銜缺載。

綜合上述，《通鑑目錄》卷四進呈時間是在治平四年四月十三日至四月二十五日間。

《通鑑目錄》卷五

結銜：翰林學士．兼侍讀學士．朝散大夫．右諫議大夫．知制誥．判尚書都省．兼提舉萬壽觀公事．上護軍．河內郡開國侯，食邑一千三百戶，食實封貳伯〔百〕戶，賜紫、金魚袋

司馬光任翰林學士兼侍讀學士在治平四年九月二十八日。依宋制，凡食邑千五百戶以上始加實封，[25]司馬光此時食邑僅一千三百戶，依制原無食實封。司馬晰，《涑水司馬氏源流集略》所收〈溫國文正公自翰林學士加柱國食實封二伯戶敕〉記載：

> 司馬光早以儒學，躋於近列，諫垣憲府，向多開陳，經席禁林，居有撰述，屬茲郊廟之事，乃眷侍祠之勤。宇內慶流，豈後恩典，遂進勳等，仍衍食封。……可特授依前右諫議大夫．充翰林學士．兼侍讀學士．知制誥，加柱國、食實封貳伯戶，散官、差遣、封、賜，如故。[26]

據此，則司馬光由上護軍進勳為柱國，以及增加二百戶的食實封，皆是神宗加恩的結果。據此敕，則《通鑑目錄》卷五結銜中的勳官「上護軍」疑有誤，應改為「柱國」為是。[27]本敕時間為熙寧元年（一〇六八）十一月十二日，是以，本卷進呈時間當在熙寧元年十一月十二日以後。

《通鑑目錄》卷六

結銜：翰林學士・朝散大夫・知制誥・兼侍講・同提舉萬壽觀公事・兼判集賢院・上護軍・河內郡開國侯，食邑一千三百戶，賜紫、金魚袋

與《通鑑目錄》卷四相比，本卷的結銜僅缺「右諫議大夫」。案：自治平二年七月至元豐三年（一〇八〇）九月，司馬光的結銜皆帶有右諫議大夫。是以，卷六之結銜疑是漏列「右諫議大夫」。若此推測不誤，則《通鑑目錄》卷六是與卷四在同一時間進呈，在治平四年四月十三日至四月二十五日間。

《通鑑目錄》卷七

結銜：翰林學士・兼侍讀學士・朝散大夫・右諫議大夫・知制誥・判尚書都省・兼提舉萬壽觀公事・上護軍・河內郡開國侯，食邑一千三百戶，賜紫、金魚袋

據司馬晰，《涑水司馬氏源流集略》所收〈溫國文正公自翰林學士加柱國食實封二伯戶敕〉，神宗熙寧元年（一〇六八）十一月郊祀加恩前，司馬光的結銜僅有食邑一千三百戶，[28]依制無食實封。司馬

---

25 宋敏求撰，誠剛點校，《春明退朝錄》卷上，第一六頁。

26 司馬晰輯，《涑水司馬氏源流集略》卷二〈溫國文正公自翰林學士加柱國食實封二伯戶敕〉，史八四－八三。

27 《資治通鑑》卷七一－七八，司馬光所提結銜：「翰林學士・兼侍讀學士・朝散大夫・右諫議大夫・知制誥・判尚書都省・兼提舉萬壽觀公事・柱國・河內郡開國侯，食邑一千三百戶，食實封二百戶，賜紫、金魚袋」，唯卷七二的勳官寫為「上護軍」，疑亦是「柱國」之誤。參看梁太濟，〈從每卷結銜看《資治通鑑》各紀的撰進時間〉，第一〇一頁。

28 司馬晰輯，《涑水司馬氏源流集略》卷二〈溫國文正公自翰林學士加柱國食實封二伯戶敕〉，史八四－八三。

光除翰林學士兼侍讀學士的時間是在治平四年九月二十八日。[29]因此，本卷進呈時間當是在治平四年九月二十八日至熙寧元年十一月十二日間。

《通鑑目錄》卷八、九、十、十一

結銜：端明殿學士．兼翰林侍讀學士．朝散大夫．右諫議大夫．充集賢殿修撰．權判西京留司御史台．上柱國．河內郡開國侯，食邑一千三百戶，食實封肆伯〔百〕戶，賜紫、金魚袋

李燾，《續資治通鑑長編》記載：

（熙寧三年〔一〇七〇〕九月）癸丑（二十六日）翰林學士．兼侍讀學士．右諫議大夫．知制誥．史館修撰司馬光為端明殿學士．集賢殿修撰．知永興軍。[30]

司馬光從翰林學士改為端明殿學士是在熙寧三年九月二十六日。《宋史．神宗紀》記載：「（熙寧四年〔一〇七一〕夏四月）癸酉（十八日），司馬光權判西京留台。」[31]蘇軾，〈司馬溫公行狀〉云：「遂乞判西京留司御史台以歸，自是絕口不論事。以祀明堂恩，加上柱國。」[32]此次祀明堂加恩的時間，據《宋史．神宗紀》是在神宗熙寧四年九月辛卯（十日）。[33]又據宋敏求，《春明退朝錄》記載：

每大禮，兩府加恩，功臣、階勳、食邑、實封，內得三種；學士至待制、大兩省，得階勳而下二種；……。[34]

司馬光食實封由二百戶增至四百戶、勳官從柱國加至上柱國，皆是此次大饗明堂的結果。

綜上述觀之，則《通鑑目錄》卷八至十一進呈時間應是在熙寧四年九月十日以後。

《通鑑目錄》卷十二、十三、十四、十五

結銜：端明殿學士・兼翰林侍讀學士・朝散大夫・右諫議大夫・充集賢殿修撰・提舉西京嵩山崇福宮・上柱國・河內郡開國侯，食邑一千八百戶，食實封陸伯〔百〕戶，賜紫、金魚袋

《通鑑目錄》卷十二的食邑書為「二千八百戶」，其餘皆與卷十三至十五相同，疑卷十二食邑的「二千八百戶」當為「一千八百戶」之訛誤。宋初在外州府宮觀，最早僅在西京崇福宮、南京鴻慶宮、舒靈仙觀、鳳翔府上清太平宮、兗州仙源縣景靈宮太極觀設有提舉管勾官，以優士大夫老疾不任職者。[35]司馬光任西京嵩山崇福宮提舉管勾官的時間，推測是在熙寧六年（一〇七三）。顧棟高，《司馬

---

29 楊仲良，《資治通鑑長編紀事本末》卷五三〈講筵〉，第一六九三頁、卷五八〈司馬光彈劾〉，第一八六五頁。

30 李燾撰，上海師範大學古籍整理研究所、華東師範大學古籍整理研究所點校，《續資治通鑑長編》卷二一五〈神宗六〉，熙寧三年九月癸丑條，第五二四七－五二四八頁。

31 《宋史》卷一五〈神宗紀〉，第二七九頁。《宋會要輯稿・職官十七・御史台・御史知雜》記載：「（熙寧）四年四月十八日，新知許州・端明殿學士兼翰林侍讀學士・右諫議大夫司馬光權判西京留司御史台。」（職官十七之三九）。

32 徐度，《卻掃編》卷下，第四五二〇頁。

33 《宋史》卷一五〈神宗紀〉，第二八〇頁。顧棟高撰，馮惠民點校，《司馬光年譜》卷六「熙寧四年九月辛卯」記載：「大饗明堂，加公上柱國。」（第一六九頁）。

34 宋敏求撰，誠剛點校，《春明退朝錄》卷上，第一六頁。

35 徐度，《卻掃編》卷下，第四五二〇頁。

光年譜》記載：

> 是年（熙寧六年），提舉西京嵩山崇福宮，始辟獨樂園。公自言「兩任留台，四任崇福」，未知崇福始於何年。按：元豐五年（一〇八二）九月二十六日〈謝提舉崇福宮表〉云：「仍再領於祠庭，遂十更夫歲鑰。」蓋此時已經十年，追溯至前，當以熙寧六年為始。……至是年提舉崇福，始辟獨樂園，故下〈序〉云「迂叟讀書，多穀堂中」，則崇福決當為是年無疑也。[36]

神宗熙寧七年（一〇七四）十一月郊祀，十二月丁卯（四日），文武百官並以南郊赦書加恩。[37]宋敏求，《春明退朝錄》記載：

> 凡加食邑，宰相千戶，實封四百戶；……直學士以上，食邑五百戶，實封二百戶；……。[38]

是以，此次加恩，司馬光的食邑由一千三百戶增至一千八百戶，食實封由四百戶增至六百戶。《通鑑目錄》卷十二至十五進呈時間當在熙寧七年十二月四日以後。

《通鑑目錄》卷十六、十八、十九、二十、二十一、二十二、二十三、二十四

結銜：端明殿學士．兼翰林侍讀學士．大中大夫．提舉西京嵩山崇福宮．上柱國．河內郡開國公，食邑二千二百戶，食實封玖百戶，賜紫、金魚袋

《通鑑目錄》卷十八將「翰林侍讀學士」，誤植為「翰侍林讀學士」；卷二十三將「大中大夫」書為「太中大夫」，「大」、「太」同義。《宋會要輯稿．官制別錄》記載：

（元豐三年九月）十六日，詳定官制所上以階易官《寄祿新格》……左、右諫議為太中大夫，秘書監為中大夫，……。[39]

司馬光結銜中的「朝散大夫．右諫議大夫」，改為「太（大）中大夫」的階官，即是元豐三年九月十六日施行以階易官《寄祿新格》的結果。又熙寧十年（一〇七七）十一月，神宗行郊祀大禮，同年十二月甲申（二十八日），文武百官並以南郊赦書加恩，司馬光的食邑從一千八百戶增至二千二百戶，食實封從六百戶增至九百戶。[40]又據《續通典．歷代官制要略．封爵．宋》記載：

36 顧棟高撰，馮惠民點校，《司馬光年譜》卷六「熙寧六年」，第一七一－一七二頁。李昌憲，《司馬光評傳》，記為熙寧八年（一〇七五）閏四月六日，第四三五頁。
37 梁太濟，〈從每卷結銜看《資治通鑑》各紀的撰進時間〉，第一〇二頁。
38 宋敏求撰，誠剛點校，《春明退朝錄》卷上，第一六頁。
39 《宋會要輯稿．職官五六．官制別錄》，職官五六之二。
40 《宋史》卷一七〇〈職官志十．雜制．食邑〉記載：「二千戶以上雖有加例，緣無定法。」（第四〇七六頁）。因此，司馬光食邑增加至二千戶以上，其食邑及實封的戶數沒有定額。

兄弟封國為親王，親王嫡子為嗣王，宗室近親封郡王或封郡公，其開國公侯伯子男皆隨食邑，二千戶以上封公，一千戶以上封侯。[41]

司馬光的食邑為二千二百戶，故爵位從原先的河內郡開國侯，轉變成為河內郡開國公。《通鑑目錄》本卷進呈時間是在熙寧十年十二月二十八日以後。

《通鑑目錄》卷十七

結銜：端明殿學士·兼翰林侍讀學士·朝散大夫·右諫議大夫·充集賢殿修撰·提舉嵩山崇福宮·上柱國·河內郡開國侯，食邑二千八百戶，食實封陸伯〔百〕戶，賜紫、金魚袋

與《通鑑目錄》卷十二至卷十五相比較，卷十七的「提舉嵩山崇福宮」上缺「西京」兩字，疑為漏列。又司馬光食實封六百戶是在熙寧七年十二月，此時食邑同時由一千三百戶增至一千八百戶。故此卷結銜中的「二千八百戶」疑為「一千八百戶」之誤。[42]是以，《通鑑目錄》卷十七應是與《通鑑目錄》卷十二至卷十五同時進呈，時間是在熙寧七年十二月四日以後。

《通鑑目錄》卷二十五、二十七、二十八、二十九、三十

結銜：端明殿學士·兼翰林侍讀學士·大中大夫·提舉西京嵩山崇福宮·上柱國·河內郡開國公，食邑二千六百戶，食實封壹阡戶

《通鑑目錄》卷二十九、三十將「大中大夫」書為「太中大夫」。食邑從二千二百戶增至二千六百

戶，食實封由九百戶增至一千戶，當是在神宗行郊祀大禮後於元豐六年（一〇八三）十一月甲寅（十三日）文武官並以南郊赦書加恩的結果。[43]

此五卷最特別者是結銜中缺漏「賜紫、金魚袋」。前引《續資治通鑑長編》，宋制凡直學士以上其結銜皆云「賜紫、金魚袋」。司馬光於治平二年七月除龍圖閣直學士後，結銜均帶有「賜紫、金魚袋」。此外，通觀《通鑑目錄》全書，除這五卷外，其結銜也都書有「賜紫、金魚袋」，推測原因很可能是漏列所致。又，〈《資治通鑑》進書表〉其結銜與此五卷相同，〈《資治通鑑》進書表〉署名元豐七年十一月，則此五卷進呈時間也可能是在元豐七年十一月以後。

《通鑑目錄》卷二十六

結銜：端明殿學士・兼翰林侍讀學士・大中大夫・提舉西京嵩山崇福宮・上柱國・河內郡開國公，食邑三千六百戶，食實封壹阡戶，賜紫、金魚袋

與《通鑑目錄》卷二十五及二十七至三十相比，卷二十六的結銜書有「賜紫、金魚袋」，唯一的差

---

41 清高宗敕撰，《續通典》（臺北：臺灣商務印書館，一九八七年）卷二三〈職官一・歷代官制要略・封爵・宋〉，第一二六〇－一二頁。

42 至元豐七年十二月進呈《資治通鑑》與《通鑑目錄》、《通鑑考異》時，司馬光的食邑為二千六百戶，故《通鑑目錄》卷十七結銜中的「二千八百戶」一定有誤。

43 梁太濟，〈從每卷結銜看《資治通鑑》各紀的撰進時間〉，第一〇三頁。

別是食邑書為「三千六百戶」，推測此當為「二千六百戶」之訛誤。果如此，則卷二十六與上述五卷進呈時間相同。

綜觀上述整理分析，《通鑑目錄》各卷進呈時間，大抵如下：

1. 卷一、二、三：治平四年四月二十六日至九月二十八日間
2. 卷四：治平四年四月十三日至四月二十五日間
3. 卷五：熙寧元年十一月十二日以後
4. 卷六：治平四年四月十三日至四月二十五日間
5. 卷七：治平四年九月二十八日至熙寧元年十一月十二日間
6. 卷八、九、十、十一：熙寧四年九月十日以後
7. 卷十二、十三、十四、十五：熙寧七年十二月四日以後
8. 卷十六：熙寧十年十二月二十八日以後
9. 卷十七：熙寧七年十二月四日以後
10. 卷十八、十九、二十、二十一、二十二、二十三、二十四：熙寧十年十二月二十八日以後
11. 卷二十五、二十六、二十七、二十八、二十九、三十：元豐七年十一月以後

三

從上述的整理，我們可以發現，司馬光《通鑑目錄》不僅不是等到全書編纂完成之後一次性進呈，其順序也不是從首卷開始依序進呈。茲依進呈時間先後排序如下：

1. 卷四、六：治平四年四月十三日至四月二十五日間
2. 卷一、二、三：治平四年四月二十六日至九月二十八日間
3. 卷七：治平四年九月二十八日至熙寧元年十一月十二日間
4. 卷五：熙寧元年十一月十二日以後
5. 卷八、九、十、十一：熙寧四年九月十日以後
6. 卷十二、十三、十四、十五、十七：熙寧七年十二月四日以後
7. 卷十六、十八、十九、二十、二十一、二十二、二十三、二十四：熙寧十年十二月二十八日以後
8. 卷二十五、二十六、二十七、二十八、二十九、三十：元豐七年十一月以後

《通鑑目錄》先後分八次進呈，[44]其中最早進呈的卷次是第四卷及第六卷，所記載內容的時間是西漢昭帝始元元年——新莽地皇三年，以及東漢殤帝延平元年——東漢獻帝建安二十四年。司馬光第一次進呈《資治通鑑》是有關西漢部分（卷九—三十八），進呈時間與《通鑑目錄》卷四、卷六相同，都是

44 汪受寬，〈《通鑑目錄》初探〉，認為《通鑑目錄》自治平四年起至元豐七年全書完成，在此間分六次呈進（第一八七頁）。然作者未說明各次呈進的具體時間。

在治平四年四月十三日至二十五日間（有關《通鑑目錄》各卷內容所記時間，以及與《資治通鑑》對應卷次，詳見本文末第二六三頁〔附表一〕）。由此可知，治平四年四月司馬光進呈《資治通鑑》「前漢紀」的同時，「後漢紀」的一部分目錄也已編纂完成。

《資治通鑑》前八卷（周威烈王二十三年－秦二世三年），早在治平三年一月時，司馬光即以《通志》之名進奏，[45]英宗覽而悅之，同年四月辛丑（十八日），詔命司馬光續修其書，並將書名更為《歷代君臣事蹟》。[46]然而，《資治通鑑》前八卷正式進呈的時間卻是在治平四年四月二十六日至九月二十八日間，張須先生推測其中原因在於司馬光奉敕後，又重新加以修正之故。[47]《通鑑目錄》前三卷，其中卷一、卷二記載時間，即是起自周威烈王二十三年，下盡秦二世三年，也就是《資治通鑑》前八卷，與此同時，司馬光亦將治平四年四月間「前漢紀」缺略的目錄（卷三），一併補上。

治平四年九月底，司馬光開始積極著手三國時期，以及東漢尚缺略的目錄編纂工作，熙寧元年完成卷七、卷五。[48]由於這段期間司馬光居京師汴京，編修《資治通鑑》的書局又置於崇文院，許以借閱龍圖閣、天章閣、三館（史館、昭文館、集賢院）祕閣書籍，[49]可遍覽觀看皇家圖書，以及各類史籍文獻、原始檔案，因此修纂進度十分快速，約一年半的時間完成七卷的內容。

熙寧三年四月，協助司馬光編修《通鑑》的助手之一劉攽被貶往泰州；同年十月五日，司馬光也從首都汴京外放地方，出知永興軍（今陝西省西安市）；[50]熙寧四年（一〇七一）二月，劉攽離開編修《資治通鑑》的書局；同年四月，司馬光又由知永興軍改判西京留司御史台，轉赴洛陽，這年夏季，另一位協修助手劉恕也離開汴京，轉至監南康軍酒稅。由於這段時間因變法問題政爭嚴重，朝中政局動盪，人事變動劇烈，[51]因此，《通鑑目錄》的纂修幾乎是呈現停滯狀態，直至司馬光定居洛陽，不問政事，特別是熙寧五年（一〇七二）正月將編修《資治通鑑》的書局從汴京遷至洛陽後，才又開始恢復工作。從卷八至卷二十四進呈的時間觀之，司馬光大抵每隔三年左右進呈一次《通鑑目錄》。

元豐元年（一〇七八）九月，幫助司馬光最力，可謂《通鑑》編修副手的劉恕過世。[52]元豐五年

45 顧棟高撰，馮惠民點校，《司馬光年譜》卷四「治平三年正月」，第一〇二—一〇三頁。

46 顧棟高撰，馮惠民點校，《司馬光年譜》卷四「治平三年四月辛丑」，第一〇四頁。有一點很值得注意，雖然神宗已於治平四年十月甲寅（九日）御賜書名為《資治通鑑》，司馬光也于熙寧元年二月進〈謝賜《資治通鑑》序〉（詳見顧棟高撰，馮惠民點校，《司馬光年譜》卷四「治平四年十月甲寅」、「熙寧元年二月」，第一二〇、一二一頁），但是在元豐七年十一月全書告竣上呈前，本書仍名為《歷代君臣事蹟》，例如司馬晰輯，《涑水司馬氏源流集略》所收熙寧元年十一月十二日〈溫國文正公自翰林學士加柱國食實封二伯戶敕〉、熙寧二年八月〈溫國文正公自翰林學士充史館修撰敕〉，所列結銜皆為「編修歷代君臣事蹟」，而非「資治通鑑」。

47 張須，《通鑑學》，第二八頁。

48 宋衍申，《司馬光傳》，指出從治平四年至熙寧三年司馬光進讀《通鑑》都是漢以前的內容，因為此時《通鑑》只修魏以前部分，所以司馬光進讀的內容不會是後代的事（第三四九—三五〇頁）。我們認為司馬光向宋神宗進讀《通鑑》，應與司馬光進呈《通鑑》和《通鑑目錄》分別看待，從上述的整理可知，早在治平四年九月二十八日至熙寧元年十一月十二日間，司馬光已完成《通鑑目錄》三國時間，同時從梁太濟先生的研究（詳見下文），也可知熙寧元年十一月前後已完成《通鑑》「魏紀」部分。

49 司馬光，〈進《資治通鑑》表〉，第一六四六頁。又，司馬光，〈謝賜《資治通鑑》序表〉，司馬光撰，李文澤、霞紹暉校點，《司馬光集》卷五七〈表〉亦有載：「伏遇先皇帝……內閣圖書，從其假借之便。」（第一一九八頁）。

50 李裕民校注，《司馬光日記校注》（北京：中國社會科學出版社，一九九四年）卷三「熙寧三年十月五日」，第八三頁。

51 有關《資治通鑑》協修者的分工與編纂進程，可參看宋衍申，《司馬光傳》，第三五三—三六二頁、王盛恩，《宋代官方史學研究》（北京：人民出版社，二〇〇八年），第二七五—二八三頁。

52 《資治通鑑》義例即是劉恕與司馬光討論後確定，司馬光曾謂《資治通鑑》編修以劉恕功力最多。司馬光，〈乞官劉恕一子

（一〇八二），司馬光又「忽得語澀疾，疑且死」，[53]因此，《通鑑目錄》最後六卷的編修工作遲緩，大約在元豐七年十一月才竣工進呈。

梁太濟先生從司馬光結銜變化，考釋研究得出司馬光分七次撰進《資治通鑑》，其撰進時間大致如下：[54]

周紀、秦紀：治平四年五至九月間

前漢紀：治平四年四月

後漢紀、魏紀：熙寧元年十一月前後

晉紀：熙寧四年九月至七年十一月間

宋、齊、梁、陳、隋紀：熙寧八年夏至九年秋間

唐紀：元豐二年九月至六年十一月間

後梁、後唐、後晉、後漢、後周紀：元豐七年十一月

無論是《通鑑目錄》，抑或是《資治通鑑》，部分進呈只能考證出一個約略時間，無法得出明確的年月。若我們取一個較為寬泛的角度，比較《通鑑目錄》與《資治通鑑》例次進呈時間，可整理如本文末第二六五頁〔附表二〕。汪受寬先生認為，多數情況是《資治通鑑》相應部分呈進的同時或稍後呈進有關部分的《通鑑目錄》。從〔附表二〕可看出，汪受寬先生的論點是正確的，大體而言，《資治通鑑》相應部分呈進時，也同時進呈《通鑑目錄》相關部分（如卷一、二、四－五、七－十一、十三－十五、十七、十九－三十，共二十五卷），但也有部分《通鑑目錄》進呈時間早於《資治通鑑》相應部分（如卷三、六），或晚於《資治通鑑》相應部分（如卷十二、十六、十八）。清人永瑢，《四庫全書總

目提要．通鑑目錄》云：「（司馬）光恐讀者倦於披尋，故于編纂之時，提綱挈要，並成斯編，使相輔而行，端緒易於循覽。」[55]汪受寬先生也認為，司馬光編《通鑑目錄》不僅是為了「備檢尋」《資治通鑑》，更是為了向皇帝提供一繁、一簡兩部通史，否則，絕不該先進《通鑑目錄》，以後才進有關部分的《資治通鑑》。[56]此外，我們認為還有一個原因是與協修者有關。例如：以專擅魏晉南北朝史的劉恕，一開始便參與《資治通鑑》的編修工作，司馬光曾有言：

> 至於專精史學，臣得而知者，惟劉恕耳。……遇史事紛雜難治者，輒以諉恕。恕于魏晉以後事，考證差謬，最為精詳。[57]

箚子〉，司馬光撰，李文澤、霞紹暉校點，《司馬光集》卷五三〈章奏三八〉記載：「臣往歲初受敕編修《資治通鑑》，首先奏舉恕同修。……臣修上件書，其討論編次，多出於恕。……所以（劉）攽等以眾共推先，以為功力最多。」（第一一一二頁）。清人全祖望在〈《通鑑》分修諸子考〉更認為劉恕「實系全域副手」。

53 《宋史》卷三三六〈司馬光傳〉，第一〇七六七頁。

54 梁太濟，〈從每卷結銜看《資治通鑑》各紀的撰進時間〉，第一〇四頁。

55 永瑢等編纂，《四庫全書總目提要》卷四七〈史部三．編年類．通鑑目錄〉，第一〇三二頁。

56 汪受寬，〈《通鑑目錄》初探〉，第一八七頁。

57 北宋．劉羲仲，《通鑑問疑》，永瑢等編纂，《四庫全書總目提要》卷八八〈史部四十四．史評類．通鑑問疑〉，第一八三三頁。

熙寧四年夏，劉恕外放南康軍（治所在今江西省廬山市），雖仍「遙隸局中」，但與居於洛陽的司馬光分隔兩地，無法經常討論編修過程中所遇到的困難。熙寧九年春夏之交，劉恕奏請「乞身詣光議修書事，朝廷許之」，[58]於是劉恕來到洛陽與司馬光討論《資治通鑑》魏晉南北朝編修疑義之處。這就是為什麼會出現《通鑑目錄》卷八至十二同樣是屬「晉紀」的部分，但司馬光會分兩次進呈的原因。

四

綜合以上所述，本文得出以下幾點結論：

一是，《通鑑目錄》從撰修到完成，全書共分八次進呈，首次進呈是在治平四年四月二十六至九月二十八日間，最後一次進呈是在元豐七年十一月，前後共歷時約十七年。

二是，三十卷的《通鑑目錄》，從治平四年四月到熙寧元年十一月，完成卷一至卷七，編纂時間約為一年半，其後因政爭之故，熙寧二年至四年間，編修工作呈現停滯，自熙寧四年九月後才重新恢復編修，卷八至卷二十四，司馬光約每隔三年進呈一次。自元豐元年起，隨著劉恕病逝，以及司馬光忽患語澀病，使得最後六卷編纂遲緩，直至元豐七年十一月才完成。

三是，《通鑑目錄》並不是按卷次順序依次進呈，最先進呈的卷次為卷四與卷六，最後進呈的卷次為卷二十五至三十。與《資治通鑑》進呈時間相比較，大體而言，《資治通鑑》相應部分呈進時，也同時進呈《通鑑目錄》相關部分，但也有部分《通鑑目錄》進呈時間早於《資治通鑑》或晚於《資治通鑑》，推測原因可能是司馬光雖將《資治通鑑》與《通鑑目錄》視為一個整體，然也將其分做是繁簡兩部、相輔而行的通史，故完成進度並不必要求齊一並行。此外，協修者分散各地，不能隨時聚會討論疑義困難，因此，有時並不是一定按卷次順序進行編修。

58 北宋・王禹偁，《東都事略・列傳》（北京：北京圖書館出版社，二〇〇六年）卷八七下〈列傳七十下・劉恕〉，第三三五頁。

《資治通鑑目錄》書影

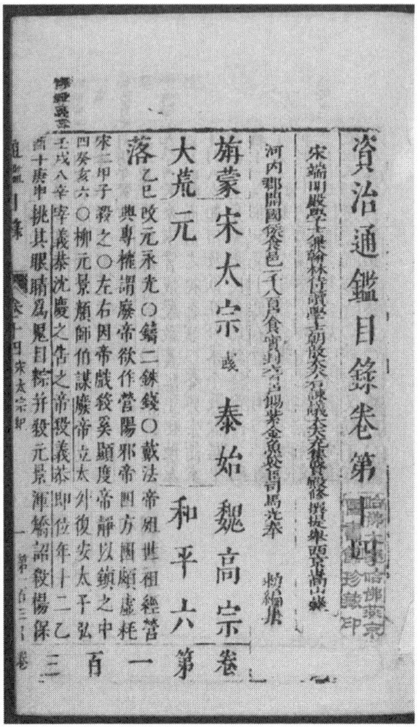
資治通鑑目錄卷第十四
河內郡開國侯食邑一千八百戶食實封四百戶賜紫金魚袋司馬光奉　勅編集
旃蒙宋太宗　泰始　魏高宗
大荒元落　和平六
卷第一百三

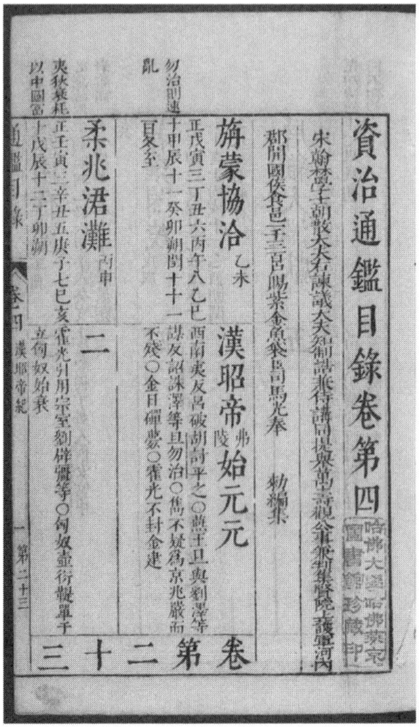
資治通鑑目錄卷第四
司馬光奉　勅編集
旃蒙協洽　乙未　漢昭帝　弗陵　始元元
柔兆涒灘　丙申　二
卷第二十三

〔表二〕

《通鑑目錄》卷次	《通鑑目錄》時間	《資治通鑑》對應卷次
一	周威烈王二十三年－周赧王十七年	卷一（周紀一）－三（周紀三）
二	周赧王十八年－秦二世三年	卷四（周紀四）－八（秦紀三）
三	漢高祖元年－漢武帝後元二年	卷九（漢紀一）－二十二（漢紀十四）
四	漢昭帝始元元年－新莽地皇三年	卷二十三（漢紀十五）－三十八（漢紀三十）
五	漢淮陽王更始元年－漢和帝元興元年	卷三十九（漢紀三十一）－四十八（漢紀四十）
六	漢殤帝延平元年－漢獻帝二十四年	卷四十九（漢紀四十一）－六十八（漢紀六十）
七	魏世祖黃初元年－魏元帝咸熙元年	卷六十九（魏紀一）－七十八（魏紀十）
八	晉世祖泰始元年－晉懷帝永嘉二年	卷七十九（晉紀一）－八十六（晉紀八）
九	晉懷帝永嘉三年－晉顯宗咸和二年	卷八十七（晉紀九）－九十三（晉紀十五）
十	晉顯宗咸和三年－晉孝宗升平三年	卷九十四（晉紀十六）－一百（晉紀二十二）
十一	晉孝宗升平四年－晉安帝隆安二年	卷一百一（晉紀二十三）－一百一十（晉紀三十二）
十二	晉安帝隆安三年－晉恭帝元熙元年	卷一百一十一（晉紀三十三）－一百一十八（晉紀四十）
十三	宋高祖永初元年－宋世祖大明八年	卷一百一十九（宋紀一）－一百二十九（宋紀十一）
十四	宋太宗秦始元年－梁高祖天監六年	卷一百三十（宋紀十二）－一百四十六（梁紀二）
十五	梁高祖天監七年－梁高祖中大同元年	卷一百四十七（梁紀三）－一百五十九（梁紀十五）

《通鑑目錄》卷次	《通鑑目錄》時間	《資治通鑑》對應卷次
十六	梁高祖太清元年－陳高祖太建六年	卷一百六十（梁紀十六）－一百七十一（陳紀五）
十七	陳高祖太建七年－隋恭帝義寧元年	卷一百七十二（陳紀六）－一百八十四（隋紀八）
十八	隋恭帝皇泰元年－唐太宗貞觀元年	卷一百八十五（唐紀一）－一百九十二（唐紀八）
十九	唐太宗貞觀二年－唐高宗咸亨元年	卷一百九十三（唐紀九）－二百一（唐紀十七）
二十	唐高宗咸亨二年－唐玄宗開元元年	卷二百二（唐紀十八）－二百一十（唐紀二十六）
二十一	唐玄宗開元二年－唐肅宗上元元年	卷二百一十一（唐紀二十七）－二百二十一（唐紀三十七）
二十二	唐肅宗上元二年－唐德宗貞元九年	卷二百二十二（唐紀三十八）－二百三十五（唐紀五十一）
二十三	唐德宗貞元十年－唐文宗太和七年	卷二百三十六（唐紀五十二）－二百四十四（唐紀六十）
二十四	唐文宗太和八年－唐僖宗中和元年	卷二百四十五（唐紀六十一）－二百五十四（唐紀七十）
二十五	唐僖宗中和二年－唐昭宣帝天佑三年	卷二百五十五（唐紀七十一）－二百六十五（唐紀八十一）
二十六	梁太祖開平元年－梁均王貞明四年	卷二百六十六（後梁紀一）－二百七十（後梁紀五）
二十七	梁均王貞明五年－唐明宗天成四年	卷二百七十一（後梁紀六）－二百七十六（後唐紀五）
二十八	唐明宗長興元年－晉高祖天福六年	卷二百七十七（後唐紀六）－二百八十二（後晉紀三）
二十九	晉高祖天福七年－漢隱帝乾佑三年	卷二百八十三（後晉紀四）－二百八十九（後漢紀四）
三十	周太祖廣順元年－周世宗顯德六年	卷二百九十（後周紀一）－二百九十四（後周紀五）

〔表二〕

進呈時間	《通鑑目錄》卷次	《資治通鑑》內容	備註
治平四年四月十三日至二十五日間	四、六	前漢紀	《通鑑目錄》卷六屬《資治通鑑》「後漢紀」部分
治平四年四月二十六日至九月二十八日間	一、二、三	周紀、秦紀	《通鑑目錄》卷三屬《資治通鑑》「前漢紀」部分
治平四年九月至熙寧元年十一月	七	魏紀	
熙寧元年十一月十二日以後	五	後漢紀	
熙寧四年九月至七年十一月間	八、九、十、十一	晉紀	
熙寧八年夏至九年秋間	十二、十三、十四、十五、十七	宋、齊、梁、陳、隋紀	《通鑑目錄》卷十二屬《資治通鑑》「晉紀」部分
元豐二年九月至六年十一月間	十六、十八、十九、二十、二十一、二十二、二十三、二十四	唐紀	《通鑑目錄》卷十六屬《資治通鑑》「梁紀、陳紀」部分；卷十八屬《資治通鑑》「隋紀、唐紀」部分
元豐七年十一月	二十五、二十六、二十七、二十八、二十九、三十	後梁、後唐、後晉、後漢、後周紀	

范祖禹《唐鑑》的編纂特點及其史論探析

——以《唐鑑．高祖》為探討核心

《唐鑑》是范祖禹最重要的史學代表著作，[1]以往學界研究《唐鑑》，多半偏向探討范祖禹的政治思想以及范祖禹對於唐代史事的評論。然而，對於《唐鑑》選取唐代史事的標準以及《唐鑑》的編纂特點則甚少分析。本文探討兩個問題：一是，《唐鑑．高祖》在編纂上呈現哪些特點？二是，《唐鑑．高祖》卷關涉到哪些史事？這些內容與范祖禹的評論，又反映出什麼樣的歷史意義。

一、范祖禹及其《唐鑑》

范祖禹，字淳甫（一作淳夫、淳父），一字夢得，北宋成都華陽人（今四川省成都市人），世稱「華陽先生」，生於仁宗慶曆元年（一〇四一），卒於哲宗元符元年（一〇九八），享年五十八。范祖禹撰寫《唐鑑》的起迄時間，史無明確載記，他在哲宗元祐元年（一〇八六）二月二十八日所上〈進《唐鑑》表〉稱：

臣昔在先朝，承乏書局，典司載籍，實董有唐，嘗於紬次之餘，稽其成敗之迹，折以義理，輯成一書。……其《唐鑑》十二卷，繕寫成六冊，謹隨表上進以聞。[2]

又於〈《唐鑑》序〉云：

臣祖禹受詔與臣光修《資治通鑑》，臣祖禹分職唐史，得以考其興廢治亂之所由。……臣謹採唐得失之迹，善惡之效，上起高祖，下終昭宣，凡三百六篇，為十二卷，名曰《唐鑑》。[3]

范祖禹於神宗熙寧三年（一〇七〇）六月戊寅（十九日）加入司馬光編纂《資治通鑑》書局，[4]在協助司馬光撰修唐紀叢目與長編期間，已萌發撰寫《唐鑑》。神宗元豐八年（一〇八五）六月，范祖禹上〈論喪服儉葬疏〉云：「臣嘗採唐事，為《唐鑑》數百篇，欲獻之先帝（神宗），屬先帝不豫，未及

---

1 范祖禹除獨立完成修撰《唐鑑》外，也曾與他人合力編修《資治通鑑》、《神宗正史》、《神宗實錄》等史著。上述史著中，《神宗正史》、《神宗實錄》今已亡佚不存，《資治通鑑》的總主編是司馬光，范祖禹擔任協修角色，主要負責「唐紀」中的叢目與長編工作。是以，《唐鑑》可說是最能代表范祖禹的史學著作。

2 北宋·范祖禹，《范太史集》，《景印文淵閣四庫全書》（臺北：臺灣商務印書館，一九八三年），第一一〇〇冊，卷一三〈進《唐鑑》表〉，第一九八頁。

3 范祖禹，《唐鑑》，〈《唐鑑》序〉。

4 南宋·李燾撰，上海師範大學古籍整理研究所、華東師範大學古籍整理研究所點校，《續資治通鑑長編》（北京：中華書局，一九八五年）卷二一二，神宗熙寧三年六月戊寅條記載：「翰林學士司馬光乞差試校書郎、前知龍水縣范祖禹同修《資治通鑑》，許之。」（第五一五五頁）。

上。」；[5]〈進《唐鑑》表〉言：「嘗於紬次之餘，稽其成敗之迹，折以義理，輯成一書。思與庶人傳言，百工執藝，獻之先帝（神宗），庶補萬分。比臣赴職，不幸先帝洮頮被冕，遽迫登遐，追攀莫及，抱恨沒世。」[6]據《宋史．神宗紀》記載：「（元豐）八年春正月戊戌（初三），帝不豫。……（三月）戊戌（初五），上崩于福寧殿。」[7]由此推測，《唐鑑》的完成大約是在神宗元豐七年（一〇八四）末以至元豐八年（一〇八五）初這段期間。[8]

宋人極重唐史的編纂，太祖建隆二年（九六一），監修國史王溥等人上呈百卷本的《唐會要》，[9]真宗朝陳彭年曾撰《唐紀》四十卷，自仁宗以至神宗，在四十多年間，又修撰了各種體裁的官撰、私修唐史著作達九部之多，[10]此一現象與北宋中期士大夫懷抱強烈的憂患意識，力求政治革新，而唐距宋近，治亂興衰之跡清晰，可資鑑之處最多，欲「以唐為鑑」、「以唐為鏡」，從唐史中尋找出治國之良方，達到安邦濟世的經世目的有密切關係。[11]范祖禹撰修《唐鑑》亦出於此一目的，〈《唐鑑》序〉明白指出：「其（指唐朝）治未嘗不由君子，其亂未嘗不由小人，皆布在方策，顯不可掩。然則今所宜鑑，莫近於《唐書》。」[12]

《唐鑑》一書共計十二卷，分三百零六篇，[13]除序言外，全書分為正文與史論兩大部分，以帝王在位先後順序，論及唐代二十帝，二百九十年的歷史。現今《唐鑑》的版本有：南宋孝宗朝浙江刻本；[14]呂祖謙音註《東萊先生音註唐鑑》宋刻元修本；[15]明孝宗弘治十年（一四九七）呂祖謙音註、徐朝文手校《明刊唐鑑》；[16]日本後西天皇寬文九年（一六六九）呂祖謙音註《和刻本東萊先生音註唐鑑》、[17]

5 范祖禹，《范太史集》卷一三〈論喪服儉葬疏〉，第一九五頁。

6 范祖禹，〈《唐鑑》序〉。

7 元·脫脫，《宋史》（北京：中華書局，二〇〇四年）卷一六〈神宗紀〉，第三一三頁。

8 陳鏡光，〈范祖禹《唐鑑》之研究〉（臺北：中國文化大學史學研究所，未刊本碩士論文，二〇〇四年），提出《唐鑑》成書時間，應當不晚於元豐八年三月（第二三頁）。筆者認為，從〈論喪服儉葬疏〉所言「屬先帝不豫，未及上」及《宋史·神宗紀》所載元豐八年正月「帝不豫」，推測元豐七年底或八年初，范祖禹應已完成《唐鑑》，只因神宗在元豐八年三月崩逝，使范祖禹始終未能將《唐鑑》進呈給神宗。

9 李燾撰，上海師範大學古籍整理研究所、華東師範大學古籍整理研究所點校，《續資治通鑑長編》卷二，太祖建隆二年正月甲子條，第一四頁。

10 仁宗至神宗年間所修撰九部官修、私撰唐史著作包括：胡旦，《唐乘》、王沿，《唐志》、石介，《唐鑑》、孫甫，《唐史記》（《唐史論斷》）、梅堯臣，《唐載》、歐陽脩與宋祁，《新唐書》、呂夏卿，《唐書直筆》、吳縝，《新唐書糾謬》、范祖禹，《唐鑑》。

11 王盛恩、黃秋嘯，〈北宋中期的唐史研究述略〉，《平原大學學報》，第二三卷第一期（二〇〇六年二月），第七一－七二頁；宋馥香，〈論北宋的唐史編纂和政治訴求〉，《史學理論研究》，二〇〇六年第三期（二〇〇六年九月），第八一－九〇頁；高葉青、賈二強，〈《唐鑑》成因及其史學地位探析〉，《唐都學刊》，第二三卷第四期（二〇〇七年七月），第九三－九四頁。

12 范祖禹，〈《唐鑑》序〉。

13 文暢平，〈《唐鑑》與范祖禹的史學思想述論〉，《大同高專學報》，第一一卷第四期（一九九七年十二月），研究統計《唐鑑》全書正文共三三二條，五萬餘字；評論二九四條，亦五萬餘字（第四一頁）。筆者統計《唐鑑》全書共計三一〇事，包括高祖一九事、太宗五五事、高宗一一事、中宗（含武則天）二〇事、睿宗二事、玄宗四一事、肅宗一五事、代宗一一事、德宗五五事、順宗二事、憲宗三〇事、穆宗三事、敬宗二事、文宗六事、武宗五事、宣宗七事、懿宗二事、僖宗一〇事、昭宗一〇事、昭宣帝四事，范祖禹史評共二九〇條。

14 北宋·范祖禹，《唐鑑》（上海：古籍出版社，一九八四年）。

15 北宋·范祖禹撰，南宋·呂祖謙音註，《東萊先生音註唐鑑》，《中華再造善本叢書》（北京：北京圖書館出版社，二〇〇三年）。

16 北宋·范祖禹撰，南宋·呂祖謙音註，《明刊唐鑑》，《景印岫廬現藏罕傳善本叢刊》（臺北：臺灣商務印書館，一九七三年）。

17 現存和刻本的《唐鑑》有若干版本，其中最早的版本為寬文九年范祖禹撰，呂祖謙音注，唐本屋清兵衛、小松太郎兵衛刻本

文淵閣四庫全書《唐鑑》；[18]清穆宗同治十年（一八七一）呂祖謙音註、胡鳳丹考異《唐鑑》[19]等。上述版本中，以南宋孝宗浙江刻本時間最早，也是現今僅存十二卷本的《唐鑑》，該本另附有范祖禹自序一篇，無注釋；其餘呂祖謙注本的《唐鑑》皆為二十四卷，內容與浙江刻本多有出入。又宋刻元修本與浙江刻本分卷不同，文字亦有出入。[20]比較各版本內容與文字差異，南宋孝宗浙江刻本雖無音註，但因刊刻時間最早，整體內容也最具完整性，是最重要的版本。[21]本文引用、分析〈高祖〉卷內容皆據浙江刻本。

二、《唐鑑．高祖》的編纂特點

《唐鑑．高祖》卷起自隋煬帝大業十三年（六一七），止於武德九年（六二六），共計十年，記十九事。其中，武德元年（六一八）及武德九年各記四事；大業十三年與武德七年（六二四）各記三事；武德二年（六一九）、三年（六二〇）、四年（六二一）、五年（六二二）、八年（六二五）各記一事；武德六年（六二三）無記事。從〈高祖〉卷所記十九事，我們可以歸納出范祖禹在編纂上有以下幾個特點：

第一，在紀年上，范祖禹編纂《唐鑑》的方法，明顯與司馬光纂修《資治通鑑》不同。《唐鑑》在編纂上，採用編年史體例，范祖禹曾參與協助司馬光編修《通鑑》長達十五年，不僅是司馬光修纂《通鑑》時間最長的助手，同時亦直接參與唐史與五代史修纂部分，幫助司馬光完成唐代三百年的「叢目」及六百卷的「長編」工作。理論上，祖禹纂修《唐鑑》，其紀年方式應與《通鑑》相同，然而，《唐鑑》紀年方式不同於《通鑑》，自有其特色。

其一，司馬光編修《資治通鑑》在紀年上，大凡一年之中有兩個年號以上者，皆以最後者為定。司馬光在〈答范夢得〉有云：

凡年號皆以後來者為定。假如武德元年，則從正月便為唐高祖武德元年，更不稱隋義寧二年。玄宗先天元年（七一二）正月，便不稱景雲三年，梁開平元年（九〇七）正月，便不稱唐天祐四年也。[22]

的《東萊先生音註唐鑑》，詳參大塚宏昌，〈和刻本「唐鑑」について〉，《漢籍：整理と研究》，第六號（一九九六年十二月），第一－三四頁。

18 北宋．范祖禹撰，南宋．呂祖謙音註，《唐鑑》，《文淵閣四庫全書》（臺北：臺灣商務印書館，一九八三年）第六八五冊。

19 北宋．范祖禹撰，南宋．呂祖謙音註，胡鳳丹考異，《唐鑑》，《百部叢書集成》（臺北：藝文印書館，一九六八年）第九五部。

20 孫瑜，〈《唐鑑》及其史學價值〉，《山西大同大學學報（社會科學版）》，第二一卷第二期（二〇〇七年十月），第三七頁。

21 陳鏡光，〈范祖禹《唐鑑》之研究〉，曾對上述各版本文字內容與特色進行對照比較，得出浙江刻本整體內容完整性，實為各版本《唐鑑》中最高；宋刻元修本是現存最早二十四卷本《唐鑑》，也是最接近呂祖謙分卷作註的本子；《明刊唐鑑》在各版本中是錯誤最多的本子；日本《和刻本東萊先生音註唐鑑》經常發生字型相類漢字的混淆錯誤；四庫全書《唐鑑》雖文字錯誤甚少，但卻有對原書內容篡改的嚴重問題（特別是范祖禹有關蠻夷外族的批評字句）；胡鳳丹考異《唐鑑》最為晚出，然其所據為《明刊唐鑑》，也存在一些問題（第二三一－二三一頁）。

22 北宋．司馬光，《傳家集》（臺北：世界書局，一九八八年）卷六三〈答范夢得〉，第六一三頁。

反觀，《唐鑑》的紀年方式，凡一年之內有兩個年號以上者，皆以前者為是。如《唐鑑．高祖》開篇的紀年書寫方式是：

隋大業十三年，高祖為太原留守，領晉陽宮監。……五月，以詐殺副留守王威、高君雅，遂起兵，遣劉文靜使突厥，約連和。

案：「大業」為隋煬帝年號。據溫大雅，《大唐創業起居注》記載：

煬帝後十三年，勑帝（筆者案：指唐高祖李淵）為太原留守，……（十一月）壬戌（十五日），乃率百僚，備羽儀法物，具法駕，迎代王即位於〔大興殿，時代王〕十餘歲矣。大赦天下，改大業十二〔當為十三〕年為義寧元年。[23]

是以，大業十三年當年有兩個年號，十一月壬戌以前稱大業，以後稱義寧，《通鑑》取「義寧」，而《唐鑑》取「大業」。《唐鑑．高祖》的開篇紀年方式並非特例，而是全書通則。[24]何以范祖禹不取司馬光「凡年號皆以後來者為定」的紀年方式？宋人洪邁，《容齋隨筆》已指出《通鑑》紀年有其窒礙不通之處：

司馬公修《資治通鑑》，……凡年號皆以後來者為定。……然究其所窮，頗有窒而不通之處。……隋煬帝大業十三年，便以為恭皇帝上，直至下卷之末恭帝立，始改義寧，後一卷則為唐高祖。蓋凡涉歷三卷，而煬帝固存，方書其在江都時事。……凡此之類，殊費分說。[25]

張須，《通鑑學》亦指陳：

《通鑑》之失，最可舉者亦不越三端：一曰，繫年方式之過整：溫公繫年之法，有一不變之方式，曰：「凡年號皆以後來者為定。」……此種方式，可使一年之內，斷歸某主，而年號不至歧出；然究其所窮，頗有窒而不通之處。……處一年兩帝之年，而但標一帝之年號，必至使讀者迷眩而生誤會。……此其淆於心目，而害於事實，非細事也。《通鑑》本紀年之書，今拘於方式而遠於實際，復何以為紀年之準則？故余於溫公此種書法，深為不取。[26]

23 唐．溫大雅，《大唐創業起居注》（上海：古籍出版社，一九八三年）卷一，第二頁、卷二，第三八頁。又，《通鑑》繫改元時間與《起居注》同；然兩《唐書．高祖紀》皆記改元義寧的時間是在大業十三年十一月癸亥（十六日）。

24 如西元七一〇年亦有兩個年號，七月己巳（二十日）唐睿宗登基帝位改元前稱「景龍」；大赦改元後稱「景雲」。《唐鑑》卷四的紀年稱「景龍四年」，《通鑑》稱「景雲元年」。

25 南宋．洪邁撰，孔凡禮點校，《容齋隨筆》（北京：中華書局，二〇〇五年），《容齋續筆》卷四〈資治通鑑〉，第二六二－二六三頁。

26 張須，《通鑑學》（臺北：臺灣開明書店，一九八二年），第二一一－二一二頁。

《唐鑑》凡年號一年有兩出之處，以前者為定，推測范祖禹此法即是針對《通鑑》紀年窒礙不通之處所進行的變革，使讀者不致迷眩混淆而生誤會。

其二，《唐鑑》在陳述史事時，紀時方面不甚明確，〈高祖〉卷在敘史上一般只記載事件發生的年分，至多書明月分，並不精求正確的時間，茲舉兩例以明之。例一：

> 高祖使建成、世民將兵擊西河郡，攻拔之，執郡丞高德儒。……遂斬之。自餘不戮一人，秋毫無犯。[27]

例二：

> （武德）四年十月，趙郡王孝恭、李靖圍江陵。蕭銑降。帝數之。……竟斬於市。[28]

《唐鑑》未寫明精確時間，此或與祖禹撰寫《唐鑑》之主要目的是在「稽其（筆者案：指唐朝）成敗之迹，折以義理」、[29]「採唐得失之迹，善惡之效」，[30]把唐代歷史作為闡述評論的背景資料，藉由攝取唐史中的某些重要片段，抒發其義理；至於保存史料、梳理歷史發展脈絡則不是祖禹著述本書的旨趣，[31]也因此紀時上的精確與否，並非其最重要考量。

第二，《唐鑑．高祖》紀時上偶有錯誤。例如：

（武德元年）五月詔曰：「近世以來，時運遷革，前代親族，莫不誅夷，興亡之效，豈伊人力。其隋蔡王智積等子孫，并付所司，量才選用。」

《新唐書‧高祖紀》亦有載此詔，時間與內容與《唐鑑》有別：

（武德元年）六月乙酉（十二日），奉隋帝為酅國公，詔曰：「近世時運遷革，前代親族，莫不夷絕。歷數有歸，實惟天命；興亡之效，豈伊人力。前隋蔡王智積等子孫，皆選用之。」[32]

《通鑑》亦將此詔繫於武德元年六月乙酉。[33]是以，《唐鑑》此條不僅刪削詔書內容，紀時上亦錯

---

27 北宋‧司馬光，《資治通鑑》（北京：中華書局，一九九五年）卷一八四〈隋紀八〉，將高祖使建成、世民將兵擊西河郡事繫於恭帝義寧元年（六一七）六月甲申日（初五）；攻拔之繫於己丑日（十日），第五七三八頁。

28 司馬光，《資治通鑑》卷一八九〈唐紀五〉，將此事繫於武德四年（六二一）十月乙巳（二十一日），第五九三六頁。

29 范祖禹，〈《唐鑑》序〉。

30 范祖禹，〈論喪服儉葬疏〉，第一九五頁。

31 宋馥香，〈論《唐鑑》的編纂特點及其歷史評論特色〉，指出《唐鑑》不以保存史料、梳理歷史發展脈絡和反映歷史發展趨勢為著述旨趣，而是把歷史作為產生評論的背景資料，其史料則是對《通鑑》內容予以節錄或改寫，在記史的格式上保留了編年體的體例形態（第七四頁）；文暢平，〈《唐鑑》與范祖禹的史學思想述論〉，也提出《唐鑑》的寫作重點不在提供史實，重點是放在政治方面，通過對唐代皇帝的政治活動，圍繞唐帝的得失來反映唐朝的成敗興衰（第四一頁）。

32 北宋‧歐陽修、宋祁，《新唐書》（北京：中華書局，一九九五年）卷一〈高祖紀〉，第七頁。

在對外關係上，范祖禹堅守夷夏之防，對於李淵聽從裴矩之議，與西突厥統葉護可汗和親以抗東突厥，祖禹批評道：

自漢以女嫁匈奴，而後世習為故常，結昏戎狄，不以為恥。……以女為間，而欲奪人之國，亦恥也。高祖不謀於眾賢，而問諸亡國之臣（筆者案：指裴矩），宜其不知恥也。且西突厥不若頡利（筆者案：東突厥國君）之強，弱者猶許其昏，則強者何以制之？此不足以示威，適足取侮於四夷而已。

祖禹反對與外族和親，此與其政治思想和北宋所處時代環境有密切關係。前面已論及祖禹的政治思想是以儒學綱常禮教為核心價值，在夷夏之辨上，《春秋》主張的「尊王攘夷」是祖禹看待宋與外族關係的標準。有宋一代正處於對外關係艱困時期，遼與西夏長期對宋產生巨大的壓力，因此強調夷夏之別，反對唐朝推行與外族的和親政策。

第二，范祖禹助司馬光協修《資治通鑑》，是以《唐鑑》所錄唐代史事，基本不出《通鑑》。然〈高祖〉卷中卻有一事不見於《通鑑》，很值得注意：

（武德）三年五月，晉州人吉善行自言於羊角山見白衣老父，謂善行曰：「為我語唐天子，吾為老君，吾而祖也。」詔於其地立廟。

吉善行見白衣老父一事，亦不見於兩《唐書》。李吉甫，《元和郡縣圖志．河東道一》記載：

（晉州）神山縣，……武德三年，見神於羊角山下，語曲沃人吉善行曰：「報大唐天子，得聖理一千年。」其年，勅遣通事舍人柳憲立祠，因改縣為神山。[41]

王欽若，《冊府元龜．帝王部．符瑞四》有云：

高祖神堯皇帝武德二年（筆者案：當為武德三年），太上老君見於晉州羊角山，語樵人吉善行云：「為報唐天子，吾是爾遠祖，亳州曲仁里是吾降生之地，有枯檜重榮，唐祚永興。」高祖遂於羊角山置興唐觀，其地改為神仙縣，封羊角山為龍角。[42]

關於吉善行見白衣老父及李淵遣通事舍人柳憲於羊角山立廟（祠）一事，杜光庭，〈歷代崇道記〉有詳記：

41 唐．李吉甫撰，賀次君點校，《元和郡縣圖志》（北京：中華書局，一九八三年）卷一二〈河東道一．晉州〉，第三三八頁。又可參看北宋．王溥，《唐會要》（上海：古籍出版社，二〇〇六年）卷七〇〈州縣改置上．河東道．晉州〉，第一四九〇頁。

42 北宋．王欽若等編纂，周勛初等校訂，《冊府元龜（校訂本）》（南京：鳳凰出版社，二〇〇六年）卷二五〈帝王部．符瑞第四〉，第二五二頁。

昭示出《唐鑑》係以唐代史事提供宋帝經國鑑戒之方策。范祖禹在〈高祖〉卷中，特載李淵開啟唐室崇道一事，此與宋帝崇信道教有關，宋朝自太祖趙匡胤以來，歷代提倡道教，太宗登基，因有「燭影斧聲」之疑，為平社會之私議，製造翊聖將軍降世顯靈故事。邵博，《邵氏聞見後錄》記載：

國初，有神降於鳳翔府盩厔縣民張守真家，自言：「天之尊神，號黑殺將軍。」守真遂為道士。……開寶九年（九七六），太祖召守真，見於茲福殿，疑其妄。十月十九日，命內侍王繼恩就建隆觀降神，神有「晉王有仁心」等語。明日太祖晏駕，晉王即位，是謂太宗。詔築上清太平宮於終南山下，封神為翊聖將軍。[56]

太宗即位之後崇道，下令廣搜道書，並曾兩次接見華山道士陳摶，賜號為「希夷先生」。[57] 端拱二年（九八九）十二月，群臣上太宗尊號為「法天崇道皇帝」。[58] 真宗之尚道與其掩飾「澶淵之盟」恥辱有關。司馬光，《涑水紀聞》記載：

蘇子容曰：王冀公（欽若）既以城下之盟短寇萊公（準）於真宗，真宗曰：「然則如何可以洗此恥？」冀公曰：「今國家欲以力服契丹，所未能也。戎狄之性，畏天而信鬼神，今不若盛為符瑞，引天命以自重，戎狄聞之，庶幾不敢輕中國。」上疑未決，因幸秘閣，見杜鎬，問之曰：「卿博通《墳典》，所謂《河圖》、《洛書》者，果有之乎？」鎬曰：「此蓋聖人神道設教耳。」上遂決冀公之策，作天書等事。故世言符瑞之事，始於冀公成於杜鎬云。[59]

蘇轍，《龍川別志》亦有云：

契丹既受盟而歸，寇公每有自矜之色，雖上，亦以自得也。王欽若深患之，一日，從容言於上曰：「此《春秋》城下之盟也，諸侯猶且恥之，而陛下以為功，臣竊不取。」真宗愀然不樂曰：「為之奈何？」……欽若曰：「惟有封禪泰山，可以鎮服海內，誇示夷狄。然自古封禪，當得天瑞希世絕倫之事，然後可為也。」既而又曰：「天瑞安可必得，前代蓋有以人力為之者，惟人主深信而崇奉之，以明示天下，則與天瑞無異矣。」上久之乃可。……然上意猶未決，莫適與籌之者。它日，晚幸祕閣，惟杜鎬方直宿。上驟問之曰：「古所謂河出圖，洛出書，果如何事耶？」鎬老儒，不測上旨，謾應曰：「此聖人以神道設教耳。」其意適與上意會，上由此意決。……由是天書、封禪等事，（王）旦不復異議。60

56 南宋．邵博撰，劉德權、李劍雄點校，《邵氏聞見後錄》（北京：中華書局，一九九七年）卷一，第二頁。
57 《宋史》卷四〈太宗紀一〉，第七二頁。
58 《宋史》卷五〈太宗紀二〉，第八四頁。
59 北宋．司馬光撰，鄧廣銘、張希清點校，《涑水記聞》（北京：中華書局，二〇〇六年）卷六〈符瑞事始於王欽若成於杜鎬〉，第一二〇頁。
60 北宋．蘇轍撰，俞宗憲點校，《龍川別志》（北京：中華書局，二〇〇六年）卷上，第七二頁。

真宗聽從王欽若之言，大行「神道設教」，改元「大中祥符」、[61]偽造天書符瑞、天神下臨等神跡，[62]咸藉托神道，表現出天命之所在。大中祥符五年（一〇一二）十月，真宗對輔臣說夢，謂「神人傳玉皇之命，云：先令汝祖趙某授汝天書，令再見汝，如唐朝恭奉玄元皇帝。」又夢見靈仙儀衛天尊降臨，言：「吾，人皇九人中一人也，是趙之始祖，再降，乃軒轅皇帝，……主趙氏之族，今已百年。」於是布告天下，制夷天司命保生天尊號「聖祖上靈高道夷天司命保生天尊大帝」，聖祖母號「元天大聖后」。[63]保生天尊成為趙宋皇室之家族神。真宗為抬高道教玉帝的地位，又於大中祥符七年（一〇一四）九月，尊上玉皇聖號為「太上開天執符御歷含真體道玉皇大天帝」；[64]大中祥符九年（一〇一六）正月，再上保生天尊聖號為「聖祖天尊大帝」。[65]真宗尊太上老君，大中祥符六年（一〇一三）八月，加封號為「太上老君混元上德皇帝」。[66]此外，真宗在全國各地大修道教宮觀，京師汴京城內興建玉清昭應宮，費時七年，「宮始成，凡二千六百一十楹」，[67]造玉皇像、聖祖像、真宗御像，舉凡修祠祀、飾宮觀，「屋室有少不中程，雖金碧已具，必毀而更造，有司不敢計所費」，[68]耗費大量金錢。史稱真宗一朝「封禪事作，祥瑞沓臻，天書屢降，導迎奠安，一國君臣，如病狂然。」[69]真宗亟欲藉由天書、崇道以闡明天命，強化其至高無上的皇帝形象。[70]有鑑於北宋歷朝崇尚道教，托尊保生天尊大帝為趙宋遠祖，引發出種種弊端與社會問題，范祖禹於是在〈高祖〉卷中，藉由李淵崇道，偽托祖出老子之事，希望由此告誡宋帝，所謂天書符瑞等事，實乃妖人方士詭誕之說，而假托始祖，更是誣祖悖道行為，實不足以效法。

第三、《唐鑑》所載唐代史事，與《通鑑》一樣，多以政治事件為主，甚少記載制度方面的內容。然而，在〈高祖〉卷中，兩度論及唐代的制度：一是，有關唐代三公、職事官、文武散官、勳官等官制；二是，唐代田賦均田租庸調法。關於官制的評價，范祖禹認為唐代官制紊亂不明，因未師法古代《周官》制度：

> 三公論道經邦，燮理陰陽，故不以一職名官。……自漢以來失之矣，唐不能革正而復因之，是以官名之紊，莫甚于唐。……夫天地之有四時，百官之有六職，天下萬事備盡於此，如網之在綱，裘之挈領，雖百世不可易也。人君如欲稽古以正名，苟舍《周官》，臣未見其可也。

---

61 中華書局編輯部，《宋大詔令集》（北京：中華書局，一九六二年）卷二〈帝統二．改元．改大中祥符元年赦〉記載：「朕欽承命厤，思惠黎元，撫御萬邦。……肅清醮於齋壇，天重寶籙，祇膺景貺，躬受丹書。所期純嘏以及人，豈止殊禧而在己。載窺秘檢，誕錫元符，清淨為宗，濬發愛民之旨，延洪儲祉。……可大赦天下，改景德五年為大中祥符元年。……。」（第六頁）。

62 真宗大中祥符元年（一〇〇八），接連幾次出現天書符瑞、天神降臨等神跡，詳參《宋史》卷一〇四〈禮志七〉，第二五三九－二五四〇頁。

63 《宋史》卷一〇四〈禮志七〉，第二五四一－二五四二頁。

64 《宋史》卷八〈真宗紀三〉，第一五七頁。

65 《宋史》卷一〇四〈禮志七〉，第二五四二頁。

66 《宋史》卷八〈真宗紀三〉，第一五四頁。

67 《宋史》卷六三〈五行志二上〉，第一三七七頁。

68 《宋史》卷四六六〈劉承規傳〉，第一三六〇九頁。

69 《宋史》卷八〈真宗紀三〉，第一七二頁。

70 劉靜貞，〈權威的象徵——宋真宗大中祥符時代（一〇〇八－一〇一六）探析〉，宋史座談會編，《宋史研究集》（臺北：國立編譯館，一九九五年），第二十三輯，第四三－七〇頁。

對於唐代實行均田制度和租庸調稅制，范祖禹亦加以批判，認為社會之所以貧富不均，主因在於唐初定均田，有給田之制，其後租庸調法壞而為兩稅法，為政者未有能制民之產，扶貧抑富所致：

自井田廢，而貧富不均，……不知富者所以能兼併，由貧者不能自立也。貧者不能自立，由上之賦斂重，而力役繁也。……後之為治者，三代之制雖未能復，唯省其力役，薄其賦斂，務本抑末，尚儉去奢，占田有限，困窮有養，使貧者足以自立，而富者不得兼之。此均天下之本也。不然，雖有法令，徒文具而已，何益于治哉！

范祖禹在〈高祖〉卷中，特舉唐代官制與田賦制度，其目的是在藉由批評唐制，反對宋神宗時期王安石變法改革。[71]祖禹透過推美《周官》與三代之制，實際上是表達「祖宗之法不可廢」的政治立場，主張一切制度法令之良窳好壞，並不在於制度法令本身，而是人主用人得當與否。對此，南宋朱熹有深刻的評論，《朱子語類》記載道：

《唐鑑》議論弱，又有不相應處，前面說一項事，末又說別處去。……《唐鑑》議論，覺似迂緩不切。考其意，蓋王介甫秉政造新法，神考專意信之，以為真可以振起國勢，一新其舊，故范氏之論每以為此惟在人主身心之間而不在法。……《唐鑑》也有緩而不精確處，如言租庸調及楊炎二稅之法，說得都無收殺。只云在於得人，不在乎法，有這般苟且處。審如是，則古之聖賢徒善云爾。他也是見熙寧間詳於制度，故有激而言。要之，只那有激，便不平正。[72]

又云：

唐租、庸、調，大抵改新法度，是世界一齊更新之初方做得。如漢衰魏代，只是漢舊物事。晉代魏，亦只用這個。以至六朝相代，亦是遞相祖述，弊法卒亦變更不得。直到得元魏、北齊、後周居中原時，中原生靈死於兵寇幾盡，所以宇文泰、蘇綽出來，便做得租、庸、調，故隋、唐因之。《唐六典》載唐官制甚詳。古禮自秦、漢已失，北周宇文泰及蘇綽有意復古，官制頗詳盡。如租、庸、調、府兵之類，皆是蘇綽之制，唐遂因之。[73]

由上引朱熹所論，則唐租庸調稅法乃漢魏以來更新之法度，唐代官制，亦有復古之意，並不如祖禹所評之不堪。從朱熹評論《唐鑑》，可以看出，祖禹議論，有時不免感情用事，或有「迂緩不切」或「說得都無收殺」之處，蓋因王安石秉政造新法，神宗專意信之，使其對現時政治不滿，激發反抗之心，故而有此激言，這種情緒，藉由《唐鑑》表現出來。[74]是故，范祖禹在〈高祖〉卷中，特別標舉唐代兩項制度，目的是在「以古喻今」，藉唐制以論變法改革之不當。

---

71 孫立堯，《宋代史論研究》，第一〇六頁。

72 南宋．朱熹，《朱子語類》，《朱子全書》（上海：古籍出版社，二〇〇二年），第拾捌冊，卷一三四〈歷代一〉，第四一七六—四一七八頁。

73 朱熹，《朱子語類》卷一三六〈歷代三〉，第四二二九—四二三〇頁。

74 王德毅，〈范祖禹的史學與政論〉，《宋史研究論集（修訂版）》（臺北：臺灣商務印書館，一九九三年），第二一五頁。

第四，在〈高祖〉卷裡，范祖禹多次評論立儲問題：

其一、武德五年，太子建成與齊王元吉共傾秦王世民，雙方引樹黨友。東宮臣屬王珪、魏徵建議太子建成親討劉黑闥、結納山東豪傑，建功立威，以安儲位。對此，范祖禹評論道：

立子以長，不以有功；以德，不以有眾，古之道也。……王（珪）、魏（徵）以輔導東宮為職，當勸建成以孝於高祖，友於秦王，則儲位安矣。……且建成既為太子，則國其國也，安在於有功？乃使之擊賊以立威，結豪傑以自助，是導之以爭也。禍亂何從而息乎！

其二、武德七年，太子建成欲圖秦王世民，擅募驍勇以為東宮衛士，號為「長林兵」。又密使慶州都督楊文幹募壯士送長安，郎將爾朱煥等人致送兵器予楊文幹。其後，爾朱煥等人告發太子唆使楊文幹舉兵，最終導致楊文幹反叛，史稱「楊文幹事件」。關於此事，范祖禹評論道：

建成為太子而擅募兵甲於東宮，又使楊文幹反於外，以危君父，此天下之惡也。罪孰大焉！高祖不以公義廢之，……至使兄弟不相容於天下，此高祖不明之過也。

其三、武德九年六月，秦王世民殺太子建成、齊王元吉，史稱「玄武門之變」。事變後，高祖立世民為皇太子，並於同年八月傳位於太子。對於「玄武門之變」，范祖禹評論道：

建成雖無功，太子也；太宗雖有功，藩王也。……立子以長不以功，所以重先君之世也。故周公不有天下，弟雖齊聖，不先於兄久矣。

〈高祖〉卷共記載十九事，范祖禹論及儲君之事竟達三次之多，此固然是因為唐高祖在位期間，太子建成與秦王世民之間矛盾衝突不斷，「儲位之爭」始終是武德年間最重要，也最棘手的政治問題，祖禹分別在「建成討劉黑闥」、「楊文幹事件」與「玄武門之變」等三事件中，評論他的看法。然而，我們認為，祖禹多次討論儲位問題，實另有深意。

北宋創建以來，擇立儲君，傳位制度始終未定。史載，建隆二年（九六一），昭憲杜太后臨終時，曾命太祖趙匡胤死後傳位其弟趙匡義，太祖允諾，由趙普記錄遺命，藏之金匱，史稱「金匱之盟」。[75]開寶九年（九七六）十月，太祖暴崩，趙匡義即位，對於太祖暴死的原因，民間流言不斷，以致有「燭影斧聲」之說，因此關於太祖生前是否真有「金匱之盟」以及太宗得位的正當性，產生了懷疑。[76]太宗一朝儲君之選立也是幾經曲折，先是太宗長子元佐因病被廢為庶人，次子元僖又於淳化三年（九九二）突然中毒暴死，太子之位一度懸虛，直到淳化五年（九九四）八月，在寇準等人的勸說下，太宗才立襄王元侃（恒）為太子。至道三年（九九七）三月，太宗駕崩，李皇后與宦官王繼恩等人，曾企圖擁立元佐為帝，幸賴呂端等人處置得當，趙恒才能順利即帝位。[77]仁宗在位四十二年，有三子，然皆相繼夭

75 《宋史》卷二四二〈太祖母昭憲杜太后傳〉，第八六〇七頁。
76 鄧廣銘，〈宋太祖太宗皇位授受問題辨析〉，《宋史十講》（北京：中華書局，二〇一〇年），第一三一－五四頁。
77 《宋史》卷二八一〈呂端傳〉，第九五一一六頁。

折，儲君之位一直是未決，仁宗晚年多病，范鎮、韓琦、司馬光等朝臣多次上奏，要求及早建儲以安天下，直到嘉祐七年（一〇六二）八月，仁宗才立宗室濮安懿王之子宗實（曙）為皇太子，半年後仁宗即病逝。英宗在位僅四年，身體不佳，幾次「不豫」，但也始終未立儲君，直至治平三年（一〇六六）十二月，英宗病危之際，在輔臣韓琦力勸之下，才立長子仲鍼（頊）為太子，半個月後，英宗逝世。神宗在位十九年，也是到了病危之時，在輔臣王珪請求下，才立第六子傭（煦）為太子，蔡確、章惇、邢恕等人曾在神宗彌留之際，還合謀擁立神宗弟雍王趙顥或曹王趙頵，終未果。[78]

范祖禹一生歷經仁宗、英宗、神宗、哲宗四朝，有鑑於北宋儲位制度不備，太子之選定，每每是在皇帝病危之時，其間或有不肖權臣從中謀劃不臣之事，使皇位的繼承，不能平穩順利。因此，祖禹在修纂《唐鑑．高祖》時，再三提及唐高祖期間，太子建成與秦王世民爭奪皇位之事，一方面指出儲位建立的重要性，同時也對於擇立儲君的原則和條件，提出自己的看法，希望藉此提供宋帝立儲時的參考。

第五，黃宗羲在《宋元學案》一書中，將范祖禹歸入「涑水門人」，[79]可見祖禹在學術思想上承襲司馬光，《唐鑑》中的史論與司馬光《通鑑》唐紀部分的史論相輔相成，史論觀點大抵一致，司馬光於《通鑑》中已有議論者，祖禹多不再舉論。[80]關於「玄武門之變」，〈高祖〉卷與司馬光《通鑑》皆有史論，頗為特殊。司馬光對於此事的看法是：

> 立嫡以長，禮之正也。然高祖所以有天下，皆太宗之功；隱太子以庸劣居其右，地嫌勢逼，必不相容。鄉使高祖有文王之明，隱太子有泰伯之賢，太宗有子臧之節，則亂何自而生矣！既不能然，太宗始欲俟其先發，然後應之，如此，則事非獲已，猶為愈也。既而為群下所迫，遂至

蹀血禁門，推刃同氣，貽譏千古，惜哉！夫創業垂統之君，子孫之所儀刑也，彼中、明、肅、代之傳繼，得非有所指擬以為口實乎！[81]

范祖禹的史論則是：

建成雖無功，太子也；太宗雖有功，藩王也。太子君之貳，父之統也，而殺之是無君父也。立子以長不以功，所以重先君之世也。故周公不有天下，弟雖齊聖，不先於兄久矣。論者或以太宗殺建成、元吉，比周公誅管蔡。臣竊以為不然。……管蔡流言於國，將危周公，以間王室，得罪於天下，故誅之。非周公誅之，天下之所當誅也，周公豈得而私之哉！……若夫建成、元吉，亦得罪於天下者乎？苟非得罪於天下，則殺之者，己之私也，豈周公之心乎！……古之賢人守死而不為不義者，義重於死故也。必若為子不孝，為弟不弟，悖天理，滅人倫，而有天下，不若亡之愈也。……然則，太宗之罪著矣。

78 《宋史》卷四七一〈蔡確傳〉，第一三七〇〇頁；同卷〈邢恕傳〉，第一三七〇三頁。

79 清．黃宗羲原著，清．全祖望補修，陳金生、梁運華點校，《宋元學案》（北京：中華書局，一九八六年）卷八〈涑水學案下．涑水門人〉記載：「忠定劉元城先生安世別為《元城學案》、正獻范華陽先生祖禹別為《華陽學案》、詹事晁景迂先生說之別為《景迂學案》、節孝歐陽先生中立」（第三五五頁）。

80 孫立堯，〈「史者儒之一端」試解——兼論司馬光、范祖禹的史論〉，第一四一－一四二頁、孫立堯，《宋代史論研究》，第九八－九九頁。

81 司馬光，《資治通鑑》卷一九一〈唐紀七〉，高祖武德九年八月條，第六〇一二－六〇一三頁。

比較兩者之間的相同點，司馬光與范祖禹皆肯定太宗對於唐朝創業之功，然而從禮制名分的觀點來看，兩人都認為儲君當以立長而不立功，太宗此舉實乃違反禮義名分。然而，司馬光雖重禮分，批判太宗「蹀血禁門，推刃同氣」行逕，但也不完全拘泥於禮制，從人事角度強調事變之發生乃當時形勢所迫的結果，一方面隱太子建成「以庸劣居其右，地嫌勢逼，必不相容」，另一方面太宗「為群下所迫」，不得不發，最終造成了這場悲劇。反觀，范祖禹評論此事，嚴格遵守義理倫常標準，認為建成的太子地位不因無功而受到影響，太宗以藩王身分竟殺害「君之貳，父之統」的太子，以下犯上，「是無君父也」；而以弟殺兄，又是「為弟不弟」、「悖天理，滅人倫」的行為，太宗以一己之私，誅殺無罪的隱太子建成與齊王元吉，雖終有天下，「不若亡之愈也」，實則「太宗之罪著矣」。祖禹深受當時程頤理學的影響，將國家的治亂興衰一切歸結於倫理道德，故其史論多以禮法立論，評史論事，褒貶人物。[82]

四、結論

綜合以上所述，本文結論可歸納簡述如下：從編纂特點來看，《唐鑑．高祖》卷雖採用編年史體例，但在紀事書法上是以《春秋》的價值作為評判歷史的標準，紀年上若是一年當中有兩個年號，則取前者，且記事時不求時間的精確，一般只記載事件發生的年月，甚至偶有錯誤。此外，敘事體例上，大凡李淵稱帝前的史事，祖禹以「高祖」稱之；李淵稱帝後的史事，祖禹則以「帝」稱之。由於范祖禹認為有唐創業過程，李世民位居首功，是故〈高祖〉卷中有不少史事，涉及到李世民。

就內容及史論分析，范祖禹深受程頤義理理學的影響，其政治思想更傾向於儒家義理，評史論事，一切均以儒學的價值核心為依歸，強調禮樂綱常、名分正道的重要性，認為國家的治亂興衰，掌握在國君自身的修養以及善於擇人，廣開言路。在對外關係上，祖禹嚴守夷夏之防與華夷之別，反對與外族和親。值得注意者，范祖禹編纂《唐鑑》目的是在以唐史為宋帝借鑑，故〈高祖〉卷中，祖禹所選取許多史事，皆是在「以古喻今」，諸如以唐朝官制、均田制、租庸調制，表達反對變法的立場；藉由李淵偽托李唐出自老子及崇道立廟之事，反映北宋歷代提倡道教所產生出的社會弊端；透過評論唐高祖武德年間的儲位之事，希冀能為宋帝擇立儲位，提供參考。

《唐鑑．高祖》卷篇幅不長，仔細分析仍可發現范祖禹編纂上的許多特點，從其選擇武德年間的史事，更可以看出祖禹的思想及其以唐鑑宋的深層涵意。

82 陶懋炳，《司馬光史論探微》（長沙：湖南師範大學出版社，一九八九年），第一〇七－一〇八頁；汪高鑫，〈司馬光范祖禹唐史觀點不一致論〉，《安徽史學》，二〇〇〇年第一期（二〇〇〇年三月），第一一六－一一八頁；陳勇、韋慶緣，〈《唐鑑》何以見重於宋室——兼論范祖禹的封建正統思想〉，第六九－七一頁。

同和紀錄。[4]

然而，神話與傳說時期的口述史事，由於沒有文字記載，不僅容納的信息量有限，表達的意識也隨著口述者的變化而有差異，且人神混雜、虛構的成分增加，削弱了其本身的積極意義。直至文字產生之後，不但在歷史記載上有了進步，同時也是推動歷史意識發展的需要。[5]突厥民族出現本民族文字，並有意識的記錄本民族歷史發展，產生出強烈的歷史意識，始於突厥第二汗國時期。[6]在突厥第二汗國所遺留下的石刻碑銘中，有著大量的內容，記載著突厥民族共同的「祖源記憶」以及描述東突厥（又稱北〔藍〕突厥、突厥第一汗國，五五二－六三〇）覆亡的原因與經過。「闕特勤碑」（The Kül Tegin Inscription）東面記載：[7]

> ……在人類之子上面，坐有我祖先布民可汗和室點密可汗。他們即位後，創建了突厥人民的國家和法制。……他們去世了。……之後，弟不像兄、子不像父，昏庸的可汗登了位，壞的可汗登了位，其梅祿也是昏庸的、壞的。由於其諸官和人民的不忠，由於唐人的奸詐和欺騙，由於他們的引誘，使兄弟相仇、使官民不和，突厥人民喪失了成為國家的國家，失去了成為可汗的可汗；高貴的男兒成為唐人的奴隸，清白的姑娘成了女婢。突厥諸官捨棄了突厥稱號，親唐朝的諸官採用唐朝稱號，臣屬於唐朝皇帝，出力五十年……。[8]

> ...... kišï oγlïnta üzä äčüm apam bumïn qaγan ištämi qaγan olurmïš. olurïpan türk bodunïŋ ilin tör (üs)in tuta birmiš, iti birmiš. ...... özi anča kärgäk bolmïš. ...... anta kisrä inisi äčisintäg qïlïnmaduq ärinč, oγlï qaŋïntäg qïlïnmaduq ärinč, biligsiz qaγan olurmïš ärinč, yablaq qaγan olurmïš ärinč, buyruqï yämä

biligsiz ärinč, yablaq ärmiš ärinč. bägläri bodunï tüzsiz üčün, tabγač bodun täbligin kürlüg (in) üčün, armaqčïsïn üčün, inili äčili kikšürtükin üčün, bägli bodunlïγ yoŋašurtuqïn üčün, türk bodun illädük

---

中原接觸往來，始於西魏文帝大統八年（五四二），中國史籍載記突厥民族神話傳說與歷史發展，起於唐人令孤德棻所編纂的《周書》卷五〇〈異域傳下．突厥〉。是以，我們探索突厥民族產生出神話與傳說，至遲可上溯至西魏北周時期。有關突厥民族與西魏接觸的時間，學界多依《周書．宇文測傳》所記，認為是在西魏文帝大統八年（五四二）。羅新本，〈突厥活動初見於史籍在大統六年考〉，《文史》，第三六輯（一九九二），據《隋書．宇文忻傳》記載內容：「（宇文忻）年十八，從周齊王憲討突厥有功，拜儀同三司，賜爵興固縣公」，宇文忻生於北魏孝明帝正光四年（五二三），十八歲時當為西魏文帝大統六年（五四〇）。如此，則宇文忻從北周齊王憲討突厥時為大統六年，這是突厥人活動最初見於史籍，也是突厥與西魏之間發生關係之最早史料（第一二四頁）。岑仲勉，《突厥集史》，上冊，已指出依《周書》卷一二，武成元年（五五九）年，齊王憲年始十六，以宣政元年被誅，年三十五，是以宇文憲實際出生於大統十年（五四四）。易言之，宇文忻年十八之時，齊王宇文憲尚未出生，從知《隋書．宇文忻傳》必有舛誤（第四一－四二頁）。因此，目前所存文獻史料中最早記載突厥事蹟者仍是《周書．宇文測傳》的西魏文帝大統八年。

4 苗天寶，〈突厥史學啟蒙——神話傳說〉，《新學術》（二〇〇九年一月），第六二－六三頁。

5 吳懷祺，《中國史學思想史》（合肥：安徽人民出版社，一九九六年），第一〇頁。

6 詳參拙文，〈突厥民族的歷史敘事與歷史思想——以「暾欲谷碑」、「闕特勤碑」、「苾伽可汗碑」為探討中心〉，原刊於瞿林東主編，董文武、羅炳良副主編，《中國少數民族史學研究》（北京：北京圖書館出版社，二〇〇八年），第一五五－一五七頁，該文經修改已收入本書第十篇。

7 本文有關「闕特勤碑」以及下文的「暾欲谷碑」、「苾伽可汗碑」碑文的轉寫與譯文，主要參考了耿世民，《古代突厥文碑銘研究》（北京：中央民族大學出版社，二〇〇五年）；芮傳明，《古突厥碑銘研究》（上海：古籍出版社，一九九八年）；岑仲勉，《突厥集史》（北京：中華書局，二〇〇四年）；Talât Tekin, *A Grammar Of Orkhon Turkic*, Richmond, Surrey: Curzon, 1997.；湯姆森（Vilhelm Thomsen）譯，韓儒林重譯，〈蒙古之突厥碑文導言（譯文）〉，《蒙元史與內陸亞洲史研究》（蘭州：蘭州大學出版社，二〇一二年），第二四四－二五四頁。

8 「闕特勤碑」東面第一行、第三－四行、第五－八行。「苾伽可汗碑」東面第三－八行，也有相同的記載。

以此留給突厥後世子孫作為借鏡、教訓。

二

從上述可知，突厥第二汗國建立時，突厥領袖們透過突厥人民共同的祖源記憶，以及藉由亡國的歷史教訓，凝聚出高度的民族認同。但我們要進一步追問，為何突厥民族會在第二汗國建國期間產生出強烈的民族認同感？又是什麼原因使突厥領袖知道利用過往的歷史來號召群眾，進而喚起突厥民族的歷史意識？

唐太宗貞觀四年（六三〇）三月，東突厥頡利可汗（六二〇－六三〇在位）被唐將張寶相擒獲並執送長安，東突厥滅亡。東突厥覆亡後，太宗採納溫彥博之議，設置順、佑、化、長等四個羈縻州以及定襄、雲中兩個都督府，將突厥降附部落置於陰山山脈南麓到黃河大屈曲部以北之地，或是黃河以南的河曲地帶，[15]突厥部眾自此臣屬唐廷長達五十年（六三〇－六八一）。然而，唐朝除了將突厥部落安置于河曲之地外，太宗與高宗時期也將降附於唐的粟特胡、党項羌族、薛延陀鐵勒族、鮮卑吐谷渾等不同民族，處之於河曲地帶，設立羈縻府州進行管理。[16]河曲地區分布著六、七個民族群體，這不僅使居住在此地區的突厥牧民游牧空間受到嚴重的壓縮，生活資源競爭愈形強烈，同時各個民族之間，在文化類型和生活方式上也存在著明顯的差異下，彼此之間的「異己感」（the sense of otherness）與「自我認同感」（ego identity）就會出現，族群邊緣（ethnic group boundary）因此形成，民族意識也就在彼此的差異中突顯出來，[17]民族認同（ethnic identity）也就提升。因此，自高宗調露元年（六七九）起，突厥民族不斷興起反叛，欲脫離唐朝的統治，重新復國。先有單于大都護府突厥阿史德溫傅及奉職二部的反叛，擁立阿史那泥熟匐為可汗；開耀元年（六八一），阿史德溫傅又自夏州迎立阿史那伏念為可汗，然兩次的反唐行動，都在唐將裴行儉實行離間分化辦法，以及利用反間之計下以失敗告終。永淳二年（六八二），阿史那骨咄（篤）祿（Ašina Kutlugh）再次率眾反唐，骨咄（篤）祿不但以其堅毅無畏之精神，帶領突厥部眾，走入總材山（čoγay quz, čoγay yiš），更吸取前兩次反唐失敗教訓，利用突厥過往的歷史，喚起突厥民族的祖源記憶及歷史意識，強化了族群凝聚力，逐步壯大自己的力量，最終在黑沙城（Kara Kum），自立為頡跌利施可汗（Elteriš Qaγan），脫離唐朝，建立了突厥第二汗國。[18]

15 唐代將「河曲地域」，又稱作「河南之地」或是「河曲之野」，是指流經今寧夏、內蒙古、陝西東界的黃河西、北、東三方圍繞的鄂爾多斯高原和黃土高原北緣地帶，南以白於山脈為限，唐代前期在這個地域設置靈州、夏州、勝州、豐州等四個行政區，其中夏州都督府兼管化州、長州、佑州等三個羈縻州。參看艾沖，〈論唐代前期「河曲」地域的都督府政區〉，原刊於《中國歷史地理論叢》，第一七卷第一輯（二〇〇二年三月），第五六、五八頁，後收入《公元七－九世紀鄂爾多斯高原人類經濟活動與自然環境演變研究》（北京：中國社會科學出版社，二〇一二年），第六六－七〇頁。

16 艾沖，〈論唐代前期「河曲」地域各民族人口的數量與分布〉，原刊於《民族研究》，二〇〇三年第二期（二〇〇三年六月），第五一－六〇頁，後收入《公元七－九世紀鄂爾多斯高原人類經濟活動與自然環境演變研究》，第一三五－一五五頁。

17 潘蛟，〈民族定義新探〉，馬啟成等主編，《民族學與民族文化發展研究：慶祝林耀華教授從教六十二周年紀念文集》（北京：中國社會科學出版社，一九九五年），指出一個多民族共處的過程中，民族的結合點是最容易出現問題，也是最容易解決問題的地方。在一個民族群體的縱深之處，民族的觀念是淡漠的，因為彼此都是同一個民族，人們不會有族群意識的出現；相反的，在不同民族交往的地區，彼此的差別明顯且強烈，民族意識就在差異中突顯出來，甚至會被強化。

18 有關突厥第二汗國建立背景及其原因，可詳參拙文，〈突厥第二汗國建國考〉，《歐亞學刊》，第十輯（二〇一〇年十二月），第九七－一〇六頁。

阿史那骨咄（篤）祿之所以利用突厥民族過往的歷史來號召群眾，並喚起歷史意識，這與其謀臣阿史德元珍有關。《新唐書．薛登傳》記載道：

時四夷質子多在京師，如論欽陵、阿史德元珍、孫萬榮，皆因入侍見中國法度，及還，並為邊害。（薛）登諫曰：「……伏見突厥、吐蕃、契丹往因入侍，並被獎遇，官戎秩，步黌門，服改氈罽，語習楚夏，窺圖史成敗，熟山川險易。國家雖有冠帶之名，而狼子孤恩，患必在後。……。」[19]

阿史德元珍是骨咄（篤）祿起兵時重要的謀臣之一。[20]關於阿史德元珍追隨骨咄（篤）祿，杜佑，《通典》有詳細的記載：

至阿史德元珍，習中國風俗，知邊塞虛實，在單于檢校降戶部落，嘗坐事為單于長史王本立所拘縶。會骨咄祿入寇，元珍請依舊檢校部落，本立許之，因而便投骨咄祿。骨咄祿得之，甚喜，立為阿波大達干，令專統兵馬事。[21]

阿史德元珍曾以質子身分入唐，在留居長安期間，元珍「語習楚夏」、「見中國法度」、「習中國風俗」；又「窺圖史成敗」、「熟山川險易」，深受漢文化的影響。其後，隨著阿史那骨咄（篤）祿的起兵反唐，元珍投奔骨咄（篤）祿，被立為阿波大達干，統管突厥兵馬事。阿史德元珍的離唐，對於骨咄

（篤）祿推動復國運動，有著重要的影響：元珍不僅熟知中原山川險易、邊塞虛實之事，對骨咄（篤）祿的侵唐帶來極大的便利；更重要的是，元珍在長安入侍期間，學習漢語及中國風俗，又覽讀史籍圖錄，知悉歷史成敗之跡，瞭解到「歷史」對一個民族的形成與發展，能起到巨大的作用。當元珍加入突厥復國行列後，建議骨咄（篤）祿利用突厥民族共同的祖源記憶與東突厥覆亡的歷史教訓，來強化突厥人民的民族意識，使突厥人民能對重新建國凝聚出更大的力量。

三

史籍文獻雖記載突厥民族史學啟蒙於西魏北周時期的神話傳說，但是突厥民族開始以本民族的文字刻寫歷史，並有意識的記錄本民族歷史發展，產生出歷史意識、以史為鑑，卻一直要到突厥第二汗國建國期間。分析突厥民族歷史意識的興起，與其民族意識的形成和民族認同的提升有關。唐太宗與高宗年間，將不同的民族安置于河曲地區，壓縮原來居住在此的突厥部落生活空間，強烈的資源競爭，使彼

---

19 北宋．歐陽修、宋祁，《新唐書》（北京：中華書局，一九九五年）卷一一二〈薛登傳〉，第四一七〇－四一七一頁。

20 有關阿史德元珍與古代突厥碑銘中的「暾欲谷」（Tonyuquq）是否為同一人，學界看法分歧，筆者不擬在本文中進行探討。最新的研究成果可參看陳懇，〈第七篇　暾欲谷家世鉤沉〉，《突厥鐵勒史探微》（新北：花木蘭出版社，二〇一七年），第五九－八〇頁。

21 唐．杜佑撰，王文錦、王永興、劉俊文、徐庭雲、謝方點校，《通典》（北京：中華書局，一九八八年）卷一九八〈邊防典十四．北狄五．突厥中〉，第五四三四頁。兩《唐書．突厥傳上》記載略同。

此之間的異己感與自我認同感出現，形成族群邊界，同時也提升了突厥民族的民族認同。阿史那骨咄（篤）祿建國時期的重要謀臣阿史德元珍，早年入侍於唐，在居留長安期間，學習中國風俗語言，熟知中原山川險易、邊塞虛實，又覽讀史籍圖錄，瞭解到歷史不僅可以喚起一民族共有的記憶，同時可以凝聚出強大的民族意識，對於一個民族的形成與發展，有著重要的作用。因此，當阿史德元珍跟隨骨咄（篤）祿推動突厥復國時，透過突厥過往的歷史，喚起突厥民族所共有的祖源記憶，而藉由唐滅東突厥的歷史教訓，不僅強化了突厥人民的凝聚力量，同時也促使突厥民族產生了強烈的歷史意識，對於突厥民族的重新復國，帶來了更堅定的信念。

突厥民族的歷史敘事與歷史觀

——以「暾欲谷碑」、「闕特勤碑」、「苾伽可汗碑」為探討中心

一、前言

突厥（Türk）是中國古代北方游牧民族中第一個創造出本族文字的民族，[1]《周書．突厥傳》記載：「其書字類胡」；[2]又據《北齊書．斛律羌舉傳》記載：「代人劉世清……後主命世清作突厥語翻《涅盤經》，以遺突厥可汗」。[3]周、齊時期突厥民族採用何種文字？史書無明確記載。一九五三年在新疆維吾爾自治區伊犁哈薩克自治州昭蘇縣特克斯河（Tekes River）支流小洪那海（Little Khonakhai）發現刻有文字的古代突厥石人，被稱為「小洪那海突厥石人」，石人像底座東面與北面皆刻有文字，東面計有十二行，北面有八行，據學者研究係屬粟特文字，[4]就目前所能釋讀出的文字，可以確認石人像是突厥泥利可汗（粟特文為“nry x'γ'n”，？－六〇四）。[5]一九五六年由蒙古學者策．道爾吉蘇榮在北塔米爾河支流巴顏察干河（Bain Tsagaan Gol）河谷發現，並將石碑搬運至外蒙古後杭愛省（Arakhangai Aimak）呼尼河流域布古特（Bugut）西方約十公里處的後杭愛省博物館（原為「吉雅格根喇嘛廟」），發現一通約為東突厥他鉢可汗（五七二－五八一在位）時代的「布古特碑」（The Bugut

Inscription），也是用草體粟特文刻寫碑銘。[6]由此可知直至西元七世紀初期，突厥民族仍是藉用粟特

---

1 有關匈奴民族是否已創造出文字，目前學界尚有爭議，而鮮卑拓拔氏的文字亦已失傳不存。因此，學界多認定突厥民族是中國北方游牧民族中第一個創造自己文字的民族。參看林幹，《中國古代北方民族通史》（福州：鷺江出版社，二〇〇三年），第一五〇頁。

2 唐・令狐德棻，《周書》（北京：中華書局，一九九七年）卷五〇〈異域傳下・突厥〉，第九一〇頁。

3 唐・李百藥，《北齊書》（北京：中華書局，二〇〇三年）卷二〇〈斛律羌舉傳〉，第二六七頁。

4 有關「小洪那海石人」的發現概況，可參看王博、祁小山，《絲綢之路草原石人研究》（烏魯木齊：新疆人民出版社，二〇〇九年），第二二八－二二九頁；西北文化局新疆省文物調查工作組，〈新疆伊犁區的文物調查〉，《文物參考資料》，一九五三年第十二期（一九五三年十二月），第一六－二三頁；史樹青，〈新疆文物調查隨筆〉，《文物》，一九六〇年第六期（一九六〇年六月），第二三頁；L.A. Clark, “Two Stone Sculptures of the 'Old Turkic' Type from Sinking”, *Ural-Altaische Jahrbücher*, 50, 1978, pp.42-48；張玉忠，〈伊犁地區文物普查報告〉，《新疆文物》，一九九〇年第二期（一九九〇年六月），第四二頁；林俊雄，〈突厥の石人に見られるソグドの影響——とくに手指表現に焦点を当てて——〉，《創価大学人文ロンソン》，第五輯（一九九三年二月），第二七－四四頁；王英梅，〈小洪那海石人〉，《新疆文物》，一九九七年第二期（一九九七年六月），第二二頁；大澤孝著，于志勇譯，〈新疆伊犁河流域的粟特文題名石人〉，《新疆文物》，二〇〇一年第一－二期（二〇〇一年三月），第九五－一二三頁；林俊雄，《ユーラジアの石人》（東京：雄山閣，二〇〇五年），第九九－一〇二頁；林梅村，〈小洪那海突厥可汗陵園調查記〉，《法國漢學》叢書編輯委員會編，《粟特人在中國：歷史、考古、語言的新探索》（北京：中華書局，二〇〇五年），第二五九－二七五頁；陳凌，《突厥汗國與歐亞文化交流的考古學研究》（上海：古籍出版社，二〇一三年），第二三－二四頁。

5 「小洪那海石人」的銘文中，在東面第六行、第七行、第十二行以及北面第三行，皆有出現泥利可汗的粟特文字，參看陳凌，《突厥汗國與歐亞文化交流的考古學研究》，第二五－二八頁。有關「小洪那海石人」的研究，可參看吉田豐，〈新疆維吾爾自治區新出ソグド語資料〉，《內陸アジア言語の研究》，VI（一九九〇），第五七－八三頁；大澤孝著，于志勇譯，〈新疆伊犁河流域的粟特文題名石人〉，第九五－一二三頁；王英梅，〈小洪那海石人〉，第二二頁；林梅村，〈小洪那海突厥可汗陵園調查記〉，第二五九－二七五頁。

6 「布古特碑」碑文四面中的其中一面為婆羅謎文（一說中國文字），橫書二十餘行；其他三面刻寫草體粟特文，直書二十

文字記事。[7]突厥民族何時創造出本族文字？學界有著不同的看法，目前比較有力的論點是丹麥語文學家湯木森（Vilhelm Thomsen）所論定的突厥字母多數是來自阿拉美文（Aramaic），通過中亞伊蘭（Iranic）系民族使用的文字，直接或間接傳入突厥而創造出「魯尼文字」（Runic）。[8]到了後突厥汗國時代（六八二－七四五），[9]突厥使用本民族的文字已趨於成熟。

突厥民族既已在後突厥汗國時代使用魯尼文字，故在後突厥時期出現大量以突厥文字所刻寫的碑銘，記載著突厥民族的歷史發展。在目前已知的後突厥碑銘中，其中以「暾欲谷碑」（The Tonyukuk Inscription）、「闕特勤碑」（The Kül Tegin Inscription）以及「苾伽可汗碑」（The Bilgä Qaγan Inscription）最為重要，被稱作是古代突厥的三大碑銘，不僅是因為三大碑銘結構完整、保存相對完好，更重要的是三大碑文內容豐富，除了歌頌可汗和貴族對外輝煌的戰績，還記載突厥汗國的建國與興衰過程，提供我們研究突厥歷史珍貴的一手資料。[10]

傳統中國史學史的專書論著，凡涉及到中國少數民族史學發展者，大多是從宋、遼、金、元時期開始論述，探討契丹、女真、蒙古等諸民族的史學思想及其特點，至今尚無研究突厥民族史學的專文；而以往探討古代突厥碑銘者，多偏向於語言學或文字學方面的分析，也未運用於史學史的範疇。本文旨在透過三大碑銘的內容，探索八世紀時期突厥民族的歷史敘事方式以及突厥民族的歷史觀，從中分析突厥民族的史學特點，以補缺此一領域的空白。

九行（左面五行，右面五行，前面十九行）。碑文記載東突厥摩訶特勤（Makan Tegin）的紀功碑。碑文中提及「Kwts'tt，『你須建造一座大的新寺院』。〔Kwts'tt於是傳旨〕：願建立一座大而新的佛寺（Sangha）」。從這通碑文中的內容比照

漢史籍所記，可知Kwts'tt即是阿史那庫頭，意即東突厥他鉢可汗。由這面殘碑內容所使用的文字，有學者推測可能就是北天竺犍達國三藏法師闍那崛多所刻寫，刻寫年代約是在他鉢可汗在位末期，而碑文中所記他鉢可汗建造一座大的新寺院，係指北周武帝建德六年（五七七），他鉢可汗為闍那堀多所建立一座新寺院。有關布古特碑的發現、內容及其相關研究，可參看護雅夫，〈突厥帝国内部におけるソグド人役割に関する一資料——ブグト碑文〉，《史学雑誌》，第八一卷第二輯（一九七二年二月），第八五頁；護雅夫著，吳慶顯譯，〈索格底人（The Sogdian）在蒙古地區諸游牧國中所扮演的角色——一個新發現資料的介紹〉，《國立政治大學邊政研究所年報》，第九期（一九七八年七月），第二八三—二九五頁；克略希托內、列夫斯基撰，龔方震譯，〈布古特粟特文碑銘補證〉，姚楠主編，《中外關係史譯叢》（上海：上海譯文出版社，一九八六年）第三輯，第三五—五三頁；林梅村，〈布古特出土粟特文突厥可汗紀功碑考〉，第三四四—三五八頁；森安孝夫、林俊雄，〈ブグト遺蹟 Site of Bugust〉，森安孝夫、オチル編輯，《モンゴル国現存遺蹟・碑文調査研究報告一九九六——一九九八》（大阪：中央ユラシア学研究会，一九九九年），第一二二頁；吉田豐、森安孝夫，〈ブグト碑文 Bugust Inscription〉，森安孝夫、オチル編輯，《モンゴル国現存遺蹟・碑文調査研究報告一九九六——一九九八》，第一二三—一二四頁；羅新，《歷史的高原游牧》（北京：中華書局，二〇一一年），第二一三—二一五頁；羅豐，《蒙古國紀行》（北京：三聯書店，二〇一八年），第一八九—二〇〇頁。

7 護雅夫，《古代トルコ民族史研究》（東京：山川出版社，一九九七年），III，第六九—七〇頁。

8 克利亞什托爾內（С.Г. Кляшторный）著，李佩娟譯，《古代突厥魯尼文碑銘——中亞細亞史原始文獻》（*Древнетюркские рунические памятники как источник по истории Средней Азии, Москва: Наука*, 1964，中文譯本為哈爾濱：黑龍江教育出版社，一九九一年），第四七—五〇頁；耿世民，〈古代突厥文字母和主要拼寫規則及其來源〉，《古代突厥文碑銘研究》（北京：中央民族大學出版社，二〇〇五年），第六一—六三頁。

9 後突厥汗國，又稱突厥第二汗國、後東突厥汗國、突厥復興汗國、三十姓突厥，起自阿史那骨咄祿（Ašina Kutlugh）聚眾於總材山（čoγay quz, čoγay yiš），征服了于都斤山（Ütükän）鐵勒諸部落，自號頡跌利施可汗（Elteriš Qaγan），終於白眉可汗被回紇首領骨力裴羅攻殺止。

10 除上述三大碑銘外，現存已知屬後突厥汗國時代的重要碑銘尚有一八九一年在今蒙古人民共和國和碩柴達木南方一百八十公里翁金河畔（Ongin）所發現的「翁金碑」、一九一二年在今蒙古人民共和國首府烏蘭巴托南方依赫霍碩特（Ikhe-Khoshootu）所發現的「闕利啜碑」、一九七一年在今蒙古人民共和國首都烏蘭巴托東南一百八十公里雀林（Choren）驛站東北十五公里處所發現的「雀林碑」等。

二、突厥三大碑銘概述

「暾欲谷碑」、「闕特勤碑」、「苾伽可汗碑」為古代突厥三大碑銘。茲將其發現過程及碑銘狀況簡述如下：[11]

「暾欲谷碑」是在一八九七年由俄人克萊門茨夫婦（D.A. & E.Klements）在今蒙古人民共和國首府烏蘭巴托東南六十五公里納來哈（Nalaikha）近郊的巴顏楚克（Bayn-Zurh）西北約三公里的查幹敖包（Tsagaa Ovoo）發現，故又名「巴顏楚克碑」（N47°21'－E107°45'，參看本文末第三四四頁〔附圖一〕）。本碑碑文刻寫在南、北兩塊矩形石柱上，南側石柱（又稱大碑或第一碑、第一石）為淺藍色大理石製成，高二．四三公尺，寬〇．六四公尺，厚〇．三二公尺，上刻有古突厥文三十五行；北側石柱（又稱小碑或第二碑、第二石）為淺灰色石英花崗岩製成，高二．一五公尺，寬〇．四五－〇．五公尺，厚〇．二八公尺，上刻有古突厥文二十七行，兩石共計有八面六十二行，碑文文字由上而下，從左到右書寫，碑文按西、南、東、北順序刻寫。[12]本碑似為暾欲谷（Tonyukuk，六四六－七三一／七三二）本人生前所撰寫，立碑時間是在西元七一六－七二五年之間。暾欲谷為後突厥汗國建國者頡跌利施可汗（Elteriš Qayan，六八二－六九一在位）、默啜可汗（Bögü čur Qayan，六九一－七一六在位）以及苾伽可汗（Bilgä Qayan，七一六－七三四在位）三代可汗的重要大臣，《舊唐書．突厥傳》記載：「暾欲谷深沉有謀，老而益智，李靖、徐勣之流也。」[13]可見其有謀略、善征戰，為唐人所熟知。暾欲谷生於西元七世紀四〇年代，其女娑匐（Säbäg）是苾伽可汗的可敦（Qatun）。本碑是古代突厥三大碑銘中最早樹立者。

「闕特勤碑」是在一八八九年由俄人雅德林采夫（N.M. Yadrintsev）為首的俄羅斯地理學會東西伯利亞分會考察團在今蒙古人民共和國首都烏蘭巴托西方四百公里處的科克辛——鄂爾渾（Kokshin-Orkhon）河流域左岸的和碩柴達木（Koshotsaidam）地區發現（N47°33'－E102°49'，參看本文末第三四五頁〔附圖二〕）。石碑由藍色大理石製成，高三・三五公尺，寬一・三－一・三二公尺，厚〇・四六公尺，本碑碑文由突厥文和漢文所組成，突厥文共七十一行，分別為碑身東面（正面）四十行，南、北兩面各十三行，東南、東北、西南棱角各一行，西面（背面）二行。[14]石碑的西面有一篇漢文銘文，乃唐玄宗於開元二十年（七三二）親筆書寫。石碑東面上方刻有一山羊線圖，頂部為一給嬰兒餵奶的母狼圖，象徵突厥民族的祖源圖騰。[15]石碑原立於一龜趺上，石龜已毀，龜趺長二・二六公尺，寬一・三三

---

11 以下概述突厥三大碑銘的內容，若無特別註明出處，皆是參考耿世民，〈古代突厥文碑銘的發現和解讀研究〉、〈現存主要碑銘〉，《古代突厥文碑銘研究》，第三三－五六頁；林恩顯，〈古代突厥文獻概述〉，《突厥研究》（臺北：臺灣商務印書館，一九八八年），第三一四－三三〇頁；芮傳明，〈闕特勤碑〉、〈毗伽可汗碑〉、〈暾欲谷碑〉三碑的註釋一，三篇碑銘皆收入《古突厥碑銘研究》（上海：古籍出版社，一九九八年），第二一八－二二九、二六九－二七〇、二八五頁；TURK BITIG 網站（網址：http://www.bitig.org/）。

12 鈴木宏節撰，羅新譯，〈暾欲谷碑文研究史概論〉，《中國史研究動態》，二〇〇六年第一期，第二〇－二七頁。

13 後晉・劉昫，《舊唐書》（北京：中華書局，一九九五年）卷一九四上〈突厥傳上〉，第五一七五頁。

14 哈斯巴特爾，〈《闕特勤碑》所含突厥歷史與文化管窺〉（呼和浩特：內蒙古大學蒙古學研究中心，未刊本碩士論文，二〇一〇年），第五頁。

15 史籍有以母狼作為突厥民族祖源傳說的記載，如《周書》卷五〇〈異域傳下・突厥〉記載：「突厥者，……後為鄰國所破，盡滅其族。有一兒，年且十歲，兵人見其小，不忍殺之，乃刖其足，棄草澤中。有牝狼以肉飼之，及長，與狼合，遂有孕焉。……或云突厥之先出於索國，……兄弟十七人，其一曰伊質泥師都，狼所生也。……此說雖殊，然終狼種也。」（第九〇七－九〇八頁）。此外，「布古特碑」亦浮雕一隻母狼，在母狼腹下有一清晰的人形，這無疑也是與突厥民族祖源傳說有關。可詳參S・J・克略布托內、V・A・列夫斯基撰，龔方震譯，〈布古特粟特文碑銘補證〉，第三五－五三頁。

公尺，高〇・五七公尺，現重立於一花崗岩座上。[16]闕特勤（Kül Tegin，六八五－七三一）為後突厥建國者頡跌利施可汗次子，唐玄宗開元四年（七一六）鳩合部眾攻殺默啜可汗之子匐俱及宗族，改立其兄長默棘連（默矩）為大可汗（即苾伽可汗）。本碑立於闕特勤卒逝後的次年（七三二），突厥文碑銘是由其侄藥利特勤（Yolliγ Tegin）所書寫。此碑是迄今所發現篇幅最長的突厥文碑銘作品。[17]

「苾伽可汗碑」與「闕特勤碑」一樣，是由俄人雅德林采夫在同時同地發現，兩碑僅相距一公里（N47°20'－E102°50'）。「苾伽可汗碑」在發現時已傾倒在地，斷裂成三塊，碑文的磨損程度較「闕特勤碑」嚴重許多，目前本碑已移於室內修復保存（參看本文末第三四六頁〔附圖三〕）。石碑高三・三三公尺，寬一・三二公尺，厚〇・四六公尺，原立於石龜上，石龜長二・二九公尺，寬〇・七二公尺，高〇・四四公尺。碑文以古代突厥文和漢文刻寫而成，東面有四十一行，南北兩面各有十五行，其中北面起首九行與「闕特勤碑」南面起首的十二行內容完全相同；東面自第三行至第二十四行，也與「闕特勤碑」東面第一行至第三十行內容大抵雷同。[18]碑文西面的漢文是由唐玄宗時代的起居舍人、內供奉兼史館修撰李融所撰寫。此外，本碑東南、西南和西面也刻有古突厥文，似由苾伽可汗之子登利可汗（Tängri Qayan，七三四－七四一在位）建於唐玄宗開元二十三年（七三五）。該碑突厥文部分亦出自於藥利特勤之手。苾伽可汗為後突厥建國者頡跌利施可汗長子，名為默棘連（默矩），生於唐中宗嗣聖元年（六八四）。在默啜為後突厥大可汗時期（六九一－七一六），擔任設（šad）和左賢王。三十三歲時，在其弟闕特勤的支持扶立下，推翻匐俱（毗伽煞可汗，七一六在位），被立為後突厥大可汗。唐玄宗開元二十二年（七三四），苾伽可汗被其大臣梅祿啜所毒死，享年五十一歲。

三、突厥三大碑銘在歷史敘事上的特點

上述突厥三大碑銘皆屬「紀功碑」性質，其敘述歷史手法不同於中原農業社會有其完備的史學體例或嚴謹撰寫格式，而是雜揉敘事、神話、傳說，是一種結合文、史、詩於一體的撰寫方式，樸質無華，自有其特點。茲將突厥三大碑銘在歷史敘事上的特點表述如下：[19]

第一，碑銘中常以「第一人稱」的口吻敘事，透過口述方式，塑造出碑主的英雄形象，標榜功績。如「暾欲谷碑」：

> 我是謀臣暾欲谷。（第一碑西面第一行）

16 白鳥庫吉，〈突厥闕特勤碑銘考〉，《白鳥庫吉全集》（東京：岩波書店，昭和四十五年（一九七〇年）），第五卷「塞外民族史研究（下）」，第二三一－二四頁；片山章雄，〈突厥ビルゲ可汗の即位と碑文史料〉，《東洋史研究》，第五一卷第三號（一九九二年十二月），第一四八－一五三頁。

17 艾娣雅．買買提，〈鄂爾渾——葉尼塞碑銘文獻古俗尋繹〉，《西域研究》，二〇〇一年第三期（二〇〇一年九月），第八九頁。

18 陳浩，〈《闕特勤碑》南面銘文的作者與鐫刻年代問題〉，《學術月刊》，第四十九卷第六期（二〇一七年六月），研究指出唐玄宗開元二十年毗伽可汗為亡弟闕特勤立碑時，原先碑南面是空白，沒有刻字；開元二十三年伊然可汗為其父毗伽可汗鐫刻碑銘時，碑北面是空白的。到了開元二十八年登利可汗繼位後，登利可汗在闕特勤碑南面和毗伽可汗碑北面的空白處，鐫刻了兩篇幾乎相同的銘文（第一四八－一五四頁）。

19 本文關於「暾欲谷碑」、「闕特勤碑」、「苾伽可汗碑」的譯文部分，主要參看耿世民，《古代突厥文碑銘研究》，第九二－一七六頁；芮傳明，《古突厥碑銘研究》，第二一七－二九四頁、岑仲勉，《突厥集史》（北京：中華書局，一九五八年）下冊，第八五七－九二六頁。

謀臣暾欲谷——裴羅莫賀達干同頡跌利施可汗一起，南邊把唐人、東邊把契丹人、北邊把烏古斯人，殺死了許多。（第一碑西面第六—七行）

我使（軍隊）到達山東諸城和海邊，（我軍）摧毀了二十三座城池，諸城成為一片廢墟。（第一碑東面第二行）

我使叛服無常的敵人來歸。（第二碑東面第三行）

我沒有讓全副武裝的敵人在突厥人民中馳騁，我沒有讓打有印記的馬匹到處奔馳。（第二碑東面第四行）

我自己的努力，國家才成為國家，人民才成為人民。（第二碑東面第五—六行）

只要有（像我）這樣的人，就不會有什麼不幸！（第二碑東面第七行）

要是我本人謀臣暾欲谷不努力的話，要是沒有我的話。在默啜可汗和突厥——薛人民的地方，將完全不存在（國家）的機體、人民和人類。（第二碑北面第一—二行）

在「暾欲谷碑」中，暾欲谷以第一人稱自述其對後突厥汗國的貢獻，建構出自我的英雄形象，處處將自己功勳與汗國的興衰結合在一起。

又如「苾伽可汗碑」：

我，像天一般的、天作的突厥苾伽可汗。（東面第一行）

我本人即位後，我為四方的（人民建立了）許多重要的法制。（東面第二行）

我同我叔可汗﹝筆者案：指默啜可汗﹞一起，前面（東面）一直征戰到黃河和山東平原，後面（西面）一直征戰到鐵門，並越過曲漫山，一直征戰到黠戛斯人的地方。……使有國家的失去國家，使有可汗的失去可汗，使有膝的屈膝，使有頭的頓首投降。（東面第十五—十六行）我使人民由少變多，我使（他們）比有強大國家和強大可汗的（人民）過得更好。我把四方的人民全部征服了，使其不再為敵。他們全都臣服於我。（東面第二四行）由於上天保佑和由於我的努力，突厥人民勝利了。如果以我和我弟﹝筆者案：指闕特勤﹞一起為首的人不如此努力的話，突厥人民將滅亡。（東面第三三行）我為我的突厥，我為我的人民做了許多好事。（南面第十行）我使眼睛未曾見過的、耳朵未曾聽過的人民住在（東面到日出）、南面到唐朝、西面到日落、北面到夜中。給我的突厥人民獲得了黃金和白銀，帶有飾邊的絲綢、糧食做的飲料、專用的乘馬和種馬、黑貂和藍鼠……我使他們安居樂業。（北面第十一—十二行）

上引碑銘中，苾伽可汗標榜著自己為從天所生，在其即位後，為後突厥汗國制定了法制並帶領突厥人民四處征戰，擴大後突厥汗國的疆域版圖，「使有膝的屈膝，使有頭的頓首投降」，並將自己偉大的功業與汗國的興亡相連結。這種自述功績、自我塑像是突厥碑銘在敘事上的一大特色。

第二，突厥三大碑銘另一個特點是非常重視對外戰爭，詳細記錄戰爭的次數，以及用大量的篇幅敘述戰役過程和戰爭結果所帶來的影響。通讀整篇碑銘，凡是描寫到戰事，文氣顯得格外氣勢磅礴，並可以從中強烈感受出突厥民族能征擅戰的民族特性。例如在「暾欲谷碑」描寫暾欲谷率領突厥人民與烏古斯（Oγuz）作戰的詳細過程及結果：

我對我的可汗說。我這樣說道：「要是唐人、烏古斯、契丹三者聯合起來，我們將無救，我們將腹背受敵。……我估計會有二、三千軍隊，東面來自契丹、南面來自唐朝、西面來自于闐、北面來自烏古斯。」我這樣對他說了。我的可汗聽從了我本人暾欲谷的話。……我率領眾人帶著乳牛和馱畜到達于都斤山。烏古斯人從土拉（河）而來。其軍是三千，我軍是兩千。我們交了戰。……我們擊潰了他們，他們落入了河中。在潰逃的路上，據說又死了（許多）。之後，烏古斯人全都來了。（第一碑西面第十二—十六行）

在突厥三大碑銘中，大量記載著對外作戰次數：

頡跌利施可汗由於其英明和勇敢，曾與唐朝交戰十七次，與契丹交戰七次，與烏古斯交戰五次。（「暾碑」南面第四—五行）

我父可汗〔筆者案：指頡跌利施可汗〕（作戰）這樣多……他出征了四十七次，參加了二十次戰鬥。（「闕碑」東面第十四—十五行；「苾碑」東面第十二—十三行）

當我叔父〔筆者案：指默啜可汗〕即位為可汗時，我自己任達頭人民上面的設。我同我叔可汗一起，前面（東面）一直征戰到黃河和山東平原，後面（西面）一直征戰到鐵門，並越過曲漫山，一直征戰到黠戛斯人的地方。一共出征了二十五次，參加了十三次戰鬥……（「闕碑」東

面第十七—十八行；「苾碑」東面第十四—十五行）

為了養育人民，北面反對烏古斯人民、東面反對契丹、奚人民、南面反對唐人，我出征了十二次……（「闕碑」東面第二八行；「苾碑」東面第二三行）

當我三十歲時，我出征別失八里，打了六次仗……全殲其軍。（「苾碑」東面第二八行）

不僅記錄對外戰爭的次數，「闕特勤碑」、「苾伽可汗碑」還詳記各次戰役的過程及戰後所帶來的影響：

九姓烏古斯人民本是我自己的人民。由於天地混亂，乃為敵。一年中我們交戰五次。首先我們交戰於都護城。闕特勤騎白色阿茲曼（馬）衝擊，刺殺六人。在（兩）軍接戰時，用劍斬殺了七人。第二次在庫沙曷與阿跌人交戰，闕特勤騎阿熱的褐（馬）衝擊，刺殺一人，圍擊九人。阿跌人民在那裡被消滅了。第三次，我們在勃勒濟與烏古斯交戰，闕特勤騎白色阿茲曼（馬）衝擊刺殺。我們刺殺其軍並獲取其國家。第四次，我們在楚斯峰交戰，突厥人民動搖了，情況不妙。闕特勤將超過來的（敵）軍衝散了，並在通阿特勤舉行葬禮的地方，包圍殺死了同羅族一勇士和十個人。第五次，我們在伊思勤提喀地斯與烏古斯交戰，闕特勤騎阿熱的褐色馬衝擊，刺殺兩人，並把他們扔入泥沼中。該軍在那裡被消滅了。我們在奄賀莊園過冬。春天時我們出兵征烏古斯。我們留闕特勤守汗庭。烏古斯敵人襲擊汗庭，闕特勤騎白色馬駒，刺殺九人。並守住了汗庭。我母可敦及小母、諸姐妹、諸媳、諸公主，活著的將淪為女婢，死去的將

遺屍於住地和路上！要是沒有闕特勤的話，你們都將死掉！（「闕碑」北面第四—十行）

九姓烏古斯是我的人民。由於天地混亂，由於心懷嫉妒，成了敵人。一年中我打了四次仗。初戰於都護城，我軍泅過土拉河，消滅其軍。第二次我戰於安提忽（？），我敗其軍。第三次，我戰於楚施峰，突厥人民動搖了，情況不妙，我衝散了越過的（敵）軍，許多將要喪命的人那時得救了。那時，我在通阿特勤墓地包圍擊殺了同羅勇士（組成的）一組人。第四次，我戰於伊思勤提咯地斯，將其軍隊在那裡擊敗、殲滅了……。（「苾碑」東面第二九—三一行）

從碑銘所記載的內容，我們可以強烈感受到戰爭激烈的場景、戰爭過程中的艱險情況、闕特勤和苾伽可汗如何帶領突厥人民英勇作戰，以及闕特勤堅守汗庭對突厥汗國的影響。

第三，三大碑銘中經常採用對話口述方式敘事，其中尤以「暾欲谷碑」最為顯著：

他說：「請集合（我們的隊伍）吧！」……我說：「我是否要催促他成為可汗？」（「暾碑」第一碑西面第五行）

我對我的可汗說。我這樣說道：「要是唐人、烏古斯、契丹三者聯合起來，我們將無救，我們將腹背受敵。……我的可汗聽從了我本人暾欲谷的話。他說：「按你想的指揮（軍隊）吧！」（「暾碑」第一碑西面第十二—十三行、第十五行）

我問他：「人們可走那條路嗎？」他說：「騎馬可以走過。」我考慮後說道：「可以走這條路。」於是我對我的可汗說了。（「暾碑」第一碑東面第七行、第一碑北面第一行）

他對我暾欲谷說：「你領此軍。你按自己的意見做出決定吧！我能向你說些什麼呢？如果他們來的話，就加多報信的人。如不來的話，就不斷蒐集情報！」（第一碑北面第七—八行）

人民這樣說道：「我曾是有國家的人民，現在我的國家在哪裡？我在為誰獲取國家？」——他們說。「我曾是有可汗的人民，（現在）我的可汗在哪裡？我為哪家可汗出力？」——他們說。（「闕碑」東面第九行）

普通人民則高興地說：「我們的可汗來了！」（「苾碑」東面第四一行）

惡人就這樣教唆部分突厥人民道：「凡住遠處的給壞的禮物，凡住近處的給好的禮物。」（「苾碑」北面第五行）

此外，碑銘在敘事過程當中，經常會穿插突厥民族生活中的格言、諺語並擅用各種動物做譬喻，使其文句生動活潑，並具有韻律之美。例如在「暾欲谷碑」中，暾欲谷思考是否要支持骨咄祿為可汗時，就採用了突厥生活中的諺語：

我說：「我是否要催促他成為可汗？」我想：如果在遠處區分瘦公牛和肥公牛，人們就不知道哪個是肥公牛、哪個是瘦公牛。我這麼想了。之後，由於上天賜給（我）智慧，我自己敦促（他）為可汗。（第一碑西面第五—六行）

上述「如果在遠處區分瘦公牛和肥公牛，人們就不知道哪個是肥公牛、哪個是瘦公牛」，使我們很容易就聯想到北魏民歌〈木蘭詩〉中「雄兔腳撲朔，雌兔眼迷離。兩兔傍地走，安能辨我是雄雌？」北魏亦是游牧民族鮮卑人所創建。[20]換言之，無論是鮮卑還是突厥，游牧民族均擅長以諺語來比喻某件事物。這種以俗諺、格言、譬喻來描寫歷史，在突厥三大碑銘中比比皆是：

> 我們周圍的敵人像飛禽一樣（多），我們（則）像獵物一樣。（「暾碑」第一碑西面第八行）
>
> 俗話說：「把薄的東西穿透是容易的，把細的東西折斷是容易的。要是薄的東西變成厚的，穿透就難了；要是細的變成粗的，要折斷就難了。」（「暾碑」第一碑西面第十三行）
>
> 由於上天賦予力量，我父可汗的軍隊像狼一樣，其敵人像綿羊一樣。（「闕碑」東面第十二行；「苾碑」東面第十一行）
>
> 由於你們的無法，你們自己對養育你們的英明可汗和自由、良好的國家犯了罪，招致了惡果。（否則）帶武器的（人）從哪裡來趕走（你們）？帶矛的（人）從哪裡來驅走（你們）？」（「闕碑」東面第二三行；「苾碑」東面第十九行）
>
> 你們血流如水，你們的骨堆如山，你們高貴的男兒成了奴隸，你們清白的女兒作了女婢。（「苾碑」東面第二〇行）

第四，傳統中國史籍載記歷史事件，多是用帝王年號紀事；而突厥碑銘在進行歷史敘事時，則是以碑主年齡（非可汗在位年）紀事。例如：

默啜可汗二十七歲時，我輔佐他即位。（「暾碑」東面第一行）

當我父可汗去世時，我弟闕特勤七歲。……當他〔筆者案：指闕特勤〕十六歲時，我叔可汗〔筆者案：指默啜可汗〕這樣獲得了國家和法制。……當他二十一歲時，我們與沙吒將軍交戰。……當闕特勤二十六歲時，我們出征黠戛斯。（「闕碑」東面第三〇—三二行、第三四—三五行）

當闕特勤二十七歲時，葛邏祿人民獨立自主並成為我們的敵人。我們戰於塔末紇聖泉。闕特勤在那次戰役時三十歲。他騎英雄乙毗沙勒支的白馬衝擊。他連續刺殺二人。闕特勤三十一歲，他騎英雄乙毗沙勒支的白馬衝擊。（「闕碑」北面第一—三行）

我父可汗去世時我是八歲。……我十四歲時任達頭人民上面的設。……當我十七歲時，我出征党項，我擊敗了党項人，在那裡獲取了其男兒、婦女、馬匹、財物。當我十八歲時，我出征六州粟特，我在那裡打敗了（粟特）人。……當我二十歲時，拔悉密亦都護是我的族人，我因他們不派貢使來，出征（他們）……當我二十二歲時，我出兵唐朝。……當我二十六歲時，鞠部人民同黠戛斯人一起與我們為敵。……當我二十七歲時，我出兵征黠戛斯人。……當我三十歲時，我出征別失八里，打了六次仗……我三十一歲時，葛邏祿人民當其無憂無慮自主

20 雷家驥，〈《木蘭詩》箋證〉，《史詩三首箋證》（臺北：蘭臺出版社，二〇〇九年），認為本句與《梁鼓角橫吹曲‧折楊柳歌辭》第五曲：「健兒須快馬，快馬須健兒。蹕跋黃塵下，然後別雄雌。」有關，應與北方歌樂有關（第二八九—二九〇頁）。

> 時，與我們為敵。……當我（三十二）歲時，葛邏祿人民集合起來（反對我們），我消滅了他們。……（當我四十）歲時，當我在奄賀城堡過冬時，發生了大雪災害。……當我三十四歲時，烏古斯逃竄入唐朝。（「苾碑」東面第十四－十五行、第二四－二九行、第三一行、第三八行）
>
> 當我三十八歲時，冬天我出征契丹。當我三十九歲時，春天我出征奚……當我五十歲時，奚人民脫離契丹去……我三十一歲時……我為我的突厥，我為我的人民做了許多好事。（「苾碑」南面第二行、第七行、第九－十行）

由上引碑文記敘時間方式，我們或可做一推測：突厥大可汗在即位後，並沒有像農業社會皇帝一樣建立年號制度，而是按照碑主自身的年齡記載歷史事件。

此外，在紀年上，中國傳統紀年係採用干支方式；而突厥碑銘則是以十二生肖方式紀年，例如：

> 闕特勤於羊年十七日去世，九月二十七日舉行葬禮。祠廟、繪畫、碑石於猴年七月二十五日全部竣工。（「闕碑」東北面）
>
> 我父可汗〔筆者案：指苾伽可汗〕於狗年十月二十六日去世，於豬年五月二十七日舉行葬禮。（「苾碑」南面第十行）

這種以十二生肖方式紀年，可追溯至東突厥時代（五五二－六三〇）。[21]根據學者研究，包括突厥民族在內的內亞游牧民族採用十二生肖方式紀年，是受到中原農業民族傳入影響。[22]

除了以上四點，突厥碑銘在歷史敘事上，還可感受到突厥語言具有音樂感的特點。在古代突厥文字刻寫碑銘時，處處可以感受到其遣詞組句，帶有詩歌的魅力，是一種亦詩亦文的散文作品。[23]

四、突厥三大碑銘所反映出突厥民族的歷史觀

從突厥三大碑銘內容探索突厥民族的歷史觀，其中最突出的特點莫過於具有強烈的「英雄史觀」（conception of history as determined by heroes）：

> 頡跌利施可汗由於其英明和勇敢，曾與唐朝交戰十七次，與契丹交戰七次，與烏古斯交戰五次。（「暾碑」第二碑南面第四—五行）

21 東突厥陀鉢可汗時代的「布古特碑」，正面第六行即殘存有以粟特文所書寫的「兔年」（γrγwšk srδy）二字，參看蔡鴻生，《唐代九姓胡與突厥文化》（北京：中華書局，一九九八年），第一六九—一七〇頁。由此可知，至遲在西元六世紀中葉，突厥民族已使用十二生肖紀年。

22 陳三平，〈十二生肖和「白鼂翁」文化公案〉，《文史知識》，二〇〇八年第一期（二〇〇八年三月），指出起源於中華大地（中國偏南地區）的十二生肖很早就向外廣泛傳播，並為大量少數民族和外族接受，而成為幾乎遍及亞洲內陸的古代紀年方式。由此得出一條文化交流規律：凡古今中外正式使用十二屬紀年的民族，無不曾與華夏文明有過接觸（第一四一頁）。

23 有關突厥碑銘中具有詩歌韻文之特點，可參看薛宗正，《突厥史》（北京：中國社會科學出版社，一九九二年），第七五八—七六一頁。

如果頡跌利施可汗不努力，……，國家和人民都得滅亡。由於他的努力……國家才成為國家，人民才成為人民。（「暾碑」第二碑東面第四－六行）

如頡跌利施可汗不努力的話，要是沒有他，……在默啜可汗和突厥——薛人民的地方，將完全不存在（國家）的機體、人民和人類。（「暾碑」第二碑北面第一－二行）

前面（東面）到日出、右面（南面）到日中、後面（西面）到日落、左面（北面）到夜中，那裡的人民全都臣屬於我。……前面（東面）我曾征戰到山東平原，幾乎達到海、右面（南面）我曾征戰到九曲，幾乎達到吐蕃、後面（西面）渡過珍珠河、我曾征戰到鐵門、左面（北面）我曾征戰到拔野古地方。我曾出兵到達這樣多的地方。（「闕碑」南面第二－四行；「苾碑」北面第二－三行）

我做了可汗後，把窮困的人民集合起來，使貧窮的人民變富，使較少的人民變多。（「闕碑」南面第九－十行；「苾碑」北面第七行）

我叔父繼位為可汗後，重新組織和養育了突厥人民，使窮的變富，使少的變多。……前面（東面）一直征戰到黃河和山東平原，後面（西面）一直征戰到鐵門，並越過曲漫山，一直征戰到黠戛斯人的地方。……使有國家的失去國家，使有可汗的失去可汗，使有膝的屈膝，使有頭的頓首投降。（「闕碑」東面第十六－十八行；「苾碑」東面第十四－十六行）

當我繼位為可汗時，流散各處的人民，筋疲力盡地、無馬無衣地歸來了。為了養育人民，北面反對烏古斯人民、東面反對契丹、奚人民、南面反對唐人，我出征了十二次……由於我的福分，由於我的幸運，我振興了瀕死的人民，使赤裸的人民有衣穿，使貧窮的人民富裕起來，使人民由少變多，我使（他們）比有強大國家和（強大國的〔人民〕過得更好。我把四方的）人民全部征服了，使其不再為敵。他們全都臣服於我，並（為我）出力。（「闕碑」東面第二七—三〇行；「苾碑」東面第二三—二四行）

當我即位時，悲痛欲絕的突厥諸官和人民歡慶喜悅，他們呆滯的眼睛變得有神了。我本人即位後，我為四方的（人民建立了）許多重要的法制。（「苾碑」東面第二行）

因我本人繼位為可汗……我很好地治理了國家、法制……集合起來……我在那裡打了仗，打敗其軍隊。要臣屬的臣屬了，成了（我的）人民（「苾碑」東面第三六—三七行）

突厥碑銘之所以會特別彰顯「英雄史觀」，除了是因為這三個碑銘均屬於「紀功碑」的性質，此一現象亦與游牧民族自古即有的「汗權神授」（Divine right of kings）觀念有關。游牧民族政治及社會深植著可汗權力來源是受命自天，由天所成的觀念，這種可汗權威得自上天的思想，源於北亞原始薩滿信仰（Shamanism）有關。[24]此外，「汗權神授」也是游牧民族君主強化統治的要求所致。講求實力的騎馬民族，如果沒有特別的限制，很容易陷入群雄爭霸的無統治狀態。因此，作為國家首領的第一要件即是必須具有神格特質，並且也唯有神格的氏族後代才有繼承權力。[25]

24 林恩顯，〈突厥政治社會制度〉，《突厥研究》，第九四頁。
25 江上波夫著，張承志譯，《騎馬民族國家》（《騎馬民族国家：日本古代史へのアプロ-チ》，東京：中央公論社，一九八四年，中文譯本為北京：光明日報出版社，一九八八年），第二七、五四—五七頁。

再者，突厥民族的史學思想已經趨於成熟，不僅已經會利用刻寫碑銘的方式記錄本民族歷史，保存其歷史記憶。此外，亦已產生出高度的「史學意識」（historical consciousness），希望藉由刻寫於永恆不滅的石碑保存信史，並十分重視歷史所具備的戒鑑作用。例如：

突厥諸官和人民，你們敬聽這個吧！我在這裡刻寫下了（如何）集合起突厥人民、建立國家的（事蹟），我在這裡刻寫下了你們（如何）做錯了事，幾乎將滅亡（的情況）。（「闕碑」南面第十行；「苾碑」北面第八行）

我把所有的話都刻寫在永久的石碑上。願你們看到這些（話後）都知道。突厥現在的人民（和）諸官，你們服從汗位的諸官，難道（還）會背叛?!（「闕碑」南面第十一行；「苾碑」北面第八行）

我讓人建造了永久的石碑。由於這裡是鄰近的地方，我就讓人在這來往行人多的地方建造了永久的石碑。我讓人寫下了（我的話）。願你們看到它都知道那個石碑，我（讓人打造了）那石碑。（「闕碑」南面第十三行）

突厥所有普通的人民這樣說道：「我曾是有國家的人民，現在我的國家在哪裡？我在為誰獲取國家？」——他們說。「我曾是有可汗的人民，（現在）我的可汗在哪裡？我為哪家可汗出力？」——他們說。（「闕碑」東面第九行；「苾碑」東面第八—九行）

突厥諸官和突厥人民，你們聽著：「當上面上天不塌，下面大地不裂，突厥人民，誰能毀滅你的國家和法制？突厥人民你們悔過吧！由於你們的無法，你們自己對養育你們的英明可汗和自

由、良好的國家犯了罪，招致了惡果。……。」（「闕碑」東面第二二－二三行；「苾碑」東面第十八－十九行）

願直到十箭的子孫和外族人民看到這個，知道我讓人打製了永久的石碑……我讓人打製和刻寫了……看到這些你們應知道那石頭建築……。（「苾碑」北面第十五行）

由於東突厥汗國曾被唐朝平滅，[28]突厥民族臣屬於唐朝五十餘年。唐高宗調露元年（六七九）十月，突厥阿史德溫傅與奉職兩部一度起兵反唐，擁立阿史那泥熟匐為突厥可汗，然終因唐朝出兵討伐以及突厥內部不協而告失敗。[29]在突厥三大碑銘中，對於這段亡國歷史經驗與復國的過程顯得特別重視，碑銘中用了很大的篇幅說明突厥亡國的原因，並反覆向突厥人民警告唐朝的危害，要突厥人民牢記亡國的歷史教訓，不要被唐朝饋贈的物質所迷惑。例如：

（那時）突厥人民臣屬於唐朝。（那時）突厥人民沒有自己的汗，脫離了唐朝，有了汗。他們又棄其汗而臣屬於唐朝。上天這樣說：「我給了（你們）汗（但）你們捨棄了你們的汗，臣屬

28 唐太宗貞觀三年（六二九）十一月，李靖、李勣等人率兵討擊東突厥，至貞觀四年（六三〇）三月庚辰（十五日），大同道行軍副總管張寶相生擒頡利可汗（六二〇－六三〇在位），並解送長安，東突厥亡國。參看《舊唐書》卷二〈太宗紀上〉，第三七頁；司馬光，《資治通鑑》（北京：中華書局，一九九五年）卷一九三〈唐紀九〉，太宗貞觀四年（六三〇）三月庚辰條，第六〇七四頁。

29 拙文，〈突厥第二汗國建國考〉，《歐亞學刊》，第十輯（二〇一二年九月），第八三－一一九頁。

（於唐朝）了。」由於臣屬（於唐朝），上天懲罰了。突厥人民死亡、衰微和消滅了。在突厥——薛人民的土地上沒有留下（國家的）機體。（「暾碑」第一碑西面第一—四行）

住在這裡，我同唐人建立了關係。他們慷慨地給了（我們）這麼多金、銀、糧食、絲綢。唐人的話語甜蜜，寶物華麗。他們用甜蜜的話語、華麗的寶物誘惑，使得遠處的人民靠近。當住近了以後，他們就心懷惡意。……由於受到他們甜蜜的話語、華麗寶物的誘惑，突厥人民，你們死了許多人。……於是惡人就這樣教唆部分突厥人民道：「凡住遠處的給壞的禮物，凡住近處的給好的禮物。」他們就這樣教唆了。無知的人聽信了那些話，走近了（他們），於是你們死了許多人。如去那個地方，突厥人民你們就將死亡；……如住在于都斤山，你們將永保國家。突厥人民，你們自滿了，你們不考慮會有飢有餓，你們一旦飽食，就不考慮飢餓。由於你們這樣，你們不聽曾養育（你們的）可汗的話，到處走散。你們全都毀滅在那裡。（「闕碑」南面第四—九行；「苾碑」北面第三—七行）

在人類之子上面，坐有我祖先布民可汗和室點密可汗。他們即位後，創建了突厥人民的國家和法制。……他們去世了。……之後，弟不像兄、子不像父，昏庸的可汗登了位，壞的可汗登了位，其梅祿也是昏庸的、壞的。由於其諸官和人民的不忠，由於唐人的奸詐和欺騙，由於他們的引誘，由於他們使兄弟相仇，由於他們使官民不和，突厥人民喪失了成為國家的國家，失去了成為可汗的可汗；高貴的男兒成為唐人的奴隸，清白的姑娘成了女婢。突厥諸官捨棄了突厥稱號，親唐朝的諸官採用唐朝稱號，臣屬於唐朝皇帝，出力五十年……（「闕碑」東面第一行、第三—四行、第五—八行；「苾碑」東面第三—八行）

（唐朝皇帝）並不考慮（突厥人民）曾出了這樣多的力，他們說：「我要滅掉突厥人民，並使其斷絕後代。」他們（突厥）在滅亡。（「闕碑」東面第十行；「苾碑」東面第九行）突厥官員，我的突厥人民……我給予了稱號。如不脫離你們的可汗、官員和水（土），突厥人民，你們將是幸福的，安居樂業，將不受困苦……（「苾碑」北面第十三－十四行）

這種以刻寫碑銘留存信史、重視「以史為鑑」的史學思想，是游牧民族史學觀念發展上的一大突破。自此以後，無論是回紇或者是契丹、女真、蒙古等民族，均十分重視歷史所具有的價值與功能，以各種方式大量保留本民族的歷史。我們可以說，游牧民族具備強烈的史學意識是始自突厥刻寫碑銘始。

五、結論

突厥民族雖不是第一個活躍於中國北方的游牧民族，但卻是北亞游牧民族中第一個創造出本民族文字的草原民族，具有劃時代的意義。藉由刻寫於石碑上大量的紀功碑銘，突厥民族為我們留下原始而豐富的文字史料。本文透過後突厥汗國時代的三個重要碑銘——「暾欲谷碑」、「闕特勤碑」、「苾伽可汗碑」，探討突厥民族的歷史敘述方式以及歷史觀。

經由本文的研究分析，突厥民族在歷史敘事上別具特色：突厥碑銘在撰述上，常是以第一人稱口述敘事，藉由四處對外征戰，自述功績，塑造出碑主的英雄形象。在論述的過程中，不時穿插著突厥民族的生活諺語、格言，並運用大量的比喻來描述事件，使得整篇碑文讀起來生動活潑。碑文內容側重於

〔圖三〕苾伽可汗碑

出處：http://bitig.org/show_big.php?fn=pictures/218.jpg

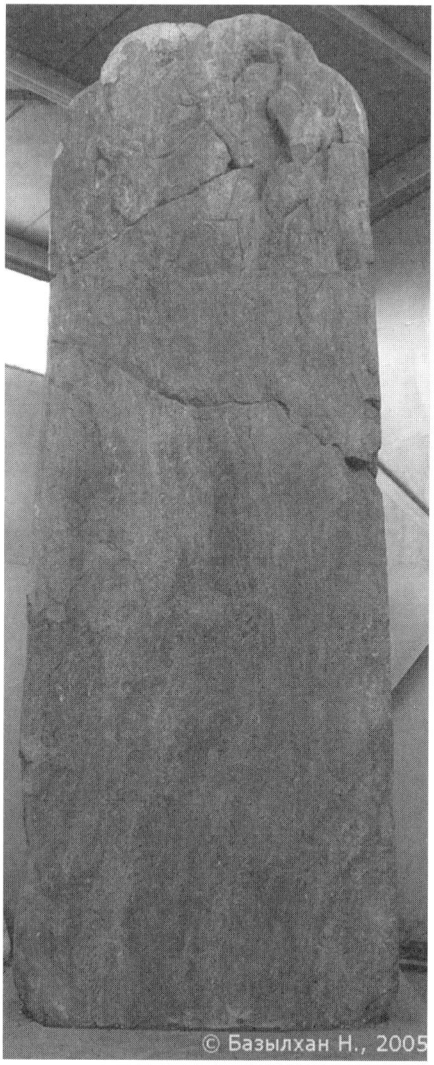

出處：http://bitig.org/show_big.php?fn=pictures/209.jpg

徵引資料

一、正史

西漢．司馬遷撰，宋．裴駰集解，唐．司馬貞索隱，唐．張守節正義，《史記》，北京：中華書局，點校本二十四史修訂精裝本，二〇一四年。
東漢．班固，《漢書》，北京：中華書局，一九九五年。
西晉．陳壽撰，南朝宋．裴松之注，《三國志》，北京：中華書局，一九七三年。
南朝宋．范曄撰，唐．李賢注，《後漢書》，北京：中華書局，一九九五年。
南朝梁．蕭子顯，《南齊書》，北京：中華書局，點校本二十四史修訂精裝本，二〇一七年。
北齊．魏收，《魏書》，北京：中華書局，點校本二十四史修訂精裝本，二〇一七年。
唐．令狐德棻，《周書》，北京：中華書局，一九九七年。
唐．李百藥，《北齊書》，北京：中華書局，二〇〇三年。
唐．李延壽，《北史》，北京：中華書局，一九九七年。
唐．房玄齡，《晉書》，北京：中華書局，一九九五年。

唐·魏徵等，《隋書》，北京：中華書局，點校本二十四史修訂精裝本，二〇一九年。
後晉·劉昫，《舊唐書》，北京：中華書局，一九九五年。
北宋·歐陽修、宋祁，《新唐書》，北京：中華書局，一九九五年。
元·脫脫，《宋史》，北京：中華書局，二〇〇四年。

二、傳統史籍文獻

西漢·劉向集錄，《戰國策》，臺北：里仁書局，一九九〇年。
晉·杜預注，唐·孔穎達等正義，沈秋雄分段標點，《春秋左傳正義》，臺北：新文豐出版公司，二〇〇一年。
南朝宋·劉義慶著，南朝梁·劉孝標注，余嘉錫箋疏，《世說新語箋疏》，北京：中華書局，二〇一一年。
北魏·酈道元注，楊守敬、熊會貞疏，段熙仲點校，陳橋驛復校，《水經注疏》，南京：江蘇古籍出版社，一九八九年。
唐·玄奘、辯機原著，季羨林等校注，《大唐西域記校注》，北京：中華書局，二〇〇〇年。
唐·吳兢撰，謝保成集校，《貞觀政要集校》，北京：中華書局，二〇〇三年。
唐·李吉甫撰，賀次君點校，《元和郡縣圖志》，北京：中華書局，二〇〇五年。
唐·李林甫等撰，陳仲夫點校，《唐六典》，北京：中華書局，二〇〇五年。

唐·李泰等著，賀次君輯校，《括地志輯校》，北京：中華書局，二〇〇五年。
唐·杜佑撰，王文錦、王永興、劉俊文、徐庭雲、謝方點校，《通典》，北京：中華書局，一九八八年。
唐·林寶撰，岑仲勉校記，郁賢皓、陶敏整理，孫望審訂，《元和姓纂（附四校記）》，北京：中華書局，一九九四年。
唐·姚汝能撰，曾貽芬點校，《安祿山事跡》，北京：中華書局，二〇〇六年。
唐·封演撰，趙貞信校注，《封氏聞見記校注》，北京：中華書局，二〇〇五年。
唐·彥琮，《唐護法沙門法琳別傳》，《大正新脩大正藏經》，臺北：中華電子佛典協會，二〇〇二年。
唐·許敬宗編，羅國威整理，《【日藏弘仁本】文館詞林校證》，北京：中華書局，二〇〇一年。
唐·溫大雅撰，李季平、李錫厚點校，《大唐創業起居注》，上海：古籍出版社，一九八三年。
唐·道宣撰，郭紹林點校，《續高僧傳》，北京：中華書局，二〇一四年。
唐·劉知幾撰，清·浦起龍釋，《史通通釋》，臺北：里仁書局，一九九三年。
唐·劉餗撰，程毅中點校，《隋唐嘉話》，北京：中華書局，二〇〇五年。
唐·鄭棨撰，吳企明點校，《開天傳信記》，北京：中華書局，二〇一二年。
唐·釋道宣，《大唐內典錄》，《續修四庫全書》，上海：古籍出版社，二〇〇二年。
北宋·王禹偁，《東都事略》，北京：北京圖書館出版社，二〇〇六年。
北宋·王欽若等編纂，周勛初等校訂，《冊府元龜（校訂本）》，南京：鳳凰出版社，二〇〇六年。

北宋·王溥，《唐會要》，上海：古籍出版社，二〇〇六年。
北宋·王讜撰，周勛初校證，《唐語林校證》，北京：中華書局，一九九七年。
北宋·司馬光撰，鄧廣銘、張希清點校，《涑水記聞》，北京：中華書局，二〇〇六年。
北宋·司馬光撰，李文澤、霞紹暉校點，《司馬光集》，成都：四川大學出版社，二〇一〇年。
北宋·司馬光，《通鑑目錄》，陸費逵總勘，高時顯、吳汝霖輯校，丁輔之監造，《四部備要·史部》，中華書局據江蘇書局刻本校刊，臺北：臺灣中華書局，一九六五年。
北宋·司馬光，《傳家集》，臺北：世界書局，一九八八年。
北宋·司馬光，《資治通鑑》，北京：中華書局，一九九五年。
北宋·司馬光，《資治通鑑考異》，上海：上海書店，四部叢刊初編史部，一九八九年。
北宋·宋敏求撰，誠剛點校，《春明退朝錄》，北京：中華書局，二〇〇六年。
北宋·李昉等編，張國風會校，《太平廣記會校》，北京：燕山出版社，二〇一一年。
北宋·李昉，《太平御覽》，北京：中華書局，一九八五年。
北宋·洪邁撰，孔凡禮點校，《容齋隨筆》，北京：中華書局，二〇〇五年。
北宋·范祖禹撰，南宋·呂祖謙音註，《東萊先生音註唐鑑》，《中華再造善本叢書》，北京：北京圖書館出版社，二〇〇三年。
北宋·范祖禹撰，南宋·呂祖謙音註，《唐鑑》，《文淵閣四庫全書》，臺北：臺灣商務印書館，一九八三年。
北宋·范祖禹撰，南宋·呂祖謙音註，胡鳳丹考異，《唐鑑》，《百部叢書集成》，臺北：藝文印書館，一九六八年。
北宋·范祖禹撰，南宋·呂祖謙音註，《明刊唐鑑》，《景印岫廬現藏罕傳善本叢刊》，臺北：臺灣商務印書館，一九七三年。
北宋·范祖禹，《范太史集》，《景印文淵閣四庫全書》，臺北：臺灣商務印書館，一九八三年。
北宋·范祖禹，《唐鑑》，上海：古籍出版社，一九八四年。
北宋·劉羲仲，《通鑑問疑》，《四庫全書總目提要》，臺北：臺灣商務印書館，一九八五年。
北宋·陶穀，《清異錄》，北京：中華書局，一九九一年。
北宋·葉夢得撰，宇文紹奕考異，侯忠義點校，《石林燕語》，北京：中華書局，一九八四年。
北宋·樂史撰，王文楚等點校，《太平寰宇記》，北京：中華書局，二〇〇七年。
北宋·錢易撰，黃壽成點校，《南部新書》，北京：中華書局，二〇〇二年。
北宋·蘇轍撰，俞宗憲點校，《龍川別志》，北京：中華書局，二〇〇六年。
南宋·李季可，《松窗百說》，臺北：臺灣商務印書館，一九八一年。
南宋·周密撰，張茂鵬點校，《齊東野語》，北京：中華書局，一九八三年。
南宋·徐度，《卻掃編》，上海古籍出版社編，《宋元筆記小說大觀》，上海：古籍出版社，二〇〇七年。
南宋·朱熹集註，林松、劉俊田、禹克坤譯注，《四書》，臺北：臺灣古籍出版社，一九九六年。
南宋·朱熹，《朱子全書》，上海：古籍出版社，二〇〇二年。
南宋·李燾撰，上海師範大學古籍整理研究所、華東師範大學古籍整理研究所點校，《續資治通鑑長編》，北京：中華書局，一九八五年。
南宋・邵博撰，劉德權、李劍雄點校，《邵氏聞見後錄》，北京：中華書局，一九八三年。
南宋・楊仲良，《資治通鑑長編紀事本末》，臺北：文海出版社，一九六七年。
南宋・趙升編，王瑞來點校，《朝野類要》，北京：中華書局，二〇〇七年。
南宋・鄭樵撰，王樹民點校，《通志・二十略》，北京：中華書局，一九九五年。
南宋・鄭樵，《通志》，《四庫全書薈要》，臺北：世界書局，一九八八年。
金・趙秉文，《閑閑老人滏水文集》，北京：中華書局，一九八五年。
明・于慎行著，清・黃恩彤參訂，李念孔、郭香圃、劉淑賢、張茂華點校，《讀史漫錄》，濟南：齊魯書社，一九九六年。
明・王嗣奭，《夷困文編》，臺北：新文豐出版社，一九八八年。
明・司馬晰輯，《涑水司馬氏源流集略》，四庫全書存目叢書編纂委員會，《四庫全書存目叢書》，臺南：莊嚴文化事業有限公司，一九九六年。
清・王夫之，《讀通鑑論（宋論合刊）》，臺北：里仁書局，一九八五年。
清・王筠，《說文解字句讀》，北京：中華書局，一九八八年。
清・永瑢等編纂，《四庫全書總目提要》，臺北：臺灣商務印書館，一九八五年。
清・徐松纂輯，《宋會要輯稿》，臺北：新文豐出版社，一九七六年。
清・高宗敕撰，《續通典》，臺北：臺灣商務印書館，一九八七年。
清・黃宗羲原著，清・全祖望補修，陳金生、梁運華點校，《宋元學案》，北京：中華書局，一九八六年。
清・董誥編，《全唐文》，上海：古籍出版社，一九九〇年。
清・趙翼著，王樹民校證，《廿二史箚記校證（訂補本）》，北京：中華書局，二〇〇一年。
清・趙翼撰，曹光甫校點，《陔餘叢考》，上海：古籍出版社，二〇一一年。
清・錢大昕著，方詩銘、周殿傑校點，《廿二史考異》，上海：古籍出版社，二〇〇四年。
清・嚴可均輯，《全上古三代秦漢三國六朝文》，上海：古籍出版社，二〇〇二年。
清・顧炎武著，清・黃汝成集釋，欒保羣、呂宗力點校，《日知錄集釋（全校本）》，上海：古籍出版社，二〇〇六年。
清・顧棟高撰，馮惠民點校，《司馬光年譜》，北京：中華書局，一九九〇年。
中華書局編輯部，《宋大詔令集》，北京：中華書局，一九六二年。
王利器撰，《顏氏家訓集解（增補本）》，北京：中華書局，一九九三年。
李宗侗、夏德儀等校註，《資治通鑑今注》，臺北：臺灣商務印書館，一九八五年。
逯欽立輯校，《先秦漢魏晉南北朝詩》，北京：中華書局，一九八三年。
黃懷信、張懋鎔、田旭東撰，黃懷信修訂，李學勤審定，《逸周書彙校集注》，上海：古籍出版社，二〇〇七年。
韓國・國史編纂委員會編，《承政院日記》，漢城：國史編纂委員會，一九六一年。

三、石刻墓誌（含出土文書）

北宋·趙明誠撰，金文明校證，《金石錄校證》，上海：上海書畫出版社，一九八五年。

清·陸耀遹纂，《金石續編》，《石刻史料新編（五）》，臺北：新文豐出版社，一九八二年。

毛漢光撰，耿慧玲助理，《唐代墓誌銘彙編附考》，第七冊，臺北：中央研究院歷史語言研究所，一九八七年。

王仁波、吳鋼主編，《隋唐五代墓誌滙編》，陝西卷，天津：天津古籍出版社，一九九一年。

王其禕、周曉薇編著，樊波、王慶衛助理，毛漢光、耿慧玲顧問，《隋代墓誌銘彙考》，北京：線裝出版社，二〇〇七年。

曹發展、李慧注考，《咸陽碑刻》，西安：三秦出版社，二〇〇三年。

森安孝夫、オチル編輯，《モンゴル国現存遺蹟·碑文調査研究報告一九九六－一九九八》，大阪：中央ユラシア学研究会，一九九九年。

韓理洲輯校編年，《全隋文補遺》，西安：三秦出版社，二〇〇四年。

羅新、葉煒，《新出魏晉南北朝墓誌疏證》，北京：中華書局，二〇〇五年。

四、近人著作

(一)中文專書

尤煒祥，《兩唐書疑義考釋（《新唐書》卷）》，杭州：西泠印社出版社，二〇一二年。
牛致功，《唐代的史學與「通鑑」》，西安：陝西師範大學出版社，一九八九年。
王小甫，《唐高祖傳》，北京：人民出版社，一九九八年。
王明珂，《唐朝對突厥的戰爭》，北京：華夏出版社，一九九六年。
王明珂，《游牧者的抉擇——面對漢帝國的北亞游牧部族》，臺北：聯經出版事業股份有限公司，二〇〇九年。
王彥輝，《華夏邊緣——歷史記憶與族群認同》，臺北：允晨文化，一九九七年。
王盛恩，《呂皇后傳》，吉林：人民出版社，一九九五年。
王紹東，《宋代官方史學研究》，北京：人民出版社，二〇〇八年。
王博、祁小山，《碰撞與交融——戰國秦漢時期的農耕文化與游牧文化》，呼和浩特：內蒙古大學出版社，二〇一一年。
王義康，《絲綢之路草原石人研究》，烏魯木齊：新疆人民出版社，二〇〇九年。
王德保，《唐代邊疆民族與對外交流》，哈爾濱：黑龍江教育出版社，二〇一三年。
王德保，《司馬光與《資治通鑑》》，北京：中國社會科學出版社，二〇〇一年。

王錦貴著，張希清審定，《司馬光及其《資治通鑑》》，鄭州：大象出版社，一九九七年。
札奇斯欽，《北亞游牧民族與中原農業民族間的和平戰爭與貿易之關係》，臺北：正中書局，一九七三年。
札奇斯欽，《蒙古文化與社會》，臺北：臺灣商務印書館，一九八七年。
田昌五、安作璋主編，《秦漢史》，北京：人民出版社，一九九三年。
任崇岳、白翠琴，《中國北方游牧民族源流考》，哈爾濱：黑龍江人民出版社，二〇一二年。
朱振宏，《西突厥與隋朝關係史研究（五八一－六一七）》，新北：稻鄉出版社，二〇一五年。
艾沖，《公元七－九世紀鄂爾多斯高原人類經濟活動與自然環境演變研究》，北京：中國社會科學出版社，二〇一二年。
呂一飛，《胡族習俗與隋唐風韻——魏晉北朝北方少數民族社會風俗及其對隋唐的影響》，北京：書目文獻出版社，一九九四年。
余太山，《兩漢魏晉南北朝正史西域傳要注》，北京：中華書局，二〇〇五年。
吳玉貴，《突厥汗國與隋唐關係史研究》，北京：中國社會科學出版社，一九九八年。
吳玉貴，《唐書輯校》，北京：中華書局，二〇〇八年。
吳玉貴，《資治通鑑疑年錄》，北京：中國社會科學出版社，一九九四年。
吳景山，《突厥社會性質研究》，北京：中央民族大學出版社，一九九四年。
吳懷祺，《中國史學思想史》，合肥：安徽人民出版社，一九九六年。
呂思勉，《中國民族史》，《中國民族史兩種》，上海：古籍出版社，二〇〇八年。

宋衍申，《司馬光傳》，北京：北京出版社，一九九〇年。
宋德熹，《陳寅恪中古史學探研——以《隋唐制度淵源略論稿》為例》，新北：稻鄉出版社，一九九九年。
岑仲勉，《金石論叢》，北京：中華書局，二〇〇四年。
岑仲勉，《突厥集史》，北京：中華書局，一九五八年。
岑仲勉，《通鑑隋唐紀比事質疑》，北京：中華書局，二〇〇四年。
岑仲勉，《隋唐史》，石家莊：河北教育出版社，二〇〇〇年。
岑仲勉，《隋書求是》，北京：中華書局，二〇〇四年。
呂宗力，《漢代的謠言》，杭州：浙江大學出版社，二〇一一年。
李昌憲，《司馬光評傳》，南京：南京大學出版社，一九九八年。
李松濤，《唐代前期政治文化研究》，臺北：臺灣學生書局，二〇〇九年。
李裕民校注，《司馬光日記校注》，北京：中國社會科學出版社，一九九四年。
李德龍，《漢初軍事史研究》，北京：民族出版社，二〇〇一年。
李樹桐，《隋唐史別裁》，臺北：臺灣商務印書館，一九九五年。
李樹輝，《烏古斯和回鶻研究》，北京：民族出版社，二〇一〇年。
李豐楙，《六朝隋唐仙道類小說研究》，臺北：臺灣學生書局，一九八六年。
杜文玉，《唐代宮廷史》，天津：百花文藝出版社，二〇一〇年。
杜維運，《中西古代史學比較》，臺北：東大圖書公司，一九八八年。

錢穆，《國史大綱》，臺北：臺灣商務印書館，一九九四年。
閻愛民，《漢晉家族研究》，上海：人民出版社，二〇〇五年。
繆鳳林，《中國通史要略》，臺北：國立編譯館出版，一九四六年初版，一九八九年重排一版。
薛宗正，《突厥史》，北京：中國社會科學出版社，一九九二年。
謝保成，《隋唐五代史學》，北京：商務印書館，二〇〇七年。
韓兆琦、趙國華，《秦漢史十五講》，南京：鳳凰出版傳媒集團，二〇一〇年。
韓養民、張來斌，《秦漢風俗》，臺北：博遠出版社，一九八九年。
瞿林東，《中國史學史綱》，北京：北京出版社，二〇〇五年第二版。
羅新，《黑氊上的北魏皇帝》，北京：海豚出版社，二〇一四年。
羅新，《歷史的高原游牧》，北京：中華書局，二〇一一年。
羅龍治，《唐代的后妃與外戚》，臺北：桂冠圖書公司，一九七八年。
羅豐，《蒙古國紀行》，北京：三聯書店，二〇一八年。
嚴耕望，《唐僕尚丞郎表》，臺北：中央研究院歷史語言研究所，一九九七年景印一版。

(二)日文專書（含譯文）

山田信夫，《北アジア游牧民族史研究》，東京：東京大學出版社，一九八九年。
內藤虎次郎著，神田喜一郎、內藤乾吉編集，《內藤湖南全集》，第十卷《支那上古史》，東京：筑摩書房，一九六九年。
布目潮渢，《隋唐史研究——唐朝政權の形成》，京都：東洋史研究會，昭和四十三年（一九六八年）。
石見清裕，《唐の北方問題と国際秩序》，東京：汲古書院，一九九八年。
伊瀬仙太郎，《中国西域経営史研究》，東京：巖南堂書店，一九五五年。
江上波夫著，張承志譯，《騎馬民族國家》（《騎馬民族国家：日本古代史へのアプローチ》），北京：光明日報出版社，一九八八年。
杉山正明著，黃美蓉譯，《大漠——游牧民族的世界史》（《游牧民から見た世界史：民族も国境もこえて》），新北：廣場出版社，二〇一一年。
岸邊成雄著，梁在平、黃志炯譯，《唐代音樂史的研究》（《唐代音楽の歴史的研究（楽制篇）》），臺北：臺灣中華書局，一九七三年。
林俊雄著，陳心慧譯，《草原王權的誕生——斯基泰與匈奴，早期游牧國家的文明》（《スキタイと匈奴：遊牧の文明》），臺北：八旗文化，二〇一九年。
林俊雄，《ユーラジアの石人》，東京：雄山閣，二〇〇五年。
宮川尚志，《六朝史研究（宗教篇）》，京都：平樂寺書店，一九六四年。
堀敏一，《中国と古代東アジア世界——中華的世界と諸民族》，東京：岩波書店，一九九三年。
堀敏一，《中国通史：問題史としてみる》，東京：講談社，二〇〇〇年。
澤田勳著，王慶憲、叢曉明譯，《匈奴：古代游牧國家的興亡》（《匈奴：古代游牧国家の興亡》），社會科學出版社，二〇〇六年。
路易・巴贊（Louis Bazin）著，耿昇譯，《突厥曆法研究》（*Les Systèmes Chronologiques Dans Le Monde Turc Ancien*），北京：中華書局，一九九八年。

(四) 中文論文

丁煌，〈唐代道教太清宮制度考〉，《漢唐道教論集》，北京：中華書局，二〇〇九年。
丁煌，〈唐高祖太宗對符瑞的運用及其對道教的態度〉，《漢唐道教論集》。
介永強、穆渭生，〈《隋書》所載三部「龜茲樂」名稱新解〉，《社會科學戰線》，二〇一〇年第七期（二〇一〇年七月）。
文暢平，〈《唐鑑》與范祖禹的史學思想述論〉，《大同高專學報》，第十一卷第四期（一九九七年十二月）。
牛致功，〈溫大雅與《大唐創業起居注》〉，《史學史研究》，一九八三年第一期（一九八三年三月）。
王子今，〈西漢時期匈奴南下的季節性進退〉，《秦漢邊疆與民族問題》，北京：中國人民大學出版社，二〇一一年。
王小甫，〈隋初與高句麗及東北諸族關係試探——以高寶寧據營州為中心〉，《國學研究》第四卷（一九九六年）。

王文濤，〈是「天降jiàng單于」，還是「天降 xiáng 單于」——天神觀與漢匈政治關係的一個審視點〉，《河北學刊》，第三十三卷第三期（二〇一三年五月）。

王光照，〈隋煬帝大業三年北巡突厥簡論〉，《安徽大學學報（哲學社會科學版）》，二〇〇〇年第一期（二〇〇〇年三月）。

王英梅，〈小洪那海石人〉，《新疆文物》，一九九七年第二期（一九九七年六月）。

王盛恩、黃秋嘯，〈北宋中期的唐史研究述略〉，《平原大學學報》，第二十三卷第一期（二〇〇六年二月）。

王進先，〈從史料文獻記載看白登之圍與漢匈政策的轉變〉，《青海社會科學》，二〇一五年第五期（二〇一五年十月）。

王義康，〈突厥世系新證——唐代墓誌所見突厥世系〉，《民族研究》，二〇一〇年第五期（二〇一〇年十月）。

王維懋，〈匈奴龍城考辨〉，《歷史研究》，一九八三年第二期（一九八三年五月）。

王德毅，〈范祖禹的史學與政論〉，《宋史研究論集（修訂版）》，臺北：臺灣商務印書館，一九九三年。

王慶憲，〈匈奴人口的計算方法與其社會制度〉，《黑龍江民族叢刊》，二〇〇四年第三期（總第八十期）（二〇〇四年九月）。

王慶憲，〈從平城之役看匈奴冒頓單于的「誘」兵之策〉，《內蒙古社會科學（漢文版）》，第二十三卷第三期（二〇〇二年五月）。

王慶憲，〈劉邦從匈奴包圍圈中脫出的必然與偶然因素〉，《雲南師範大學學報》，第三十四卷第三期（二〇〇二年五月）。
史樹青，〈新疆文物調查隨筆〉，《文物》，一九六〇年第六期（一九六〇年六月）。
田餘慶，〈北魏後宮子貴母死之制的形成和演變〉，《拓跋史探（修訂本）》，北京：三聯書店，二〇〇三年初版，二〇一一年修訂本。
朱利民，〈「武成」謚號考訂〉，《唐都學刊》，第十六卷第二期（二〇〇〇年四月）。
朱振宏，〈大業十一年（六一五）「雁門事變」探微〉，《西突厥與隋朝關係史研究（五八一－六一七）》，新北：稻鄉出版社，二〇一五年。
朱振宏，〈隋「囗徹墓誌」箋證考釋〉，《西突厥與隋朝關係史研究（五八一－六一七）》。
朱振宏，〈唐代「皇帝・天可汗」釋義〉，《隋唐政治、制度與對外關係》，臺北：文津出版社，二〇一〇年。
朱振宏，〈隋唐輟朝制度研究〉，《隋唐政治、制度與對外關係》。
朱振宏，〈東突厥啟民可汗阿史那染干出身小考〉，《隋唐政治、制度與對外關係》。
朱振宏，〈史大奈生平事蹟研究〉，《臺灣師大歷史學報》，第五十四期（二〇一五年十二月）。
朱振宏，〈阿史那自奴（哲）墓誌箋證考釋〉，《成大歷史學報》，第四十四號（二〇一三年六月）。
朱振宏，〈阿史那摸末墓誌箋證考釋〉，《唐史論叢》，第十五輯（二〇一二年十一月）。
朱振宏，〈突厥第二汗國建國考〉，《歐亞學刊》，第十輯（二〇一一年九月）。
朱振宏，〈范祖禹《唐鑑》的編纂及其內容特點——以《唐鑑・太宗》為探討核心〉，《史學史研究》，二〇〇八年第四期（二〇〇八年十二月）。

朱雷、程喜霖、陳國燦，〈《常何墓碑》寫本錄文〉，《魏晉南北朝隋唐史資料》，第二輯（一九八〇年十二月）。

艾沖，〈論唐代前期「河曲」地域各民族人口的數量與分布〉，《民族研究》，二〇〇三年第二期（二〇〇三年六月）。

艾沖，〈論唐代前期「河曲」地域的都督府政區〉，《中國歷史地理論叢》，第十七卷第一輯（二〇〇二年三月）。

艾娣雅．買買提，〈鄂爾渾——葉尼塞碑銘文獻古俗尋繹〉，《西域研究》，二〇〇一年第三期（二〇〇一年九月）。

西北文化局新疆省文物調查工作組，〈新疆伊犁區的文物調查〉，《文物參考資料》，一九五三年第十二期（一九五三年十二月）。

何天明，〈對匈奴創建政權若干問題的探討——匈奴政權始自冒頓單于說質疑〉，《內蒙古社會科學（漢文版）》，第二十七卷第一期（二〇〇六年一月）。

吳玉貴，〈西突厥新考——兼論《隋書》與《通典》、兩《唐書》之「西突厥」〉，《西北民族研究》，一九八八年第一期（一九八八年三月）。

吳玉貴，〈高昌供食文書中的突厥〉，《西北民族研究》，一九九一年第一期（一九九一年三月）。

吳靜淵，〈謚法探源〉，《中華文史論叢》，一九七九年第三期（一九七九年九月）。

呂思勉，〈匈奴人口〉，《呂思勉讀史札記（增訂本）》，上海：古籍出版社，二〇〇九年。

姚從吾，〈匈奴與西漢爭奪東亞霸權的檢討〉，《東北史論叢》，臺北：正中書局，一九五九年。
姚從吾，〈國史擴大綿延的一個看法——聯合國中國同志會第一七二次座談會紀要〉，《大陸雜誌》，第十五卷第六期（一九五七年九月）。
胡戟，〈唐高祖與玄武門之變〉，《胡戟文存（隋唐歷史卷）》，北京：中國社會科學出版社，二〇〇〇年。
胡戟、胡樂，〈試析玄武門事變的背景內幕〉，中國唐史學會編，《唐史學會論文集》，西安：陝西人民出版社，一九八六年。
苗天寶，〈突厥史學啟蒙——神話傳說〉，《新學術》（二〇〇九年一月）。
倪潤安，〈北周墓葬「不封不樹」辨析〉，《中國典籍與文化》，二〇〇六年第二期（二〇〇六年六月）。
倪潤安，〈北周墓葬的地下空間與設施〉，《故宮博物院院刊》，二〇〇八年第一期（總第一三五期）（二〇〇八年三月）。
倪潤安，〈北周墓葬俑群研究〉，《考古學報》，二〇〇五年第一期（二〇〇五年三月）。
倪潤安，〈西魏北周墓葬的發現與研究述評〉，《考古與文物》，二〇〇二年第五期（二〇〇二年十月）。
孫立堯，〈「史者儒之一端」試解——兼論司馬光、范祖禹的史論〉，《南京大學學報（哲學·人文科學·社會科學）》，第四十卷第二期（二〇〇三年六月）。
孫瑜，〈《唐鑑》及其史學價值〉，《山西大同大學學報（社會科學版）》，第二十一卷第二期（二

○○七年十月)。
孫慰祖,〈從「皇后之璽」到「天元皇太后璽」——陝西出土帝后璽所涉印史二題〉,《上海文博論叢》,二○○四年第四期(二○○四年十二月)。
柴劍虹,〈胡旋舞散論〉,《西域文史論稿》,臺北:國文天地雜誌社,一九九一年。
烏恩,〈論匈奴考古研究中的幾個問題〉,李錦綉編,《二十世紀內陸歐亞歷史文化研究論文選粹》,第三輯,蘭州:蘭州大學出版社,二○一四年。
祝波,〈北周「和親」與隋唐音樂芻議〉,《貴州大學學報(藝術版)》,第二十卷第四期(總第五十期)(二○○六年十二月)。
祝波,〈蘇祇婆與「五旦七調」理論〉,《黃鐘(中國・武漢音樂學院學報)》,二○○六第S1期(二○○六增刊)。
馬先登,〈北周武德皇后墓誌〉,《文物天地》,一九九五年第二期(一九九五年三月)。
高葉青、賈二強,〈《唐鑑》成因及其史學地位探析〉,《唐都學刊》,第二十三卷第四期(二○○七年七月)。
張文生,〈突厥啟民可汗、隋煬帝與內蒙古〉,《內蒙古師大學報(哲學社會科學版)》,第二十九卷第五期(二○○○年十月)。
張玉忠,〈伊犁地區文物普查報告〉,《新疆文物》,一九九○年第二期(一九九○年六月)。
張延峰,〈咸陽渭城北周墓及相關問題〉,《咸陽師範專科學校學報》,第十五卷第一期(二○○○年二月)。

張建林、孫鐵山、劉呆運執筆，〈北周武帝孝陵發掘簡報〉，《考古與文物》，一九九七年第二期（一九九七年四月）。
張慶捷，〈北朝隋唐粟特的「胡騰舞」〉，《法國漢學》叢書編輯委員會編，《粟特人在中國——歷史、考古、語言的新探索》，北京：中華書局，二〇〇五年。
孫鐵剛，〈漢高帝如何從白登之圍脫困的？〉，劉翠溶主編，《中國歷史的再思考》，臺北：聯經出版事業股份有限公司，二〇一五年。
曹發展，〈北周武帝陵誌、后誌、后璽考〉，《大陸雜誌》，第九十三卷第五期（一九九六年十一月）。
梁太濟，〈從每卷結銜看《資治通鑑》各紀的撰進時間〉，《內蒙古大學學報（人文社會科學版）》，一九九七年第五期（一九九七年十月）。
梁景之，〈自然災害與古代北方草原游牧民族〉，《民族研究》，一九九四年第三期（一九九四年九月）。
梁開利，〈北周「天元皇太后璽」盜賣案偵破始末〉，《文博》，一九九七年第二期（一九九七年四月）。
許峽，〈突厥在北周滅北齊中的作用〉，《歷史教學》，二〇〇四年第十一期（二〇〇四年十一月）。
陳三平，〈「哥」的歷史變化——北方游牧民族的文化遺產〉，《歷史月刊》，第一八六期（二〇〇三年七月）。
陳三平，〈十二生肖和「白鼠翁」文化公案〉，《文史知識》，二〇〇八年第一期（二〇〇八年三月）。
陳正榮，〈李世民「跪而吮上乳」的心理分析〉，《歷史月刊》，第一三六期（一九九九年五月）。
陳勇，〈緒論 五胡入主中原的短暫序幕——漢趙國歷史與政治的特徵〉，《漢趙史論稿——匈奴屠各建國的政治史考察》，北京：商務印書館，二〇〇九年。
陳勇，〈匈奴、屠各並舉與屠各的豪貴地位〉，《漢趙史論稿——匈奴屠各建國的政治史考察》。
陳勇、韋慶緣，〈《唐鑑》何以見重於宋室——兼論范祖禹的封建正統思想〉，《吉林師範學院學報》，一九九四年第四期（一九九四年十二月）。
陳浩，〈《闕特勤碑》南面銘文的作者與鐫刻年代問題〉，《學術月刊》，第四十九卷第六期（二〇一七年六月）。
陳寅恪著，石泉、李涵整理，〈聽寅恪師唐史課筆記一則〉，《講義及雜稿》，北京：三聯書店，二〇〇二年。
陳寅恪著，陳美延輯錄，〈晉南北朝隋唐史研究備課筆記〉，《講義及雜稿》。
陳寅恪，〈論隋末唐初所謂「山東豪傑」〉，《金明館叢稿初編》，北京：三聯書店，二〇〇一年。
陳寅恪，〈李唐氏族之推測後記〉，《金明館叢稿二編》，北京：三聯書店，二〇〇一年。
陳慶隆，〈從借字看突厥、回紇的漢化〉，《中央研究院歷史語言研究所集刊》，第四十七本第三分（一九七六年九月）。
陳懇，〈第七篇 暾欲谷家世鉤沉〉，《突厥鐵勒史探微》，新北：花木蘭出版社，二〇一七年。
傅樂成，〈玄武門事變之醞釀〉，《漢唐史論集》，臺北：聯經出版事業股份有限公司，一九七七年。

傅樂成，〈突厥大事繫年〉，《漢唐史論集》。
彭建英，〈東突厥汗國屬部的突厥化——以粟特人為中心的考察〉，《歷史研究》，二〇一一年第二期（二〇一一年六月）。
彭裕商，〈謚法探源〉，《中國史研究》，一九九九年第一期（一九九九年二月）。
景凱旋，〈傳言與平城之戰的書寫——從白登之圍解圍疑點談起〉，《寧夏社會科學》，二〇一五年第二期（總第一八九期）（二〇一五年三月）。
曾憲法，〈「白登之圍」兵員數目考〉，《國際關係學院學報》，二〇〇三年第二期（二〇〇三年六月）。
逯耀東，〈對匈奴問題處理的限制〉，《抑鬱與超越——司馬遷與漢武帝時代》，北京：三聯書店，二〇〇八年。
黃文弼，〈前漢匈奴單于建庭考〉，《西北史地論叢》，上海：上海人民出版社，一九八一年。
黃永年，〈敦煌寫本常何墓碑和唐前期宮庭政變中的玄武門〉，《唐代史事考釋》，臺北：聯經出版事業股份有限公司，一九九八年。
黃永年，〈論武德貞觀時統治集團的內部矛盾和鬭爭〉，《唐代史事考釋》。
黃奇逸，〈甲金文中王號生稱與謚法問題的研究〉，《中華文史論叢》，一九八三年第一輯（一九八三年一月）。
湯燕，〈新出唐史善應、史崇禮父子墓誌及突厥早期世系〉，《唐研究》，第十九卷（二〇一三年十二月）。

楊文耀，〈平城之圍考辨——兼談姚從吾先生「匈奴與西漢爭奪東亞霸權的檢討」〉，《簡牘學報》，第十四期（一九九二年三月）。
楊茂盛、劉全、隋然，〈試論宗族部族汗國東突厥〉，《北方文物》，二〇〇〇年第三期（二〇〇〇年九月）。
楊富學，〈突厥佛教雜考〉，《中華佛學學報》，第十六期（二〇〇三年七月）。
楊富學、高人雄，〈突厥佛教盛衰考〉，《南都學壇（人文社會科學學報）》，第二十三卷第二期（二〇〇三年四月）。
溫玉成，〈論「索國」與突厥部的起源〉，《新疆師範大學學報（哲學社會科學版）》，第三十二卷第一期（二〇一一年一月）。
葛承雍，〈東突厥阿史那摸末墓誌考述〉，《唐韵胡音與外來文明》，北京：中華書局，二〇〇六年。
詹士模，〈漢高祖神奇事蹟研究〉，《興漢關鍵人物研究》，高雄：復文圖書出版社，二〇一六年。
鄔國義，〈《通鑑釋例》三十六例的新發現〉，《史林》，一九九五年第四期（一九九五年十二月）。
雷家驥，〈《木蘭詩》箋證〉，《史詩三首箋證》，臺北：蘭臺出版社，二〇〇九年。
靳生禾、謝鴻喜，〈漢匈白登之戰古戰場考察報告〉，原刊於《中國歷史地理論叢》，第二十一卷第二輯（二〇〇六年四月）。
榮新江，〈安祿山的種族、宗教信仰及其叛亂基礎〉，《中古中國與粟特文明》，北京：三聯書店，二〇一四年。
趙云旗，〈論隋煬帝的民族思想和民族政策〉，《中央民族學院學報》，一九八八年第四期（一九八八年十二月）。
趙東，〈二十年來謚法研究綜述〉，《綏化學院學報》，第二十七卷第二期（二〇〇七年四月）。
趙政，〈《周書》考論〉，瞿林東主編，周文玖分卷主編，《晉書、「八書」、「二史」研究》，北京：中國大百科全書出版社，二〇〇九年。
劉東社，〈玄武門事變史事發覆〉，《陝西教育學院學報》，第二十八卷第二期（二〇一二年六月）。
劉春玲，〈試論北周、隋與突厥的「和親」〉，《陰山學刊（社會科學版）》，一九九四年第三期（一九九四年九月）。
劉盼遂，〈李唐為蕃姓考〉，《女師大學術季刊》，第一卷第四期（一九三〇年十二月）。
劉義棠，〈周書突厥傳考註〉，《突回研究》，臺北：經世書局，一九九〇年。
劉義棠，〈突厥可汗世系考〉，《突回研究》。
劉義棠，〈隋書突厥傳考註〉，《突回研究》。
劉嘯，〈「玄武門事變」新考——以「事變」時李世民的職權為中心〉，《中華文史論叢》，第九十八期（二〇一〇年二月）。
劉增貴，〈琴瑟和鳴——歷代的婚禮〉，劉岱編，《中國文化新論（宗教禮俗篇）》，臺北：聯經出版事業股份有限公司，一九八二年。
劉靜貞，〈權威的象徵——宋真宗大中祥符時代（一〇〇八－一〇一六）探析〉，宋史座談會編，《宋史研究集》，臺北：國立編譯館，一九九五年。
潘蛟，〈民族定義新探〉，馬啟成等主編，《民族學與民族文化發展研究：慶祝林耀華教授從教六十二周年紀念文集》，北京：中國社會科學出版社，一九九五年。
蔣武雄，〈論漢武帝征伐匈奴後對國運之影響〉，《中國邊政》，第七十五期（一九八一年九月）。
鄧廣銘，〈宋太祖太宗皇位授受問題辨析〉，《宋史十講》，北京：中華書局，二〇一〇年。
盧向前，〈唐代胡化婚姻關係試論——兼論突厥世系〉，《敦煌吐魯番文書論稿》，南昌：江西人民出版社，一九九二年。
蕭金松，〈漢朝對匈奴和親政策的檢討〉，《中國邊政》，第三十三期（一九七一年三月）。
閻愛民，〈《資治通鑑》「世民跪而吮上乳」的解說——兼談中國古代「乳翁」遺俗〉，《中國史研究》，二〇〇四年第三期（二〇〇四年九月）。
薛宗正，〈突厥可汗譜系疑點新考〉，《中亞內陸大唐帝國》，烏魯木齊：新疆人民出版社，二〇〇五年。
謝建忠，〈白居易詩中的西域樂舞考論（一）〉，《四川三峽學院學報》，第十五卷第三期（一九九九年九月）。
謝劍，〈匈奴社會組織的初步研究——氏族、婚姻、和家族的分析〉，《中央研究院歷史語言研究所集刊》，第四十本下（一九六九）。
韓儒林，〈突厥官號考釋〉，《蒙元史與內陸亞洲史研究》，蘭州：蘭州大學出版社，二〇一二年。
韓儒林，〈蒙古之突厥碑文導言（譯文）〉，《蒙元史與內陸亞洲史研究》。
羅香林，〈大唐創業起居注考證〉，《唐代文化史研究》，重慶：商務印書館初版，一九四四年；臺北：臺灣商務印書館，一九九六年臺一版第一次印刷。

羅雄岩，〈「胡旋舞」與綠洲文化傳承新考〉，《北京舞蹈學院學報》，二〇〇二年第四期（二〇〇二年十二月）。
羅新，〈可汗號之性質〉，《中古北族名號研究》，北京：北京大學出版社，二〇〇九年。
羅新，〈虞弘墓誌所見的柔然官制〉，《中古北族名號研究》。
羅新，〈從依傍漢室到自立門戶——劉氏漢趙歷史的兩個階段〉，《王化與山險——中古邊裔論集》，北京：北京大學出版社，二〇一九年。
羅新本，〈突厥活動初見於史籍在大統六年考〉，《文史》，第三十六輯（一九九二）。
羅豐，〈隋唐間中亞流傳中國之胡旋舞——以新獲寧夏鹽池石門胡舞為中心〉，鄭學檬主編，《唐文化研究論文集》，上海：上海人民出版社，一九九四年。

(五)日文論文（含譯文）

大塚宏昌，〈和刻本「唐鑑」について〉，《漢籍：整理と研究》，第六號（一九九六年十二月）。
大澤孝著，于志勇譯，〈新疆伊犁河流域的粟特文題名石人〉，《新疆文物》，二〇〇一年第一—二期（二〇〇一年三月）。
山崎宏，〈北朝・隋唐時代の柔然・突厥佛教考〉，《史潮》，第十一卷第四輯（一九八二年十二月）。
內田吟風，〈「单于」の称号と「匈奴单于庭」の位置に就て〉，《北アジア史研究——匈奴篇》，京都：同朋舍，一九七五年。
內田吟風，〈古代游牧民族の農耕国家侵入の真因〉，《北アジア史研究——匈奴篇》。
內田吟風，〈匈奴史雜考〉，《北アジア史研究——匈奴篇》。
片山章雄，〈突厥ビルゲ可汗の即位と碑文史料〉，《東洋史研究》，第五十一卷第三號（一九九二年十二月）。
石田幹之助，〈突厥に於ける佛教〉，《史学雜誌》，第五十六卷第十輯（一九四六年十月）。
白鳥庫吉著，方壯猷譯，〈失韋考〉，《東胡民族考》，上海：商務印書館，一九三四年。
白鳥庫吉，〈西域史上の新研究〉，《西域史研究》，東京：岩波書店，一九四一年。
白鳥庫吉，〈匈奴の休屠王の領域と其祭天の金人とに就いて〉，《白鳥庫吉全集》，第五卷，「塞外民族史研究（下）」，東京：岩波書店，一九七〇年。
白鳥庫吉，〈突厥及び蒙古の狼種傳說〉，《白鳥庫吉全集》，第五卷，「塞外民族史研究（下）」。
白鳥庫吉，〈突厥闕特勤碑銘考〉，《白鳥庫吉全集》，第五卷「塞外民族史研究（下）」。
平田陽一郎，〈突厥他鉢可汗の即位と高紹義亡命政権〉，《東洋文庫》，第八十二卷第二期（二〇〇四年九月）。
安馬彌一郎，〈西突厥の起源に就いて〉，《史学雜誌》，第五十編第十二號（一九三九年十二月）。
吉田豐，〈新疆維吾爾自治區新出ソグド語資料〉，《內陸アジア言語の研究》，VI（一九九〇）。
吉田豐、森安孝夫，〈ブグト碑文〉，森安孝夫、オチル編輯，《モンゴル国現存遺蹟・碑文調査研究報告》，大阪：中央ユラシア学研究会，一九九九年。

江上波夫，〈匈奴〉，《江上波夫文化史論集（三）－匈奴の社会と文化》，東京：山川出版社，一九九九年。
江上波夫著，黃舒眉譯，〈匈奴的祭祀〉，劉俊文主編，辛德勇、黃舒眉、劉韶軍等譯，《日本學者研究中國史論著選譯》，第九卷，「民族交通」，北京：中華書局，一九九三年。
林俊雄，〈突厥の石人に見られるソグドの影響——とくに手指表現に焦点を当てて——〉，《創価大学人文ロンソン》，第五輯（一九九三年三月）。
范旅，〈「胡楽・胡舞」探究——日・中芸能史研究の課題として——〉，《日本大学芸術学部紀要》，第三十二期（二〇〇〇年七月）。
森安孝夫、林俊雄，〈ブグト遺蹟 Site of Bugust〉，森安孝夫、オチル編輯，《モンゴル国現存遺蹟・碑文調査研究報告》。
福井重雅，〈大唐創業起居注考〉，《史観》第六十三・四合冊（一九六二年三月）。
鈴木宏節，〈突厥阿史那思摩系譜考——突厥第一可汗国の可汗系譜と唐代オルドスの突厥集団〉，《東洋學報》，第八十七卷第一號（二〇〇五年六月）。
鈴木宏節，〈突厥可汗國の建國と王統觀〉，《東方學》，第一一五輯（二〇〇八年一月）。
鈴木宏節，〈突厥第二可汗国の歴史観：キョル＝テギン碑文東面冒頭の再検討〉，《史學雜誌》，第一一七輯（二〇〇八年一月）。
鈴木宏節撰，羅新譯，〈暾欲谷碑文研究史概論〉，《中國史研究動態》，二〇〇六年第一期。
氣賀澤保規，〈《大唐創業起居注》的性格特點〉，劉俊文主編，《日本中青年學者論中國史（六朝隋唐卷）》，上海：古籍出版社，一九九五年。

護雅夫，〈東突厥官稱號序說——「突厥第一帝国」に於ける可汗〉，《東洋學報》，第三十七卷第三號（一九五四年十二月）。

護雅夫，〈東突厥国家內部におけるソグド人〉，《古代トルコ民族史研究》，I，東京：山川出版社，一九六七年。

護雅夫，〈第三編　突厥碑文箚記〉，《古代トルコ民族史研究》，I。

護雅夫，〈突厥の国家と社会〉，《古代トルコ民族史研究》，I。

護雅夫，〈突厥帝国內部におけるソグド人役割に関ける一資料——ブグト碑文〉，《史学雜誌》，第八十一卷第二輯（一九七二年二月）。

護雅夫著，吳慶顯譯，〈索格底人（The Sogdian）在蒙古地區諸游牧國中所扮演的角色——一個新發現資料的介紹〉，《國立政治大學邊政研究所年報》，第九期（一九七八年七月）。

護雅夫，〈突厥における君主観〉，護雅夫編，《內陸アジア・西アジアの社会と文化》，東京：山川出版社，一九八三年。

(六)西文論文（含譯文）

H.B. 比克布拉托夫著，鄧浩、鄭婕譯，〈突厥民族的親屬制和大家庭問題〉，《民族譯叢》，一九八八年第二期（一九八八年四月）。

İbrahim Kafesoğlu 著，陳慶隆譯註，〈歷史上的突厥名稱〉，《大陸雜誌》，第三十九卷第九期（一九六九年十一月）。

L.A. Clark, "Two Stone Sculptures of the 'Old Turkic' Type from Sinking", *Ural-Altaische Jahrbücher*, No.50, 1978.

Peter Alekseevich Boodberg, "The Language of the T'o-Pa Wei", *Harvard Journal of Asiatic Studies*, Vol.1, No.2 (1936.6).

Sanping Chen, "Son of Heaven and Son of God", *Multicultural China in the Early Middle Ages,* Philadelphia: University of Pennsylvania Press, 2012.

Sanping Chen, "Brotherly Matters and the Canine Image: The Invasion of 'Barbarian' Tongues", *Multicultural China in the Early Middle Ages*.

Sanping Chen, "The Legacy of the Tuoba Xianbei: The Tang Dynasty", *Multicultural China in the Early Middle Ages*.

丹尼斯・塞諾（Denis Sinor）著，吳玉貴譯，〈突厥的起源傳說〉，《丹尼斯・塞諾內亞研究文選》，北京：中華書局，二〇〇六年。

伯希和（Paul Pelliot），〈中亞史地叢考〉（"Neuf notes sur des questions d'Asie central"），沙畹等著，馮承鈞譯，《大月氏都城考》，北京：中國國際廣播出版社，二〇一三年。

克略希托內、列夫斯基撰，龔方震譯，〈布古特粟特文碑銘補證〉，姚楠主編，《中外關係史譯叢》，第三輯，上海：上海譯文出版社，一九八六年。

湯姆森（Vilhelm Thomsen）譯及導言，韓儒林重譯，〈蒙古古突厥碑文〉，林幹編，《突厥與回紇歷史論文選集（一九一九－一九八一）》，北京：中華書局，一九八七年。

五、學位論文

沈冬，〈隋唐西域樂部與樂律之研究〉，臺北：國立臺灣大學中文研究所，未刊本博士論文，一九九一年。

林靜玉，〈突厥與中原朝廷和戰之研究——和戰因素之探討〉，臺北：國立政治大學邊政研究所，未刊本碩士論文，一九七九年。

哈斯巴特爾，〈《闕特勤碑》所含突厥歷史與文化管窺〉，呼和浩特：內蒙古大學蒙古學研究中心，未刊本碩士論文，二〇一〇年。

陳鏡光，〈范祖禹《唐鑑》之研究〉，臺北：中國文化大學史學研究所，未刊本碩士論文，二〇〇四年。

六、工具書及網站

Clauson, Sir Gerard, *An Etymological Dictionary of Pre-Thirteenth Century Turkish*, Oxford: The Clarendon Press, 1972.

TURK BITIG（網址：http://www.bitig.org/）
南宋・戴侗，《六書故》，《字典彙編》，北京：國際文化，一九九三年。
清・朱駿聲，《說文通訓定聲》，《字典彙編》，北京：國際文化，一九九三年。
中國哲學書電子化計劃（網址：https://ctext.org/zh）
田村實造、今西春秋、佐藤長主編，《五體清文鑑釋解》，京都：京都大學文學部內陸アジア研究所，一九六六年。

本書各篇論文出處及修改情形

1.〈漢高帝「白登之圍」匈奴退兵芻議〉，宣讀於二〇一六年七月二二—二五日上海師範大學人文與傳播學院歷史系主辦、《社會科學戰線》編輯部協辦「第四屆中國中古史前沿論壇——中古新政治史研究」，刊登於陳峰主編《周秦漢唐文化研究》，第九輯（二〇一六年十二月），收入本書時做了少量增補。

2.〈從游牧民族收繼婚俗看漢初「嫚書之辱」——兼論收繼婚俗在歷史研究中的重要性〉，原以〈從游牧民族婚俗看漢代初期「嫚書之辱」〉為題，刊登於《大陸雜誌》，第九十七卷第五期（一九九八年十一月），收入本書時做了大幅度的增訂。

3.〈北周武德皇后突厥族阿史那氏研究〉，最早以〈突厥武德皇后的再研究〉為題，宣讀於二〇一四年八月十八—二二日上海市社會科學界聯合會、西北師範大學主辦，上海《學術月刊》雜誌社、西北師範大學歷史文化學院承辦，絲綢之路與華夏文明傳承發展協同創新中心、甘肅省敦煌學會協辦「『歷史與展望：中西交通與華夏文明』國際學術研討會暨絲綢之路經濟帶高層論壇」，修改後以〈北周武德皇后墓誌考釋研究〉為題，刊登於杜文玉主編《唐史論叢》，第二十輯（二〇一五年二月），收入本書時做了較多的增補。

4.〈東突厥啟民可汗阿史那染干生平事蹟探析〉，宣讀於二〇一六年十月三十日西安文理學院《唐都學刊》編輯部主辦，陝西省（高校）哲學社會科學重點研究基地長安歷史文化研究中心、陝西省專門史重點學科、西安古都學會協辦「漢唐研究國際學術會議暨第十一屆西安歷史文化研討會」，刊登於《唐都學刊》，第三十三卷第二期（二〇一七年三月），收入本書時做了文字上的修訂。

5.〈唐太宗「跪而吮上乳」試釋〉，宣讀於二〇一七年六月九－十日香港新亞研究所、香港樹仁大學歷史系、香港樹仁大學歷史教學支援及研究中心合辦「紀念孫國棟教授暨唐宋史國際學術研討會」，刊登於陳峰主編《周秦漢唐文化研究》，第十輯（二〇一八年六月），收入本書時做了較多的增補。

6.〈今所見《大唐創業起居注》成書時間小考〉，宣讀於二〇一八年一月二十日中正大歷史學系、中正大學歷史系系友會主辦「永恒的長安精神——慶祝雷家驥教授七秩華誕暨國立中正大學歷史學系榮退學術研討會」，修改增補「餘論」一節，以〈今本《大唐創業起居注》成書時間小考〉為題，再宣讀於二〇一八年五月四－五日中國唐代學會主辦，國立臺灣師範大學歷史學系、國立臺灣師範大學國文系合辦「第十三屆唐代文化國際學術研討會」，刊登於《史學史研究》，二〇二〇年第一期（總第一七七期）（二〇二〇年三月），收入本書時做了較多的增補。

7.〈司馬光《資治通鑑目錄》各卷進呈時間研究〉，宣讀於二〇一七年七月二四－二七日西北大學歷史學院主辦「『區域視野下的中古史研究』國際學術研討會暨第五屆中國中古史前沿論壇」，刊登於《史學史研究》，二〇一八年第三期（總第一七一期）（二〇一八年九月），收入本書時做了文字上的修訂及增加「附表」。

8.〈范祖禹《唐鑑》的編纂特點及其史論探析——以《唐鑑・高祖》為探討核心〉，宣讀於二〇一〇年九月十四－十五日太平洋文化基金會、陝西黃帝陵基金會共同主辦，「黃帝與中華傳統文化之發展研討會」，刊登於《成大歷史學報》第四十二號（二〇一二年六月），收入本書時做了文字上的修訂及少量增補。

9.〈古代突厥民族歷史意識興起原因探析〉，刊登於《史學史研究》，二〇一〇年第四期（總第一四〇期）（二〇一〇年十二月），又收錄於易寧主編，《「史學史研究」文選：外國史卷》（北京：華夏出版社，二〇一七年），收入本書時做了文字上的修訂及少量增補。

10.〈突厥民族的歷史敘事與歷史觀——以「暾欲谷碑」、「闕特勤碑」、「苾伽可汗碑」為探討中心〉，宣讀於二〇〇七年九月二〇－二四日北京師範大學史學理論與史學史研究中心、河北師範大學歷史文化學院聯合舉辦「『中國少數民族史學與歷史學多學科研究方法』學術研討會」，刊登於瞿林東主編，董文武、羅炳良副主編，《中國少數民族史學研究》（北京：北京圖書館出版社，二〇〇八年），收入本書時做了大幅度修改增補。

後記

《跬步集——從中古民族與史學研析洞悉歷史的發展與真相》是我第四部學術論著，收錄有關中國中古時期民族與史學方面的論文各五篇，其中最早的一篇是刊登於一九九八年，最晚的一篇則是發表在二〇一八年，時間的跨度長達二十年。之所以收錄這十篇論文，一方面是探討主題相近，彼此間或互有關連，藉此機會一併呈列，可構成相對完整的體系；但更重要的是，這裡面大多數的篇章，皆與我的學術歷程發展有著緊密的關係，很值得在「後記」中一述。

一九九七年九月我考入中正大學歷史研究所碩士班，當年度林冠群教授也正好從政治大學民族系轉到中正大學歷史系任教，並於當學年開設「中國少數民族史專題研究」課程，修課期間系統地閱讀民族學理論及史籍文獻記載周邊民族的史料，學期末的寫作報告，我即想運用游牧民族的收繼婚制，重新探討西漢初年與匈奴發生著名的「嫚書之辱」事件。冠群師閱後大表贊賞，給予"Excellent+"高度評價，這對於剛剛初入學術之門的我來說，無疑是一個很大的鼓舞。一九九八年的暑假，我經常在圖書館翻閱國內外學術著作及期刊，思考著研究方向及碩士論文主題，期間竟也萌發想嘗試投稿發表論文，看看自己是否真有研究能力。正所謂「初生之犢」，我就將這篇學期報告略做修飾後，投至中央研究院歷史語言研究所創辦的《大陸雜誌》，沒想到很快就收到時任《大陸雜誌》主編之一的邢義田院士回信。至今我手邊仍保留著這封審查通知：

振宏先生，您好：

首先謝謝惠賜大作〈從游牧民族婚俗看漢代初期「嫚書之辱」〉，經專人審閱後，審查者認為可以考慮刪節後以札記形式刊出。不知先生是否同意，若是同意，煩請告知，並將隨信所附之原文寄回。

謝謝您的合作，並希望能近期收到您的資料。

大陸雜誌編輯部
邢義田 敬上
一九九八年九月二十一日

《大陸雜誌》是臺灣史學界重量級的核心期刊之一，一個碩士生的論文能得到肯定，自然是感到興奮莫名！文章最後按照刊物的要求修改，刊登於一九九八年十一月的《大陸雜誌》。這次的經驗對我日後的人生道路有重要的影響，使我從研究生階段開始，即養成了定期投稿的習慣。碩士畢業後報考博士班，我的審查資料除了碩士論文外，又另外附了三篇已刊登的論文，或許審查老師認為我「孺子可教」，也有志於學術，很順利的通過錄取。

二〇〇六年八月，我在宜蘭佛光大學歷史系初任教職，時任歷史系系主任李紀祥教授待我如子，對我備受照顧，除了協助我申請國科會人文學研究中心暑期進修獎助計畫外，也時常提醒我應擴大與學界間的交流，鼓勵我多參加國內外學術研討會。正好北京師範大學史學理論與史學史研究中心預計二〇〇七年九月二十一二十四日在河北省承德市召開名為「中國少數民族史學與歷史學多學科研究方法學術研討會」，李紀祥教授就主動幫我報了名，我按大會主題撰寫了〈突厥民族的歷史敘事與歷史觀——以「暾欲谷碑」、「闕特勤碑」、「苾伽可汗碑」為探討中心〉的論文。由於這是我第一次赴中國大陸，心裡頗為忐忑不安，北師大瞿林東教授還因此特地請劉開軍、趙海旺兩位研究生到首都機場接機，會議期間也給了一切的方便。這次會議的另一大收穫是結識了李鴻賓教授、易寧教授、張越教授等人，並建立了長期的友誼。

二〇一四年四月，有幸榮獲「國立中正大學一〇二學年度青年學者獎」，我就利用學校給予的兩年研究經費，暑假期間赴中國大陸西安、洛陽、武漢等地進行調研，並參加了二〇一四年八月十八一二十二日在甘肅省蘭州市召開的「『歷史與展望：中西交通與華夏文明』國際學術研討會暨絲綢之路經濟帶高層論壇」，宣讀〈突厥武德皇后的再研究〉論文。這次會議最大的收穫就是會後到甘肅敦煌進行學術考察，我在大學本科曾開設「西域文明與敦煌文化」課程，但從未去過敦煌，所有的知識都是來自於書本，可謂是「紙上談兵」，這次親眼看到鳴沙山、月牙泉、莫高窟、藏經洞，以及陽關、玉門關等著名遺址，我還與中央民族大學李鴻賓教授、日本金澤大學李慶教授徒步爬上了鳴沙山，從山頂俯瞰敦煌美景。去敦煌前還有一趣事值得一提，由於事前大會在集體訂火車票時，我一時不察，竟填報了身分證而非臺胞證，以致於赴敦煌當天取票時沒有我的車票，周奇老師幾經交涉仍未果，本想因此退出不造成大家困擾，沒想到周奇老師竟幫我買了當年七月才剛剛開通的「敦煌號」（Y六六七次），這著實讓周奇老師「大失血」，我也享受這意外的「福氣」，坐上這豪華的旅遊列車。

二〇一五年八月，參加了武漢大學歷史學院暨中國三至九世紀研究所召開的「第九屆中國中古史青年學者國際會議」，會議結束前上海師範大學范兆飛教授特來邀請我參加明年（二〇一六年）由上海師範大學主辦的「第四屆中國中古史前沿論壇——中古新政治史研究」，我當時一口就答應參加，並期待在上海敘舊。返校開學後，我在研究所開設「中國中古游牧民族專題」課程，討論到西漢初年漢高帝劉邦與匈奴冒頓單于的「白登之圍」，發現學界對於冒頓最終退兵的原因並沒有充分的討論，於是就以〈「白登之圍」匈奴退兵芻議〉作為參加「第四屆前沿論壇」的論文。沒想到在七月開會前夕我竟因故無法與會，不得不臨時請託淡江大學古怡青教授代為宣讀論文，以及西北大學賈志剛教授的論文評議稿，會後怡青教授還特地帶來中國人民大學孫聞博教授對拙文的評議稿。至今我仍為自己沒能與會，失信於兆飛兄而感到愧疚，同時也深深感謝怡青教授臨時受命解圍的友誼！

二〇一六年六月，收到香港樹仁大學寄來的一封邀請函，詢問能否參加二〇一七年六月九－十日召開的「紀念孫國棟教授暨唐宋史國際學術研討會」，孫國棟教授是國際間知名研究唐宋史的學者，孫教授的《唐宋史論叢》更是我在教學、研究時經常參考的著作，能受邀與會當然是榮幸之事。我以〈唐太宗「跪而吮上乳」初探〉一文在大會中報告，或許是李世民的舉動太具有戲劇性，這篇論文引起很大的討論，甚至有學者提問李世民的「跪吮上乳」究竟是在什麼場景？有沒有旁人在場？李淵當時有沒有穿衣？司馬光又是如何得知等等，成為會中最具話題性的談資。會議期間不僅認識一些香港的學界朋友，也參觀了新亞研究所、錢穆圖書館，還看到了新亞書院第一位畢業生余英時院士的畢業證書。

雷家驥教授是我碩、博士論文的指導教授，八年的研究生學習生涯中，家驥師不僅在學業上給予無微不至的指點迷津，我還經常到雷師家「蹭飯」，一邊享受著家驥師親手做的「雷氏佳餚」，一邊聆聽家驥師天南地北述說著學界掌故逸聞。家驥師與毛漢光教授是中正大學歷史研究所與歷史系創建播化的開拓者，中正大學建校之際，家驥師曾發下豪語：「要建立一所具隋唐氣魄的『長安』精神，莫做南宋偏安一隅的『臨安』格局！」二〇一八年一月二十日，在家驥師七十歲屆齡退休之際，我們特別舉辦了一場名為「永恆的長安精神——慶祝雷家驥教授七秩華誕暨國立中正大學歷史學系榮退學術研討會」，我以〈今所見《大唐創業起居注》成書時間小考〉作為這場兼具祝壽、榮退的獻禮，在論文的「附記」中我寫下這樣一段文字：

> 筆者於民國八十六年（一九九七年）進入中正大學歷史所讀書，次年就跟隨躍之師學習中國中古史，在雷師的指導鞭策下，相繼完成碩士（二〇〇〇年）、博士（二〇〇五年）論文。躍之師常常提醒我們：「歷史研究須重視基礎史料，而閱讀史料應隨時抱持著宋人張載所云：『於不疑處有疑』之態度，以嚴謹細密的考證功夫，才能追求高層次的歷史解釋。」拙文探討今本《大唐創業起居注》之成書時間，即是秉持「於不疑處有疑」之精神，欣逢恩師七秩華誕，謹獻上此文為老師祝壽，期不負老師的訓勉！

「嚴謹細密的考證」、「追求高層次的歷史解釋」，最能表現雷師治學傳道的理念與價值。

林冠群教授與戴晉新教授特為本書賜序，深感榮耀。冠群師是引發我對民族史產生興趣的啟蒙老師；晉新師則是我大學轉入歷史系並奠定我史學方法與中國史學史知識的老師，兩位恩師的授業解惑、獎掖後進，以及對我的謬贊期許，我永遠銘記於心。另外，輔仁大學林桶法教授向臺灣商務印書館李進文前總編輯推薦本書，商務總編輯張曉蕊小姐、特約編輯王育涵小姐給予的各種協助，我由衷感謝。從求學至執教，受到無數師友貴人的提攜幫助，恕無法逐一羅列，在此一併致謝！

我很喜歡讀各種書籍中作者的「後記」或「序言」，每當拿到一書，匆匆泛覽一遍目次，就先讀起作者的「後記」、「序言」，從中瞭解作者撰述時的心路歷程，偶而也會冥想要如何給自己的書寫篇「後記」。但是等到真正要撰寫本書「後記」時，反而躊躇再三，遲遲不能下筆。幾次動筆，又不能滿意，後來想想，不如隨意地拉雜漫筆，將當初撰寫部分篇什時一些值得紀念的回憶寫下，保留過往歲月中難以抹滅的記憶。

書名「跬步」，語出《荀子．勸學》：「不積跬步，無以致千里；不積小流，無以成江海。」回首這二十年的學術生涯，時時以此句自勉自勵，也期許往後的學習仍能一秉初衷，持恆不怠！

朱振宏 記於墨耕小屋

二〇一九年八月一日

跬步集：從中古民族與史學研析洞悉歷史的發展與真相 / 朱振宏著. -- 初版. --
新北市：臺灣商務, 2020.04
400 面；17×22 公分. -- (歷史．中國史)
ISBN 978-957-05-3256-2 (平裝)

1.中國史　2.民族研究　3.文集

617　　109001675

歷史．中國史

跬步集

從中古民族與史學研析洞悉歷史的發展與真相

作　　者—朱振宏
發 行 人—王春申
總 編 輯—張曉蕊
責任編輯—何宣儀
校　　對—趙蓓芬
封面設計—綠貝殼資訊有限公司
內頁排版—張靜怡

出版發行—臺灣商務印書館股份有限公司
23141 新北市新店區民權路 108-3 號 5 樓（同門市地址）
電話◎(02) 8667-3712　傳真◎(02) 8667-3709
讀者服務專線◎0800056196
郵撥◎0000165-1
E-mail◎ecptw@cptw.com.tw
網路書店網址◎www.cptw.com.tw
Facebook◎facebook.com.tw/ecptw

局版北市業字第 993 號
初　　版：2020 年 4 月
印 刷 廠：鴻霖印刷傳媒股份有限公司
定　　價：新台幣 450 元
法律顧問：何一芃律師事務所